Elements of
Robotics

Elements of Robotics

로보틱스 알고리듬

중고등학생을 위한 입문서

김동현 옮김

모르데하이 벤 아리
프란체스코 몬다다 지음

i!i
에이콘

 에이콘출판의 기틀을 마련하신 故 정완재 선생님 (1935-2004)

이태이Itay, 사하Sahar, 노파Nafar에게

– 모르데하이 벤 아리

루카Luca, 노라Nora, 레오나르도Leonardo에게

– 프란체스코 몬다다

옮긴이 소개

김동현(kdh0429@snu.ac.kr)

성균관대학교 기계공학과를 수석 졸업한 후 서울대학교 지능정보융합학과 동적로봇시스템 연구실DYROS에서 석박사 통합 과정을 밟고 있다. 딥러닝 및 강화 학습을 로봇에 적극적으로 적용하고 있으며 딥러닝을 이용한 로봇의 안전한 사용, 아바타 로봇, 휴머노이드 강화 학습 보행 등에 대한 연구/개발을 진행했다. 최근에는 연구실에서 자체 제작한 휴머노이드 도깨비TOCABI에 강화 학습을 적용하는 연구를 집중적으로 진행하고 있다. 서울대학교 로봇 부트 캠프와 로봇 스쿨의 강사로 활동했으며 로봇공학개론, 로봇-환경 상호 작용 동역학 및 제어 수업의 조교를 담당했다.

옮긴이의 말

로봇이 정형화된 공장에서 벗어나 걷고 뛸 정도로 제어 기술이 고도화됐습니다. 또한 딥러닝의 발전에 힘입어 지능을 갖추고 있으므로 로봇이 우리 생활 전반에 스며들 날이 머지않았다고 생각합니다. 다만 로봇은 전자, 기계, 컴퓨터, 수학 전반에 걸쳐 있는 광범위한 공학이므로 연구실에서도 혼자만의 힘으로 연구를 진행하기가 어렵습니다. 이 책은 로봇의 기본적인 요소부터 시작해 로봇의 기초가 되는 알고리듬을 거쳐 최근 화두가 되고 있는 머신러닝과 인공 신경망에 이르기까지 다양한 주제를 다룹니다. 이론적인 내용뿐 아니라 실제 수행할 수 있는 활동이 곁들여져 있기 때문에 구체적으로 학습할 수 있습니다. 이 책을 통해 독자 여러분이 '로봇을 문화로'라는 목표를 갖고 있는 저와 함께 이 길을 걷는 동료가 된다면 더할 나위 없겠습니다.

2022년 미국 라스베이거스의 소비자 가전 전시회CES에서 연구실 로봇의 아바타 기술을 전시하고 돌아오던 중에 공항에서 받았던 에이콘출판사의 번역 제안 메일이 떠오릅니다. 일면식도 없고 번역이 처음인 저를 믿고 맡겨주신 에이콘출판사에 감사의 말씀을 드립니다. 마지막으로, 로봇을 마음껏 연구하도록 지원해주시는 박재흥 교수님과 무조건적인 응원을 해주는 우리 가족, 새로운 시도를 항상 장려하고 도전하게 해주는 채영이에게 고마움을 전합니다.

지은이 소개

모르데하이 벤 아리 Mordechai Ben-Ari

바이츠만 과학 연구소의 과학교육과에 재직 중이며 『Mathematical Logic for Computer Science』(Springer, 2021)를 비롯한 여러 교재를 저술했다. ACMAssociation for Computing Machinery에서 우수 교육자Distinguished Educator로 선정됐으며, 컴퓨터공학 교육에 크게 기여한 공로로 ACM/SIGCSE 상을 수상했다.

프란체스코 몬다다 Francesco Mondada

로잔 연방 공과대학교의 로봇 시스템 연구소에 몸담고 있으며 수천 개의 학교에서 사용하는 여러 가지 연구 및 교육용 모바일 로봇을 공동 설계했다. 라트시스상Latsis Prize과 크레디트 스위스Credit Suisse 최고 교육자상 등 여러 상을 수상했다.

차례

들어가며

로봇은 현재 활발히 연구되고 있고 그 중요성이 매년 증가하고 있다. 또한 유치원생부터 대학원생까지 다양한 학생이 즐길 수 있는 주제기도 하다. 로봇을 배우는 목적은 연령대에 따라 다른데, 어린 아이들에게는 로봇이 교육용 장난감이고 중고등학생에게는 로봇이 STEM(과학Science, 기술 Technology, 공학Engineering, 수학Mathematics)을 공부하는 동기가 될 수 있다. 대학교 저학년은 로봇을 통해 지금껏 배운 물리학, 수학, 컴퓨터공학을 실용적인 공학 프로젝트에 적용할 수 있고, 마지막으로 고학년과 대학원생은 로보틱스 분야에서 경력을 쌓으려고 한다.

이 책은 중고등학생과 대학교 1학년인 중간 연령을 대상으로 하며 로봇 알고리듬과 로봇 알고리듬에 대한 수학적, 물리적 원리를 중점적으로 다룬다. 시행착오 이상의 것을 다루고 있지만, 학생들이 이 책만으로 실제 환경에서 작업을 수행할 수 있는 로봇과 알고리듬을 설계하거나 만들 수 있다고 생각하지는 않는다. 또한 알고리듬에서 심화된 수학과 공학은 필요에 의해 간략화해 나타냈지만, 개념과 로봇 알고리듬을 배우고 이해할 수 있으며 대학교나 대학원 수준으로 로봇을 공부할 교두보가 될 수 있을 것이라고 생각한다.

이 책에 필요한 배경지식은 중고등학교 또는 대학교 1학년 수준의 프로그래밍, 수학, 물리학이다. 수학에서는 대수학, 삼각법, 미적분학, 행렬, 확률에 대한 지식이 필요하고, 부록 B에서 심화된 수학 주제에 대한 튜토리얼을 제공한다. 또한 물리학에서는 시간, 속도, 가속도, 힘, 마찰에 대한 지식을 요구한다.

요즘에는 교육용 로봇이 많이 출시되고 있다. 로봇의 형태나 기능에 상관없이 과학적, 공학적 원리와 알고리듬은 동일하다. 따라서 이 책은 특정한 로봇을 사용하지 않는다. 1장에서는 차동 구동이 되고 책상이나 바닥의 표시를 감지하는 지면 센서뿐 아니라 물체까지의 방향과 거리를 감지하는 센서가 있는 일반 로봇을 정의한다. 이런 정의는 광범위하기 때문에 여러분이 어느 교육용 로봇에서도 대부분의 알고리듬을 구현할 수 있을 것이다. 구현된 알고리듬의 성능은 플랫폼에 따라 다를 수 있지만, 로봇의 원리를 학습하고 이론적인 알고리듬을 실제 로봇의 동작으로 어떻게 만드는지 배울 수 있다.

비슷한 이유로 이 책에서는 특정 프로그래밍 언어를 사용하지 않고 알고리듬을 설명한다. 이는 플랫폼마다 다른 프로그래밍 언어를 사용할 뿐 아니라 교육용 로봇은 텍스트 프로그래밍과 블록이나 상태를 사용하는 비주얼 프로그래밍과 같은 다른 방식을 사용하기 때문이다. 따라서 알고리듬을 의사 코드pseudocode로 표현했고, 의사 코드를 실제 사용하는 로봇 환경에 맞춰 프로그래밍 언어로 구현하도록 한다.

이 책에는 많은 활동이 있으며, 대부분은 알고리듬을 구현하고 동작을 확인하도록 한다. 하지만 여러분이 사용하는 로봇이 모든 활동을 수행하지 못할 수도 있다. 각자의 로봇에 맞춰 자유롭게 적용하길 바란다.

이 책은 교육용 로봇인 티미오Thymio 로봇(https://www.thymio.org)의 교육용 자료를 제작하는 것에서 비롯됐다. 책의 홈페이지(http://elementsofrobotics.net)에는 티미오 로봇을 위한 대부분의 활동이 구현돼 있다. 교육용 로봇에서 구현하기 어려운 일부 심화 알고리듬은 파이썬 코드가 제공된다. 만약 다른 교육용 로봇에 구현한다면 구현한 코드의 링크를 책의 홈페이지에 게시할 테니 알려주길 바란다.

1장에서는 로봇의 분야에 대한 개요와 일반 로봇, 알고리듬을 설명할 때 사용하는 의사 코드를 알아본다. 2장에서 6장까지는 자율 모바일 로봇의 기초 개념인 센서, 반응성 동작, 유한 상태 기계finite state machine, 모션과 주행기록계, 제어를 설명한다. 7장에서 16장까지는 심화된 로봇 알고리듬인 장애물 회피, 로컬화, 매핑, 퍼지 논리, 이미지 처리, 인공 신경망, 머신러닝, 군집 로봇, 로봇 팔의 기구학에 대해 알아본다. 구체적인 개요는 1.8절에서 확인할 수 있다.

문의

한국어판의 정오표는 www.acornpub.co.kr/book/elements-robotics 에서 찾아볼 수 있다. 한국어판과 관련해 질문이 있다면 에이콘출판사 편집 팀(editor@acornpub.co.kr)이나 옮긴이의 메일로 문의하길 바란다.

감사의 말

이 책은 티미오 로봇과 제2저자의 연구 그룹인 로잔 연방 공과대학교의 로봇 시스템 연구실Robotic Systems Laboratory에서 처음 개발한 아세바Aseba 소프트웨어로 작업한 것에서 시작했다. 학생들, 공학자들, 선생님들과 티미오 커뮤니티에 속한 창작자들의 도움 없이는 이 책을 만들 수 없었을 것이며, 모두에게 감사의 말을 전하고 싶다.

로잔 연방 공과대학교와 NCCRNational Centre of Competence in Research의 지원 덕분에 이 책을 누구나 이용할 수 있도록 배포할 수 있었다는 점도 밝혀 둔다.

또한 오류를 수정하고 표현을 더 명확히 할 수 있도록 도와준 제니퍼 케이Jennifer S. Kay, 페니 리에도Fanny Riedo, 아마우리 데임Amaury Dame, 이브 피게Yves Piguet에게 감사의 말을 전한다.

마지막으로 스프링거Springer 출판사의 직원들, 특히 헬렌 데스몬드Helen Desmond와 베버리 포드Beverley Ford의 도움과 지원에 감사를 표한다.

이스라엘 레호보트에서, **모르데하이 벤 아리**

스위스 로잔에서, **프란체스코 몬다다**

1
로봇과
로봇의 적용 분야

대부분 로봇이 무엇인지 잘 안다고 생각하지만, 사실 로봇을 정확히 정의하기는 쉽지 않다. 옥스포드 영어 사전에서는 로봇을 '복잡한 일련의 행동을 자동으로 수행할 수 있는, 특히 컴퓨터로 프로그래밍 가능한 기계'라고 정의한다. 이러한 정의에는 몇 가지 흥미로운 특성이 있다.

- 자동적으로 행동을 수행한다는 것은 로봇의 중요한 특성이지만 오토마타^{automata}라는 다른 간단한 기계에서도 중요한 요소다. 하지만 로봇과 식기 세척기 같은 간단한 오토마타 간의 차이는 복잡한 행동의 기준이 무엇인지에 있다. 옷을 빠는 것은 복잡한 행동으로 이뤄져 있는가, 혹은 그렇지 않은가? 비행기를 자동 조종하는 것은 복잡한 행동인가? 빵을 굽는 것은 복잡한가? 이런 기준이 모호한 모든 작업에는 오토마타와 로봇의 경계에 있는 기계가 사용되고 있다.
- 어떤 오토마타는 기계적으로 프로그래밍되고 상황에 맞춰 작동하

지 않기 때문에 컴퓨터로 프로그래밍이 가능하다는 것은 로봇의 또 다른 중요한 특성이다. 하지만 컴퓨터는 어느 곳에나 사용되기 때문에 이 특성을 다른 기계와 로봇을 분리하는 기준으로 사용하기는 어렵다.

위의 정의에 명확하게 언급되지 않은 로봇의 주요한 특성은 센서의 사용이다. 대부분의 오토마타는 센서가 없으며 환경에 맞춰 움직임을 변화시킬 수 없다. 센서는 로봇이 복잡한 작업들을 수행할 수 있도록 한다.

서론인 1장의 1.1~1.5절에서는 여러 종류의 로봇을 짧게 소개한다. 1.6절에서는 우리가 사용하는 일반적인 로봇을 설명하고, 1.7절에서는 알고리듬을 형식화하는 데 사용하는 의사 코드를 다룬다. 1.8절에서는 이 책의 내용에 대한 개요를 자세히 제시한다.

그림 1.1 환경 및 상호 작용의 원리에 따른 로봇의 분류

1.1 로봇의 분류

로봇은 작동하는 환경에 따라 분류할 수 있다(그림 1.1). 고정형 로봇과 모바일은 가장 큰 차이를 보이는데, 이 두 형태의 로봇은 매우 다른 환경에서 작동하므로 아주 다른 능력이 필요하다. 고정형 로봇은 주로 로봇에 맞춰진 정돈된 환경에서 작동하는 산업용 로봇 팔이다. 이런 산업용 로봇은 납땜이나 자동차 생산 공장에서의 부품 도색 작업과 같은 반복 작업을 수행한다. 최근 센서가 진화하고 인간-로봇 상호 작용 장치가 발전함에 따라 로봇 팔은 점차 수술과 같은 높은 정밀도를 요구하고 덜 정돈된 환경에서 사용되고 있다.

반면 모바일 로봇은 로봇에 맞춰 설계되지 않은 명확하지 않고 불확실한 넓은 환경에서 주변을 돌아다니고 작업을 수행하도록 만들어진다. 모바일 로봇은 미리 명확히 알 수 없고 시간에 따라 변화하는 상황에 대처해야 한다. 예를 들어 이런 환경에는 사람과 동물처럼 예측할 수 없는 것들이 있을 수 있다. 로봇 청소기와 자율주행 자동차는 모바일 로봇의 대표적인 예시다.

고정형 로봇과 모바일 로봇이 수행하는 작업에 정확한 구분은 없지만 (사람이 산업용 로봇과 상호 작용할 수도 있고 모바일 로봇이 선로를 따라 움직일 수도 있다), 두 로봇이 근본적으로 다르다고 생각하는 것이 편리하다. 특히 고정형 로봇은 지상의 안정적인 거치대에 부착돼 로봇의 위치를 내부 상태에 기반해 계산할 수 있는 반면, 모바일 로봇은 위치를 계산하기 위해 환경에 대한 인식을 사용해야 한다.

모바일 로봇에는 이동 원리의 차이로 인해 상당히 다른 설계 원리가 필요한 세 가지 주요 환경이 있다. 수중용(수중 탐사), 지상용(자동차), 공중용(드론)이 이에 해당한다. 다시 말하지만 이 분류는 엄밀하지 않은데, 예를 들어 물과 땅에서 모두 움직일 수 있는 수륙양용 로봇도 존재한다. 이세 가지 환경에서 사용되는 로봇은 하위 분류로 더 나눌 수 있다. 지상용 로봇은 다리 혹은 바퀴가 있거나 무한궤도로 움직일 수 있으며, 공중형 로봇은 풍선보다 가벼울 수도 있고 비행기보다 무거울 수도 있다. 비행기보다 무거운 로봇은 고정형 날개와 회전형 날개(헬리콥터)로 나뉜다.

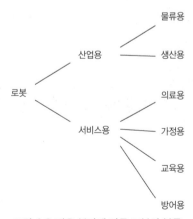

그림 1.2 적용 분야에 따른 로봇의 분류

로봇은 적용 분야와 수행하는 작업에 따라 분류할 수 있다(그림 1.2). 앞서 산업용 로봇이 정돈된 환경에서 생산 작업을 수행한다고 했다. 정돈된 환경에서는 로봇의 설계가 단순하기 때문에 산업용 로봇이 처음으로 개발됐다. 반면 서비스 로봇의 작업은 사람을 돕는 것이고, 이러한 작업으로는 진공 청소기가 하는 집안일, 자율주행과 같은 운송, 정찰용 드론과 같은 방어 작업이 있다. 또한 의료계에서도 수술, 재활, 훈련 등에 로봇의 사용이 증가하고 있으며, 최근 로봇을 적용한 사례에서는 개선된 센서와 사용자와의 더 긴밀한 상호 작용을 요구한다.

1.2 산업용 로봇

최초의 로봇은 단순한 반복 작업을 수행하는 인간 노동자를 대체한 산업용 로봇이다. 로봇이 정확하게 앞에 놓인 물체에 대해 정해진 순서로 작업을 수행하는 공장 조립 라인은 사람 없이도 가동될 수 있다(그림 1.3).

그림 1.3 자동차 공장 조립 라인의 로봇(출처: https://commons.wikimedia.org/wiki/
File:AKUKA_Industrial_Robots_IR.jpg Mixabest(고유 작업) [저작자표시-동일조건변경
허락 3.0(http://creativecommons.org/licenses/by-sa/3.0) 또는 위키미디어 공용에
의한 자유 문서 사용 허가서(http://www.gnu.org/copyleft/fdl.html)])

어떤 사람들은 사실 이것이 로봇이 아니라 오토마타라고 생각할 수도 있다. 오늘날의 오토마타는 종종 로봇만큼 센서에 의존하지만, 오토마타는 작동하는 도중 사람이 접근할 수 없는 맞춤형 환경에서 작동하기 때문에 설계가 단순하다.

반면 오늘날의 로봇은 올바른 순서로 포장하기 위해 물체를 여러 방향에서 조작하거나 여러 물체를 인식하는 능력과 같은 유연함이 있어야 한다. 또한 물체를 창고에서 운반하도록 요구될 수도 있다. 이런 운반 작업은 로봇이 더 자율적으로 움직이도록 하지만, 환경이 다소 제한돼 있고 로봇에 맞춰질 수 있다는 기본적인 특성은 동일하다.

산업용 로봇이 사람과 상호 작용할 때는 유연성이 더욱 필요하고 로봇 팔과 모바일 로봇 모두 아주 안전해야 한다. 특히 로봇의 속도가 줄어들어야 하고 움직이는 부분이 사용자에게 위험하지 않도록 설계해야 한다. 사람이 로봇과 함께 작업하면 얻게 되는 장점은 사람과 로봇이 각자 가장 잘할 수 있는 일을 할 수 있다는 것이다. 로봇은 반복적이고 위험한 작업을 수행하고, 사람은 오류와 최적화의 기회를 빨리 감지할 수 있으므로 더 복잡한 작업을 하고 로봇의 전반적인 작업을 관리한다.

1.3 자율주행 로봇

여러 모바일 로봇은 원격 조종돼 장치를 조종하는 조종자에 따라 배관 검사, 항공 사진 촬영, 폭탄 처리와 같은 작업을 수행한다. 이런 로봇은 자율적이지 않고 센서를 이용해 위험하거나 멀거나 접근이 불가능한 곳에 조종자가 원격으로 접근할 수 있도록 한다. 이 중 일부는 하위 작업들을 자동적으로 수행하는 반자율적인 로봇일 수 있다. 예를 들어 드론의 자동 조종은 사람이 비행 경로를 선택하는 동안 비행을 안정시키고 배관 로봇은 사람이 수리가 필요한 결함을 찾는 동안 배관 안에서 움직임을 제어한다. 반면 완전 자율주행 로봇은 조종자가 필요하지 않고 스스로 결정해서 불확실한 지형(건물 안의 벽과 문, 거리의 교차로)과 끊임없이 변화하는 환경

(사람이 걸어 다니고 자동차가 거리를 주행하는 환경)에서 이동하며 물체를 운반하는 것과 같은 작업을 수행한다.

최초의 모바일 로봇은 수영장을 청소하거나 잔디를 깎는 것과 같이 간단한 환경에서 작동하도록 설계됐다. 지금은 장애물이 널브러져 있는 실내를 주행할 수 있는 로봇을 합리적인 가격으로 제작할 수 있기 때문에 로봇 청소기를 많은 곳에서 사용한다.

많은 자율주행 로봇은 창고와 같이 구조화된 환경에서 작업하는 전문가를 돕기 위해 만들어졌다. 흥미로운 예시는 밭의 잡초를 제거하는 로봇이다. 이런 환경은 부분적으로는 구조화돼 있지만, 잡초를 구별하고 제거하기 위해 발전된 감지 기술이 필요하다. 또한 고도로 구조화된 창고에서도 로봇이 사람과 환경을 공유하기 때문에 감지 신뢰성이 매우 높아야 한다.

요즘 가장 대중적인 자율주행 로봇은 자율주행 자동차일 것이다. 자율주행 자동차는 매우 복잡하고 불확실한 자동차 교통 환경과 엄격한 안전 요건 때문에 개발하기가 매우 어렵다.

그림 1.4 땅의 잡초를 뽑는 자율주행 로봇(Ecorobotix 제공)

우주는 도로보다 훨씬 더 어렵고 위험한 환경이다. 화성 탐사 로봇인 소저너Sojourner와 큐리오시티Curiosity는 반자율주행 로봇이다. 소저너는 1997년에 세 달 동안 작동했고, 큐리오시티는 화성에 착륙한 2012년부터 지금까지 작동 중이다. 지구에 있는 인간 조종사가 경로에 맞춰 운전하거나 과학 실험과 같은 임무를 수행하는 동안 탐사 로봇은 위험한 곳을 자동으로 피할 수 있다.

오늘날의 많은 로봇 연구와 개발은 센서를 발전시키고 지능적으로 로봇을 제어해 로봇을 더 자율적으로 만드는 데 집중하고 있다. 우수한 센서는 더 복잡한 상황을 자세히 인지할 수 있지만, 이런 상황을 다루려면 로봇의 움직임을 상황에 맞춰 유연하게 제어해야 한다. 특히 카메라는 상대적으로 저렴하고 얻을 수 있는 정보가 풍부하기 때문에 시각 분야가 활발히 연구되고 있다. 예를 들어 사람에게서 배우거나 새로운 상황에 적응할 수 있도록 시스템을 더 유연하게 하기 위한 노력이 이뤄지고 있다. 또 다른 활발한 연구 분야는 사람과 로봇 사이의 상호 작용이다. 이런 연구에서는 로봇의 감지와 지능에 대한 부분뿐 아니라 상호 작용으로 인한 심리적인 요소와 사회적인 요소도 고려해야 한다.

1.4 휴머노이드 로봇

공상 과학물과 대중 매체에 나오는 많은 로봇이 휴머노이드 형태를 띠고 있다. 우리는 영화《스타워즈》의 로봇 캐릭터인 알투디투R2-D2와 쓰리피오3-CPO에 익숙하지만, 휴머노이드의 개념은 훨씬 이전으로 거슬러 올라간다. 18세기에 스위스 시계 제작자인 피에르Pierre, 헨리 루이스Henri-Louis, 자크 드로즈Jaquet-Droz는 자신들의 기술력을 보여주고 시계를 홍보하기 위해 휴머노이드 오토마타를 제작했다. 오늘날의 회사들도 유사한 이유로 휴머노이드 로봇을 제작한다.

휴머노이드 로봇은 팔을 움직이고 다리로 보행할 수 있도록 매우 복잡하게 설계된 자율주행 로봇이다. 휴머노이드 로봇은 보행의 역학과 인간-기계 상호 작용을 연구하는 데 사용되기도 하고 집이나 우주 정거장에서의 서비스 제공이나 유지 작업에 사용하자고 제안되기도 했다. 또한 외형이 사람처럼 보이지 않는 기계에 불안함을 느끼는 노인에게 보살핌을 제공하는 데 휴머노이드를 사용하는 것이 고려되고 있다. 반면 사람과 너무 유사하게 생긴 로봇은 오히려 거부감을 일으킬 수 있고, 이런 현상을 불쾌한 협곡uncanny valley이라고 한다.

휴머노이드 로봇을 설계하고 제어하는 것은 매우 어려울 수 있다. 휴머노이드는 다양한 방향으로 움직일 수 있는 여러 관절을 제작해야 하므로 비용이 많이 들지만, 바퀴나 무한궤도를 사용하는 로봇은 더 간단하고 비용이 저렴하며 강인하기 때문에 대부분의 응용 분야에서 선호된다.

1.5 교육용 로봇

전자 장비와 기계의 발전으로 상대적으로 저렴한 로봇을 만드는 것이 가능해졌다. 교육용 로봇은 학교의 정규 수업과 방과 후 학교 수업에서 광범위하게 사용된다. 교육용 로봇의 종류가 많아 모든 로봇을 훑어보는 것은 불가능하므로 교육에서 흔히 사용되는 대표적인 로봇의 예시를 살펴본다.

사전 조립된 모바일 로봇

많은 교육용 로봇은 사전 조립된 모바일 로봇으로 설계된다. 그림 1.5a는 모프샤Mobsya의 티미오Thymio 로봇이고, 그림 1.5b는 원더 워크숍Wonder Workshop의 대시Dash 로봇이다. 이런 로봇은 상대적으로 저렴하고 강인하며 여러 센서가 장착돼 있고 빛과 같은 출력 요소를 갖추고 있다. 이런 로봇의 중요한 장점은 사용자가 별도로 기계 설계나 제작에 시간을 쏟지 않고도 로봇 알고리듬을 구현할 수 있다는 것이다. 많은 회사에서 레고LEGO 구성품과 같은 부품을 이용해 로봇을 확장하는 것을 제공하긴 하지만, 사전 조립된 로봇의 형태를 바꿀 수 없다.

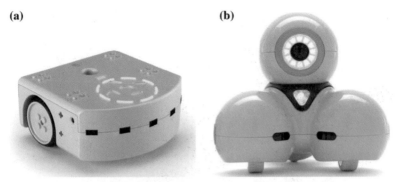

(a) (b)

그림 1.5 (a) Thymio 로봇(출처: https://www.thymio.org/en:mediakit,
École Polytechnique Fédérale de Lausanne와 École Cantonale d'Art de
Lausanne의 허가하에 게재), (b) Dash 로봇(출처: https://www.makewonder.com/
mediakit, Wonder Workshop의 허가하에 게재)

로봇 키트

레고 마인드스톰LEGO Mindstorms 로봇 키트(그림 1.6a)는 1998년에 처음 발
매됐다.[1] 해당 키트는 레고 블록, 기타 조립 부품, 모터와 센서, 로봇을 제
어하는 컴퓨터가 내장된 프로그래밍 가능한 조립품으로 이뤄져 있다. 로
봇 키트의 장점은 로봇을 유연하게 바꿀 수 있어 제작자의 상상력에 따라
특정 작업을 수행하기 위한 로봇을 설계하고 제작할 수 있다는 것이다.
또한 로봇 키트를 이용해 학생들에게 기계 설계에 대해 교육할 수도 있
다. 하지만 로봇 키트의 단점은 사전 조립된 로봇보다 비싸고 강인한 로
봇 구조를 설계해야 여러 로봇 알고리듬을 시도할 수 있다는 것이다.

최근의 경향은 특정 부품을 3D 프린터로 만든 부품으로 대체하는 것
이다. 이러한 예시로는 퍼피 에르고 주니어Poppy Ergo Jr 로봇 팔이 있다(그
림 1.6b). 3D 프린터를 사용하면 기계 구조를 좀 더 자유롭게 만들 수 있
고 더 강인하게 할 수 있지만, 3D 프린터가 있어야 하고 조작법을 알아
야 한다.

---

1 그림은 2014년도에 발매된 EV3다.

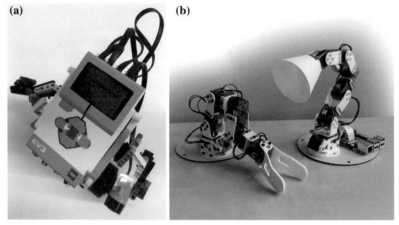

그림 1.6 (a) 레고 마인드스톰 EV3(Adi Shmorak, Intelitek 제공),
(b) 퍼피 에르고 주니어 로봇 팔(Poppy Project 제공)

로봇 팔

로봇이 환경에서 작동하려면 로봇이 환경에 영향을 미칠 수 있는 구동기라는 부품이 필요하다. 많은 로봇, 특히 산업에 사용되는 로봇 팔은 그리퍼gripper나 그와 유사한 형태의(그림 1.3, 14.1, 15.5b) 말단 장치end effector를 통해 환경에 영향을 미친다. 모바일 로봇의 구동기는 로봇을 움직이는 모터고, 로봇 청소기의 경우 청소기의 진공 펌프다.

교육용 로봇은 대부분 모터만을 구동기로 사용하고 빛과 소리 또는 화면과 같은 표시 장치가 있는 모바일 로봇의 형태다. 교육용 로봇의 로봇 팔은 이미 제작돼 있지만(그림 1.6b), 말단 장치를 로봇 키트로 제작하거나 사전 제작된 로봇의 추가 부품을 이용해 만들 수 있다. 말단 장치로 물체를 조작하는 것은 설계를 복잡하게 하지만, 말단 장치의 알고리듬은 간단한 모바일 로봇의 알고리듬과 유사하고 이 책에서 다루는 대부분의 작업은 로봇에 모터와 표시 장치만 있다는 가정하에서도 수행 가능하다.

소프트웨어 개발 환경

모든 교육용 로봇에는 소프트웨어 개발 환경이 갖춰져 있다. 교육용 로봇의 프로그래밍 언어로 자바와 파이썬 같은 표준 프로그래밍 언어를 사용할 수도 있고, 스크래치Scratch나 블록리Blockly(그림 1.7)와 같은 언어로 만들어진 블록 기반의 언어를 사용하면 프로그래밍이 간편해진다.

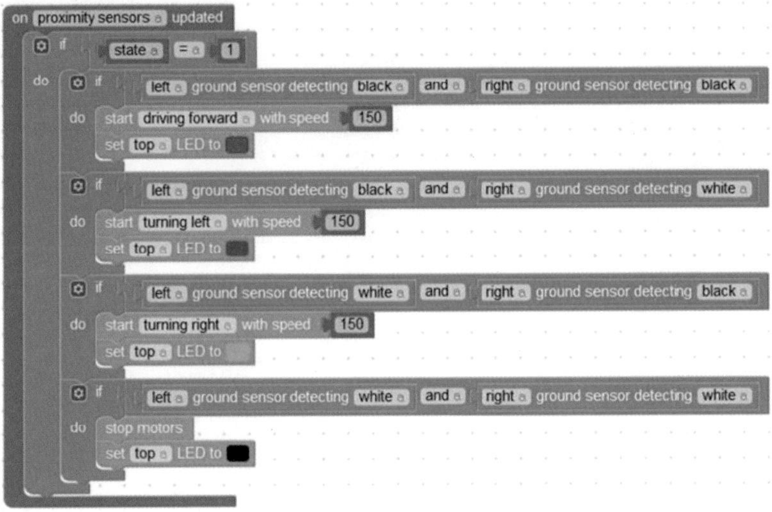

그림 1.7 티미오 로봇의 블록리 소프트웨어

어린 학생들의 프로그래밍을 더욱 단순화하려면 완전히 그림으로 표시된 프로그래밍을 사용할 수 있다. 그림 1.8은 티미오 로봇의 그림 기반 소프트웨어 환경인 비주얼 프로그래밍 언어VPL, Visual Programming Language를 보여준다. 이 언어는 왼쪽에 있는 블록의 상황event이 발생하면 해당하는 행동action이 실행되는 상황-행동 짝을 사용한다.

그림 1.9는 대시 로봇의 그림 기반 소프트웨어를 보여준다. 이 소프트웨어에서도 상황 발생과 행동을 이용하며, 행동은 노드로 표시되고 상황 발생은 노드 사이의 화살표로 표시된다.

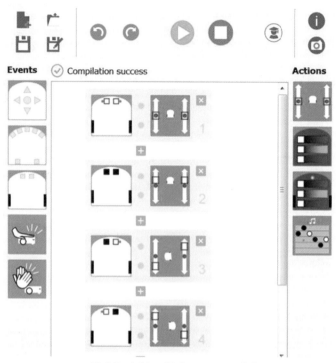

그림 1.8 티미오 로봇의 VPL 소프트웨어

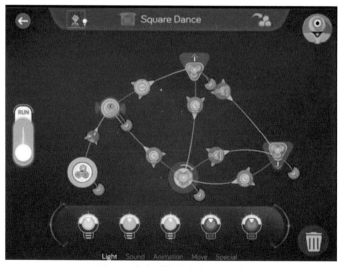

그림 1.9 대시 로봇의 원더 소프트웨어
(출처: https://www.makewonder.com/mediakit, Wonder Workshop의 허가하에 게재)

1.6 일반 로봇

1.6절에서는 로봇 알고리듬을 설명할 때 사용하는 일반 로봇을 알아본다. 일반 로봇의 기능은 교육용 로봇의 기능과 유사하지만, 여러분이 사용하는 로봇은 아래에서 설명하는 기능이 없을 수도 있으므로 참고해야한다. 아래에서 설명하는 모든 용어를 아직 이해하지 못할 수 있지만 원리를 알아두는 것은 중요하다. 이에 대한 자세한 내용은 책의 나머지 장에서 다룬다.

1.6.1 차동 구동

일반 로봇은 차동 구동differential drive이 되는 작은 자율주행 로봇이다. 차동 구동은 두 개의 바퀴가 각각의 모터로 구동되는 것을 말한다(그림 1.10). 로봇을 움직이려면 모터 전력 값을 −100(최대 후진 전력)에서 0(정지)을 거쳐 100(최대 전진 전력)으로 설정한다. 이때 모터 전력과 로봇의 속도 사이에는 미리 정해진 관계가 없다. 모터가 다양한 기어비의 기어로 바퀴에 연결될 수 있고, 바퀴의 타이어가 견인력에 영향을 미칠 수도 있으며, 모래나 진흙이 있는 지면이 바퀴를 미끄러지게 할 수도 있기 때문이다.

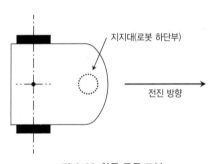

그림 1.10 차동 구동 로봇

그림 1.10은 로봇을 위에서 본 것이다. 로봇의 앞은 오른쪽의 곡면이 있는 쪽이고 로봇의 전진 방향이다. 바퀴(검은 사각형)는 로봇 뒷부분의 양쪽에 있고 점은 바퀴 사이 축의 중간 지점을 나타낸다. 로봇은 이 점에 수

직한 축을 기준으로 회전한다. 안정성을 위해 로봇의 앞부분에는 지지대나 구동되지 않는 바퀴가 있다.

기계 도면

기계공학에서 파선은 바퀴와 같은 요소에서 대칭축을 나타내는 표준 표기법이다. 바퀴를 옆에서 볼 때 두 대칭축의 교차점은 회전축을 나타내고 이는 책의 면과 수직이다. 이 책에서는 도표가 복잡해지지 않도록 바퀴와 같은 요소의 회전축만을 파선으로 나타냈다. 그리고 바퀴나 축에 존재할 수 있는 수직축을 나타내는 교차점은 주로 x자로 간략하게 표시했다.

차동 구동은 몇 가지 장점이 있다. 차동 구동에서는 조향을 위해 추가적인 요소 없이 두 개의 모터만을 이용하기 때문에 간단하고 로봇이 제자리 회전을 할 수 있다. 자동차는 두 바퀴가 동시에 작동하고(혹은 네 바퀴가 두 개씩 쌍을 이뤄 작동하고) 애커만 조향Ackermann steering이라는 복잡한 조향 메커니즘이 별도로 필요하다. 자동차는 제자리 회전을 하지 못하므로 운전자가 평행 주차를 하기 위해 복잡한 과정을 거쳐야 한다. 사람은 이런 과정을 손쉽게 배울 수 있지만 자율 시스템에서는 어려운 일이다. 자율 로봇은 간단한 움직임으로 직관적인 과정을 수행해야 하고 차동 구동은 어느 방향으로나 회전한 후 해당 방향으로 움직일 수 있기 때문에 자율 로봇에서는 차동 구동 방식이 선호된다.

차동 구동의 가장 큰 단점은 차체를 지지할 네 바퀴가 있어 어려운 지면도 쉽게 움직일 수 있는 자동차와 달리 차동 구동을 사용하면 두 바퀴 외에 차체를 지지할 지면과의 또 다른 접촉점이 필요하다는 것이다. 또 다른 단점은 회전 없이는 측면으로 움직일 수 없다는 것이다. 로봇을 측면으로도 움직일 수 있도록 하는 메커니즘들이 있긴 하지만(5.12절), 복잡하고 비싸다. 중공업 차량이나 군용 탱크와 같은 무한궤도 차량에도 차동 구동 방식이 사용되는데, 이런 차량은 매우 거친 지면에서도 움직일 수 있지만 마찰이 크기 때문에 느리고 정확하지 않다.

전력/속도 조절

모터에 공급되는 전력은 차의 페달이나 비행기와 배의 레버 같은 스로틀throttle로 조절된다. 모바일 로봇에 사용되는 전기 모터는 모터의 전압을 펄스 폭 변조pulse width modulation로 조절해 제어한다. 많은 교육용 로봇은 6장에서 소개하는 제어 알고리듬을 이용해 모터가 특정 목표 속도로 회전하도록 한다. 이 책에서는 로봇 설계를 위한 개념과 알고리듬에 집중하는 만큼 알고리듬을 설명할 때 전력 공급 측면에서 살펴보고 속도를 제어하는 것은 별도로 다룬다.

1.6.2 근접 센서

로봇에서는 주변의 물체를 감지하기 위해 수평 근접 센서를 사용한다. 근접 센서는 적외선, 레이저, 초음파와 같은 다양한 방식으로 제작할 수 있다. 일반 로봇은 이런 기술 중 하나를 사용하는 로봇이다. 이 책에서는 수평 근접 센서가 로봇에서 물체까지의 거리(센티미터 단위)와 각도(도 단위)를 측정할 수 있다고 가정한다. 그림 1.11a는 로봇 중심에서 3cm 떨어져 있고, 로봇 전면과 45°를 이루는 물체를 나타낸다.[2]

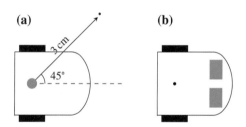

그림 1.11 (a) 회전 센서(회색 점)가 장착된 로봇,
(b) 하단에 두 개의 지면 센서(회색 사각형)가 장착된 로봇

실제로 교육용 로봇에는 센서의 수가 적기 때문에 모든 방향의 물체를 감지하지 못할 수 있다. 게다가 값싼 센서는 측정값이 부정확할 수 있고 멀리 있는 물체는 감지하지 못할 수도 있다. 또한 측정의 정확도는 물체의 종류나 주변 빛과 같은 환경적인 요인에 영향을 받는다. 알고리듬을 단순화하기 위해 이 책에서는 이런 한계점이 없다고 가정하지만, 실제로

---

2 각도의 단위는 부록 A를 참고하라.

알고리듬을 구현할 때는 이런 한계점을 고려해야 한다.

1.6.3 지면 센서

지면 센서는 로봇의 하단에 부착된다. 지면 센서는 지면과 아주 가깝기 때문에 거리나 각도를 측정하는 것은 의미가 없다. 대신 지면에서 반사된 빛의 강도를 0(최대 어둡기)에서 100(최대 밝기)까지의 값으로 나타낸다. 하나의 센서를 사용하는 알고리듬도 일부 소개하겠지만, 일반 로봇은 보통 로봇 앞쪽에 두 개의 지면 센서가 있다(그림 1.11b).

1.6.4 임베디드 컴퓨터

로봇에는 임베디드 컴퓨터embedded computer가 장착된다(그림 1.12). 컴퓨터의 정확한 사양은 중요하지 않지만 다음과 같은 기능을 할 수 있어야 한다. 먼저 임베디드 컴퓨터는 센서의 값을 읽고 모터의 전력을 설정할 수 있어야 하며 작은 화면이나 색조등을 통해 정보를 표시해야 한다. 또한 신호와 데이터가 버튼, 키패드, 리모컨을 통해 컴퓨터에 입력될 수 있어야 한다.

데이터는 버튼을 누르는 것과 같은 이벤트event가 발생하면 입력된다. 이벤트가 발생하면 이벤트를 처리하는 이벤트 핸들러event handler가 작동한다. 이벤트는 하드웨어로 탐지할 수 있고 이 경우는 인터럽트interrupt라고 한다. 또는 소프트웨어적으로 탐지할 수도 있는데, 주로 운영체제가 이벤트를 미리 정의된 간격으로 확인하는 폴링polling이라는 방법을 사용한다. 이벤트 핸들러가 종료되면 이전의 연산이 다시 시작된다.

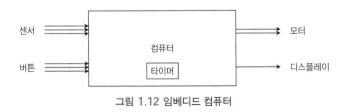

그림 1.12 임베디드 컴퓨터

이벤트 핸들러는 예상치 못한 이벤트의 발생으로 실행되므로 데이터를 입력하는 초기 명령어와 출력을 표시하는 최종 명령어가 있는 순차적 프로그램sequential program과는 다르다. 이벤트 핸들링은 컴퓨터나 스마트폰에서 그래픽 사용자 인터페이스graphic user interface를 구현할 때 사용되는데, 예를 들어 사용자가 아이콘을 클릭하거나 누르면 이벤트 핸들러가 실행된다. 로봇의 경우 키를 누르는 것과 같은 이산 입력이 이벤트가 될 수 있다. 또는 센서로 읽은 값과 같이 연속적인 값이 임계값이라고 하는 미리 정해진 값보다 커지거나 작아질 때 이벤트가 발생할 수 있다.

임베디드 컴퓨터에는 스마트폰에서의 스톱워치와 같은 기능을 하는 타이머가 있다. 타이머는 예를 들어 0.5초와 같은 시간으로 설정된 변수로, 정수인 밀리초 또는 마이크로초로 표시된다(0.5초는 500밀리초). 컴퓨터의 하드웨어 시계는 일정한 간격으로 인터럽트를 발생시키고 운영체제는 타이머의 값을 감소시킨다. 타이머의 값이 0이 되면 타이머가 만료됐다고 하고 인터럽트가 발생한다.

타이머는 불을 켜고 끄는 것과 같은 반복적인 이벤트를 구현하는 데 사용된다. 또한 타이머는 이벤트 핸들러의 대안인 폴링에서도 사용될 수 있는데, 예를 들어 이벤트가 발생할 때만 이벤트 핸들링 연산을 수행하는 대신 센서값을 주기적으로 읽고 저장할 수 있다. 좀 더 정확히는 타이머가 만료될 때 이벤트 핸들러로서 폴링이 작동하지만, 폴링을 사용하는 소프트웨어 설계는 이벤트 기반의 소프트웨어와는 상당히 다를 수 있다.

1.7 알고리듬 형식화

임베디드 컴퓨터에서는 컴퓨터 프로그램으로 구현된 알고리듬을 통해 로봇을 제어한다. 이 책에서는 특정 프로그래밍 언어를 사용하지 않고 자연어, 수학, 프로그래밍 구조의 조합으로 구조화된 형식인 의사 코드로 알고리듬을 나타낸다. 알고리듬 1.1은 덧셈 반복을 통해 정수 곱셈을 수행하는 간단한 알고리듬이다. 이때 입력은 한 쌍의 정수이고 출력은 두 입력의 곱이다. 해당 알고리듬에서는 세 개의 정수 변수 x, a, b를 선언하고 실행 부분에는 다섯 개의 문장이 있다. 루프loop의 범위를 나타내기 위해 파이썬Python과 같이 들여쓰기를 사용한다. 또한 수학적 표현에서 익숙하게 사용하는 =와 ≠를 그대로 등식과 부등식으로 나타내기 위해 할당 assignment에는 화살표를 사용한다.[3]

알고리듬 1.1: 정수 곱셈

정수 x ← 0
정수 a, b

1: a ← 정수 입력
2: b ← 음의 정수가 아닌 정수 입력
3: while b ≠ 0
4:   x ← x + a   // a 값을 x에 덧셈
5:   b ← b − 1   // 모든 b에 대해

모터 전력은 다음과 같이 할당을 통해 설정된다.

좌측-모터-전력 ← 50
우측-모터-전력 ← 50

근접 센서가 감지된 물체와의 거리와 각도의 값을 주지만, 다음과 같은 자연어로 표현하면 더 편리하다.

전방에 물체가 감지됐을 때
후방에 물체가 감지되지 않았을 때

---

3 많은 프로그래밍 언어에서 =를 할당으로, ==는 등식으로, !=는 부등식으로 사용한다. 이는 등식 관계인 x = y는 y = x로 대칭적으로 나타낼 수 있지만, 할당인 x = x + 1의 경우에는 그렇지 않으므로 혼동이 생길 수 있다. 따라서 이 책에서는 수학적 표현을 유지하기로 한다.

1.8 책의 개요

1장에서 6장까지는 핵심적인 로보틱스 개념과 알고리듬을 다룬다.

1장. 로봇과 로봇의 적용 분야 1장에서는 다양한 로봇을 소개하고 분류한다. 또한 일반 로봇이 무엇인지 설명하고 이 책에서 알고리듬을 표현하기 위한 형식을 지정한다.

2장. 센서 로봇은 텔레비전과 같이 원격으로 조종되는 가전제품보다 복잡하다. 로봇은 센서를 사용해 환경 내에서 감지한 물체를 기반으로 자율적인 행동을 한다. 2장에서는 로봇에 사용하는 센서에 대한 개요를 제시하고 인식 범위, 해상도, 정밀도, 정확도의 개념을 설명한다. 또한 센서의 비선형성과 이를 처리하는 방법도 논의한다.

3장. 반응성 동작 자율 로봇이 환경에서 물체를 감지하면 로봇은 행동을 바꿈으로써 이에 반응한다. 3장에서는 이와 같이 로봇이 센서 입력에 따라 행동을 바꾸는 로봇 알고리듬을 소개한다. 한 가지 예로, 브라이텐베르크 차량Braitenberg vehicle은 간단하지만 세련된 반응성 동작reactive behavior이다. 이에 더해 몇 가지 라인 팔로잉line following 알고리듬을 다룬다.

4장. 유한 상태 기계 로봇의 상태state는 다양할 수 있고 로봇의 반응은 센서에서 들어오는 입력뿐 아니라 로봇의 현재 상태에 따라 달라질 수 있다. 유한 상태 기계는 여러 상태와 이벤트 발생에 따른 상태들 간의 전이transition를 정의한다.

5장. 로봇 모션과 주행기록계 자율 로봇은 로봇이 놓인 환경을 탐색하고 행동을 수행한다. 요즘은 자율주행 자동차 실험이 거의 매일 보고된다. 5장에서는 모션(거리, 시간, 속도, 가속도)의 개념을 다루고 로봇이 한 위치에서 다른 위치로 움직일 때 사용하는 기본적인 방법인 주행기록계를 소개한다. 주행기록계는 상당한 오차가 발생하기 쉬우므로 그 특성을 이해하는 것이 중요하다. 또한 주행기록계의 정확도를 높일 수 있는 휠 엔코더wheel encoder와 관성 내비게이션inertial navigation 시스템을 다루고 로봇 모션 플래닝에 영향을 미칠 수 있는 자유도degree of freedom와 홀로노미holonomy 같은 심화된 로봇 모션의 개요를 소개한다.

6장. 제어 자율 로봇은 센서 입력이 로봇의 행동에 영향을 미치고 로봇의 행동이 다시 센서값에 영향을 주는 폐루프 제어closed loop control 시스템이다. 예를 들어 신호등에 접근하는 자율주행 자동차는 신호등에 다가갈수록 브레이크를 세게 작동할 수 있다. 6장에서는 자동차가 신호등에서 멈추고 브레이크가 부드럽게 작동하는 것과 같은 최적 행동을 보장하는 제어 시스템을 수학적으로 설명한다.

자율 모바일 로봇은 어떤 방식으로든 약국에서 환자에게 약을 가져다주는 것과 같이 특정 위치에서 목표 위치까지 이동해야 한다. 내비게이션은 로보틱스에서 해결하기 어려운 근본적인 문제다. 7장에서 10장까지는 다양한 맥락에서 내비게이션 알고리듬을 제시한다.

7장. 로컬 내비게이션: 장애물 회피 모바일 로봇의 가장 기본적인 요구 사항은 벽, 사람, 기타 장애물에 부딪히지 않는 것이다. 이는 로봇이 가고자 하는 최종 목표 지점이 아닌 로봇의 근방에 대한 정보를 처리해야 하므로 로컬 내비게이션이라고 한다. 7장에서는 먼저 벽을 따라 움직여 장애물 주변에서 움직일 수 있도록 하는 알고리듬을 설명하는데, 이는 미로 찾기 알고리듬과 비슷하다. 또한 먹이를 찾는 개미 군집의 내비게이션을 가정해 확률적 알고리듬을 설명한다.

8장. 로컬화 모든 스마트폰에 GPS 내비게이션 기능이 적용되기 전에는 종이에 인쇄된 지도로 길을 찾았다. 이때 어려운 점은 자신이 지도의 어디에 있는지를 알아내는 로컬화localization다. 모바일 로봇은 종종 시각 데이터 없이 이와 같은 로컬화 문제를 풀어야 한다. 8장에서는 알려진 위치들을 이용해 삼각법 계산trigonometric calculation을 수행함으로써 로컬화하는 방법을 다룬다. 뒤이어 확률론적 로컬화를 다룬다. 로봇은 랜드마크landmark를 탐지할 수 있지만 지도에는 비슷한 랜드마크가 많이 있을 수 있다. 따라서 로봇이 환경에서 이동해가며 확률을 할당하고 업데이트해 결국에는 상대적으로 확실한 위치를 로봇의 위치라고 정할 수 있다.

9장. 매핑 하지만 지도는 어떻게 얻을 수 있을까? 거리의 지도는 정확하고 쉽게 구할 수 있지만 일반적으로 로봇 청소기는 집 내부의 지도를 알 수 없다. 또한 해저 로봇은 미지의 환경을 탐색하기 위해 사용된다. 로컬화를 하려면 지도가 필요하지만, 미지의 환경에서 지도를 만들려면 로봇이 먼저 로컬화해 로봇이 한 지점에서 다른 지점으로 움직일 때 얼마나 멀리 이동했는지를 알아야 한다. 이에 대한 해결책은 로컬화와 지도 제작을 동시에 하는 슬램SLAM, Simultaneous Localization And Mapping이다. 9장의 앞부분에서는 장애물의 위치를 구하기 위해 환경을 탐색하는 알고리듬을 서술한다. 그 후 단순화된 슬램의 알고리듬을 설명한다.

10장. 지도를 이용한 내비게이션 이제 로봇이 지도가 있고 출발 위치에서 목표 위치까지 가는 작업을 한다고 하자. 로봇이 어떤 경로로 움직여야 할까? 10장에서는 경로 계획path planning에 사용하는 두 가지 알고리듬을 소개한다. 그래프에서 최단 경로를 찾는 고전적인 알고리듬인 다익스트라Dijkstra와 휴리스틱한 정보를 사용하는 (다익스트라를 더 효율적으로 변형시킨) A* 알고리듬을 설명한다.

11장에서 16장까지는 심화된 주제를 다룬다. 각 장은 독립적이므로 순서에 상관없이 원하는 장을 읽어도 좋다.

11장. 퍼지 논리 제어 6장의 제어 알고리듬은 목표값을 명확히 줘야 한다. 예를 들어 난방 시스템이면 방의 목표 온도를, 크루즈 제어 시스템이면 자동차의 목표 속도를 설정해야 한다. 반면 퍼지 논리라는 다른 방법은 차갑게/따뜻하게/덥게 혹은 느리게/빠르게 하는 식의 부정확한 목표를 사용한다. 11장에서는 이런 퍼지 논리를 소개하고 퍼지 논리를 로봇이 물체에 접근하도록 제어할 때 어떻게 적용하는지 설명한다.

12장. 이미지 처리 대부분의 로봇 센서는 레이저나 소리 또는 적외선을 이용해 거리와 각도를 측정하는 반면에 사람은 주로 시각을 사용한다. 고품질의 디지털 카메라는 저렴하고 모든 스마트폰에 장착돼 있다. 하지만 이미지를 처리하고 해석하는 것을 사람은 곧바로 할 수 있지만, 로봇은 그렇게 하기가 어렵다. 디지털 이미지 처리는 광범위한 연구 주제이며, 연산 부하를 감당할 수 있는 첨단 로봇에는 이미지 처리 알고리듬이 적용된다. 12장에서는 여러 이미지 처리 알고리듬을 알아보고 교육용 로봇에서 카메라가 없이도 어떻게 해당 알고리듬을 적용할 수 있는지를 보여준다.

13장. 인공 신경망 매우 복잡한 환경에서 모든 상황에 대처할 수 있는 알고리듬을 개발하기는 어렵다. 예를 들어, 자율주행 자동차가 도로에서 마주할 수 있는 모든 종류의 차량과 차량의 구성을 미리 알 수는 없다. 따라서 자율 로봇은 경험을 바탕으로 학습해야 하고, 이는 수년간 인공지능 분야에서 다뤄진 근본적인 주제다. 13장에서는 이런 학습 방법 중 하나로 사람 뇌의 뉴런을 모델링한 인공 신경망을 설명한다. 신경망은 학습 알고리듬을 통해 내부 매개변수를 수정하고 새로운 상황에 지속적으로 적응한다.

14장. 머신러닝 학습의 또 다른 방법은 머신러닝이라는 통계 기반의 기술이다. 14장에서는 빨간색 신호등과 초록색 신호등을 구별하는 것과 같이 두 범주를 구별하는 두 가지 알고리듬을 소개한다. 첫 번째는 선형 판별 분석linear discriminant analysis으로, 표본 집합의 평균과 분산에 기반한다. 두 번째 알고리듬은 퍼셉트론perceptron으로, 표본이 선형 판별 분석에 필요한 통계적 가정을 충족하지 못하는 경우에도 적용할 수 있다.

15장. 군집 로봇 시스템의 성능을 향상해야 하는 경우 개별 구성 요소의 성능을 향상하는 것보다 구성 요소를 여러 개 사용하는 것이 더 쉬운 경우가 많다. 오염도를 측정하기 위해 어떤 지역을 조사해야 하는 상황을 생각해보자. 매우 빠르고 비싼 로봇 한 대를 사용할 수도 있지만, 여러 대의 로봇을 사용해 로봇 각각이 좁은 지역만 조사하는 경우 더 쉬울 수 있다. 이는 곤충집에서 먹이까지 최선의 경로를 찾는 곤충 군집에서 착안해 군집 로봇이라고 한다. 동시에 움직여야 하는 다른 시스템과 같이 군집 로봇의 근본적인 문제는 여러 로봇을 한 시스템으로 잘 결합해야 한다는 것과 로봇 간의 통신 방법을 개발해야 한다는 것이다. 15장에서는 이런 기술의 예로 정보 교환과 물리적 상호 작용을 소개한다.

16장. 로봇 팔의 기구학 교육용 로봇은 2차원 표면에서 움직이는 작은 모바일 로봇이다. 3차원에서 움직이는 모바일 로봇도 있으며 로봇 항공기와 잠수함이 그런 예시다. 3차원 움직임을 위한 수학과 알고리듬은 로보틱스의 또 다른 중심 분야인 제조업에서 사용되는 로봇 팔에서 개발됐다.

16장에서는 로봇 팔의 기본 개념인 정기구학, 역기구학, 회전, 동차 변환을 2차원에서 간단하게 설명하고 3차원 회전을 간략히 살펴본다.

추가적으로 다음과 같은 두 부록이 있다.

부록 A. 측정 단위 이 부록에서 표 A.1에는 측정 단위를, 표 A.2에는 단위에 붙이는 접두사를 나타낸다.

부록 B. 수식 유도와 튜토리얼 부록 B에서는 이 책에서 사용되는 일부 수학 개념에 대한 튜토리얼을 제공한다. 또한 책의 흐름을 원활히 하고자 몇 개 식의 자세한 유도 과정을 모아놨다.

1.9 요약

로봇은 공장, 집, 병원뿐 아니라 심지어 우주에서도 볼 수 있으며, 인간과 직접적으로 상호 작용하는 로봇에 대한 연구나 개발이 여러모로 이뤄지고 있다. 학교에서도 STEM[4]에 대한 학생들의 학습 의욕을 고취하고 구체적으로 STEM을 가르치는 도구로서 로봇을 사용한다. 이 책의 초점은 교육용 로봇을 사용해 로봇 알고리듬을 배우고 작동 결과를 폭넓게 탐구하는 것이다.

대부분의 교육용 로봇은 차동 구동 방식과 근접 센서를 사용하는 작은 모바일 로봇이다. 이 책에서 소개하는 내용을 로봇 플랫폼에 상관없이 적용할 수 있도록 위와 같은 구성의 로봇을 일반 로봇이라고 정의했다. 로봇마다 모터와 센서의 성능이 다르겠지만, 이 책에서는 일반 로봇에 적용하는 알고리듬을 교육용 로봇에서도 구현하기 쉽도록 구성했다. 또한 알고리듬을 특정 프로그래밍 언어에 얽매이지 않고 의사 코드로 표현함으로써 여러분의 로봇이 사용하는 텍스트 또는 그래픽 언어로 쉽게 바꿀 수 있도록 했다.

---

4 과학(Science), 기술(Technology), 공학(Engineering), 수학(Mathematics)을 나타내는 말로, 미국에서 이과 인재 육성을 위해 집중한 분야를 의미한다. - 옮긴이

1.10 추가 자료

생물학적으로 영감을 받은 로봇과 휴머노이드에 중점을 둔 로봇공학에 대한 비기술적 개요는 윈필드[Winfield][8]를 참고하길 바란다.

국제 표준화 기구[ISO, International Organization for Standardization][5]는 로보틱스에 사용하는 표준을 제시한다. 국제 표준화 기구 홈페이지(https://www.iso.org/)에서 로보틱스 카테고리(ISO/TC 299)와 로보틱스 개념들의 공식적인 정의를 찾을 수 있다. 로봇과 로봇 장치에 대해서는 ISO 8373:2012 Robots and robotic devices - Vocabulary[6]에서, 모바일 로봇에 대해서는 ISO 19649:2017 - Vocabulary에서 확인할 수 있다.

이 책에서 다루는 주제는 [3]과 [6] 같은 심화된 로보틱스 책에서 더욱 자세히 다룬다. 해당 책의 도입부에서는 여러 로봇을 예시로 보여준다.

교육용 로봇은 로봇의 기능과 소프트웨어 개발 환경에 대한 문서를 함께 제공한다. 또한 레고 마인드스톰 로봇 키트 프로그래밍[7]이나 파이썬을 이용한 스크리버[Scribber] 로봇 프로그래밍[4]과 같이 특정 로봇을 다룬 책도 있다. 비주얼 프로그래밍 언어 디자인에 대한 내용은 [5]에서 다룬다.

의사 코드는 [1]과 같은 기본적인 교과서와 같이 데이터 구조나 알고리듬 책에서 자주 사용한다. 이 책의 의사 코드 형식은 [2]와 동일하다.

참고 문헌

1. Aho, A.V., Hopcroft, J.E., Ullman, J.D.: The Design and Analysis of Computer Algorithms. Addison-Wesley, USA (1974)
2. Ben-Ari,M.: Principles of Concurrent and Distributed Programming, 2nd edn. Addison-Wesley, USA (2006)
3. Dudek, G., Jenkin, M.: Computational Principles of Mobile Robotics,

---

5 IOS가 아닌 ISO가 기관의 공식적인 줄임말이다(ISO라는 약어가 영어는 물론이고 프랑스어, 러시아어의 두 문자어도 아니라는 점이 독특하다).

6 ISO 8373:2021 Robotics - Vocabulary로 개정됐다. – 옮긴이

2nd edn. Cambridge University Press, UK (2010)

4. Kumar, D.: Learning Computing with Robots. Lulu (2011). Download from http://calicoproject.org/Learning_Computing_With_Robots

5. Shin, J., Siegwart, R., Magnenat, S.: Visual programming language for Thymio II robot. In: Proc. of the 2014 Conference on Interaction Design and Children (IDC) (2014)

6. Siegwart, R., Nourbakhsh, I.R., Scaramuzza, D.: Introduction to Autonomous Mobile Robots, 2nd edn. MIT Press, USA (2011)

7. Trobaugh, J.J., Lowe, M.: Winning LEGO MINDSTORMS Programming. Apress (2012)

8. Winfield, A.: Robotics: A Very Short Introduction. Oxford University Press, USA (2012)

2
센서

로봇 바퀴 모터의 상대적 세기와 구동 시간을 설정하는 것만으로는 로봇
을 원하는 방향과 거리로 움직일 수 없다. 양쪽 모터의 전력을 같은 세기
로 설정해 로봇을 직선으로 움직이려고 해도 양쪽의 모터나 바퀴가 조금
이라도 다르면 로봇이 결국 한쪽으로 회전하게 된다. 마찬가지로 로봇이
이동하는 지면이 평평하지 않으면 두 바퀴가 다른 속도로 움직이게 된다.
또한 바퀴와 지면 사이의 마찰이 변하는 경우에도 특정 시간 동안 로봇이
움직이는 거리가 달라질 수 있다. 따라서 로봇이 1m 떨어진 벽을 향해
움직이다가 벽의 20cm 앞에서 멈추려면, 벽이 있다는 것을 먼저 감지하
고 벽과의 거리가 20cm가 될 때 멈출 수 있어야 한다.

센서는 환경의 특정한 특성 값을 측정하고 이런 측정값을 이용해 로봇
컴퓨터에서 로봇의 동작을 제어한다. 로봇에 사용하는 중요한 센서 중 하
나인 거리 센서는 로봇에서 물체까지의 거리를 측정한다. 여러 개의 거리
센서를 사용하거나 센서를 회전하면 로봇 전면부에서 물체까지의 상대
각도도 측정할 수 있다. 적외선이나 초음파 센서와 같은 저렴한 거리 센

서는 교육용 로봇에 널리 사용되고, 레이저 센서는 값비싸지만 매우 정밀하므로 산업용 로봇에 거리 센서로 사용된다.

15장에서 설명하는 것과 같이 소리와 빛은 로봇끼리 통신할 때 사용되기도 한다.

카메라에서 찍은 이미지를 분석하면 환경에 대한 더 폭넓은 정보를 얻을 수 있다. 카메라는 모든 스마트폰에 장착돼 있을 정도로 작고 저렴하지만, 이미지에 담긴 정보는 매우 많고 이미지 처리 알고리듬에는 상당한 연산량이 필요하다. 따라서 카메라는 자율주행 자동차와 같은 복잡한 분야에서 주로 사용된다.

2.1절에서는 센서에서 사용하는 용어를 소개하고 2.2절에서는 교육용 로봇에서 가장 많이 사용하는 거리 센서를 설명한다. 이어서 2.3절에서는 카메라를 다루고, 2.4절에서는 로봇에서 사용하는 여러 센서를 간략히 살펴본다. 2.5절에서는 센서의 특성인 범위, 해상도, 정밀도, 정확도를 정의하고, 마지막으로 2.6절에서는 센서의 비선형성에 대해 논의하면서 2장을 마친다.

2.1 센서의 분류

센서는 고유수용성proprioceptive 센서와 외수용성exteroceptive 센서로 나뉘고, 외수용성 센서는 능동적active인지 수동적passive인지에 따라 좀 더 세부적으로 분류할 수 있다(그림 2.1). 고유수용성 센서는 로봇 내부의 상태를 측정한다. 가장 대표적인 예로 자동차의 속도계는 바퀴의 회전수를 세어 자동차의 속도를 측정한다(5.8절). 외수용성 센서는 물체까지의 거리와 같은 로봇 외부의 상태를 측정한다. 능동 센서는 주로 에너지를 방출해 환경에 영향을 미친다. 예를 들어 잠수함의 음파 탐지기는 음파를 방출하고 반사된 음파를 이용해 거리를 측정한다. 반면 수동 센서는 카메라가 단순히 물체에서 반사된 빛을 기록하는 것과 같이 환경에 영향을 미치지 않는다. 로봇은 고유수용성 센서에서 발생할 수 있는 오차를 보정하거나 환경의 변화를 고려하기 위해 항상 외수용성 센서를 일부 사용한다.

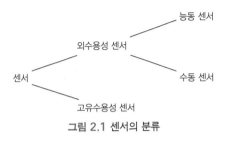

그림 2.1 센서의 분류

2.2 거리 센서

많은 상황에서 로봇은 거리 센서를 사용해 로봇에서 물체까지의 거리를
측정한다. 대부분의 거리 센서는 신호를 보낸 후 물체에서 반사된 신호를
받는 능동 센서다(그림 2.2). 거리를 알아내는 방법 중 하나는 신호를 보낸
시간과 받은 시간의 간격을 측정하는 것이다.

$$s = \frac{1}{2}vt \tag{2.1}$$

이때 s는 거리, v는 신호의 속도, t는 신호를 보낸 시간과 받은 시간의
간격이다. 1/2로 나누는 것은 신호가 물체까지 이동하고 반사돼 돌아와
왕복 거리를 이동한 사실을 고려한 것이다. 거리를 알아내는 다른 방법으
로 2.2.4절에서 설명하는 것과 같이 삼각측량법을 이용할 수 있다.

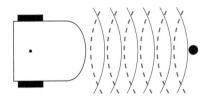

그림 2.2 파동을 송신하고 반사된 파동을 수신해 거리 측정

가격이 낮은 거리 센서는 또 다른 원리를 사용하는데, 신호의 세기가
거리가 멀어질수록 약해지기 때문에 반사된 신호의 세기를 측정해 센서

에서 물체까지의 거리를 나타낸다. 하지만 이 방식의 단점은 수신한 신호의 세기가 물체의 반사도와 같은 요인에 의해 영향을 받을 수 있다는 것이다.

2.2.1 초음파 거리 센서

초음파는 사람이 들을 수 있는 최고 주파수인 20,000헤르츠보다 주파수가 높은 소리다. 소리가 시각보다 적합한 환경이 있는데, 밤과 물속이 그렇다. 박쥐는 밤이 되면 먹이를 찾기 위한 자연광이 거의 없으므로 비행할 때 초음파를 사용한다. 배와 잠수함도 물체를 감지하기 위해 초음파를 사용하는데, 소리가 공기에서보다 물에서 더 잘 전달되기 때문이다. 진흙이 많은 호수나 바다에서 수영하면서 이를 직접 확인해보자. 얼마나 먼 거리까지 친구를 볼 수 있을까? 다음으로 친구에게 두 물체를 부딪히거나 손뼉을 쳐 소리를 내달라고 해보자. 얼마나 멀리까지 그 소리를 들을 수 있을까?

공기 중에서 소리의 속력은 340m/s(즉, 34,000cm/s)다. 로봇에서 34cm 떨어진 물체가 있다고 하면, 식 2.1에 의해 초음파가 물체까지 도달했다가 되돌아오는 시간은 다음과 같다.

$$\frac{2 \cdot 34}{34000} = \frac{2}{1000} = 2 \times 10^{-3} \text{ s} = 2 \text{ ms}.$$

전자 회로는 손쉽게 밀리초 단위로 시간을 측정할 수 있다.

초음파 센서의 장점은 물체의 색, 빛 반사율, 환경의 빛 세기 변화에 민감하지 않다는 것이다. 그렇지만 초음파 센서는 물체의 재질에 민감하다. 천은 소리를 일부 흡수하고 나무나 금속은 소리의 대부분을 반사한다. 이런 이유로 방을 조용히 만들기 위해 커튼이나 카펫 또는 부드러운 천장 타일을 사용하기도 한다.

초음파 센서는 상대적으로 저렴하고 야외에서도 작동할 수 있다. 예를 들어 자동차에서는 초음파 센서를 주차 보조와 같이 짧은 거리를 감지하는 데 사용하기도 한다. 초음파 센서의 주된 단점은 소리의 속력이 빛의 속력보다 훨씬 느리기 때문에 거리 측정이 상대적으로 느리다는 것이다. 또 다른 단점으로는 특정 물체에만 집중해 거리를 측정할 수 없다는 것을 꼽을 수 있다.

2.2.2 적외선 근접 센서

적외선은 사람이 볼 수 있는 빛 중 가장 파장이 긴 빨간색보다도 파장이 더 긴 빛을 말한다. 사람 눈은 파장이 390~700nm(nm(나노미터)는 1mm(밀리미터)의 10,000분의 1) 정도인 빛을 볼 수 있다. 적외선의 파장은 700~1000nm 사이고 사람 눈에는 보이지 않으므로 TV를 비롯한 전자제품의 리모컨에 사용된다.

근접 센서는 빛을 이용해 반사광의 세기를 측정함으로써 물체의 존재를 감지하는 간단한 장치다. 빛의 세기는 광원에서 멀어질수록 거리의 제곱에 비례해 감소하고, 이를 이용해 물체까지의 대략적인 거리를 측정할 수 있다. 측정된 거리는 반사광의 세기가 물체의 반사율에 따라 다르기 때문에 아주 정확하지는 않다. 예를 들어 검은색 물체는 동일한 거리에 있는 흰색 물체보다 빛을 적게 반사하기 때문에 근접 센서로 가까운 검은색 물체와 좀 더 떨어진 흰색 물체의 거리가 다르다는 것을 판별하기 어렵다. 위와 같은 이유로 이런 센서를 거리 센서가 아닌 근접 센서라고 부른다. 근접 센서가 거리 센서보다 훨씬 싸기 때문에 대다수의 교육용 로봇은 근접 센서를 사용한다.

2.2.3 광학 거리 센서

빛 신호를 송신하고 수신하는 데 걸린 시간을 측정해 거리를 계산할 수 있다. 이때 일반적인 빛을 사용할 수도 있고 레이저 빛을 사용할 수도 있다. 레이저에서 나온 빛은 가간섭성coherent이 있다(아래를 참고하라). 거리를 측정하는 빛은 눈에 보이는 빛을 사용할 수도 있지만 일반적으로는 적외선을 사용한다. 레이저는 다른 광원에 비해 몇 가지 장점이 있는데, 첫 번째로 레이저는 빛이 세고 멀리 떨어진 물체를 감지하거나 거리를 측정할

수 있다. 두 번째로 레이저 빔은 매우 집중된 곳으로 향하기 때문에 물체
까지의 정확한 각도를 알 수 있다(그림 2.3).

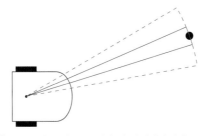

그림 2.3 레이저 빔의 폭(실선)과 비가간섭광의 폭(점선)

가간섭광

그림 2.4는 세 가지 빛의 특성을 보여준다. 태양이나 전구에서 나오는
빛은 여러 색(주파수)의 빛이 서로 다른 시간(위상)에 다른 방향으로 방
출돼 생긴 빛으로 백색광이라고 한다. LED는 한 색으로 이뤄진 단색광
을 방출하는데, 빛의 위상이 각자 다르고 다른 방향으로 방출되기 때문
에 비가간섭광non-coherent light이다. 레이저는 모든 파동의 주파수와 위상
(각 파동의 시작)이 동일한 가간섭광coherent light을 방출한다. 이 경우 빛
의 에너지는 좁은 빔에 집중되며, 파동의 이동 시간과 반사광의 위상차
를 이용해 거리를 구할 수 있다.

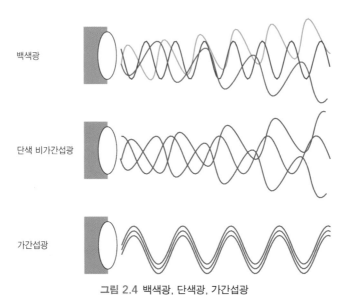

그림 2.4 백색광, 단색광, 가간섭광

로봇에서 빛의 펄스가 송신된 후 물체에 반사돼 로봇 센서로 수신됐다고 하자. 공기에서 빛의 속력은 대략 300,000,000m/s, 즉 과학적 표기법으로 3×10^8m/s 또는 3×10^{10}cm/s다. 빛이 로봇에서 30cm 떨어진 물체로 향했을 경우 송신 후 수신하기까지 걸린 시간은 다음과 같다(그림 2.5).

그림 2.5 1.6mm 두께의 프린팅된 회로(초록색) 위의 이동 시간 기반 거리 센서(검은색)

$$\frac{2 \cdot 30}{3 \times 10^{10}} = \frac{2}{10^9} = 2 \times 10^{-9}\,\text{s} = 0.002\,\text{ms}$$

이는 아주 짧은 시간이지만 전자 회로로 측정할 수 있다.

빛을 이용해 거리를 측정하는 두 번째 방법은 삼각측량법을 이용하는 것이다. 이 경우 송신기와 수신기가 다른 곳에 위치한다. 수신기는 반사된 빛을 특정 위치에서 감지하는데, 이 위치는 센서에서 물체까지의 거리에 대한 함수로 나타낼 수 있다.

2.2.4 삼각측량 센서

삼각측량 센서를 다루기 전에 빛의 반사가 물체에 따라 어떻게 바뀌는지를 이해해야 한다. 가간섭광과 같이 빔의 폭이 좁은 빛이 (거울과 같은) 반짝이는 표면의 물체에 닿으면 빛은 다시 좁은 빔으로 반사돼 나온다. 물체 표면에 대한 반사각은 입사각과 같고 이를 정반사라고 한다(그림 2.6a). 물체의 표면이 울퉁불퉁하면 아주 근접한 표면이라도 각도가 조금씩 다르기 때문에 모든 방향으로 난반사가 일어난다(그림 2.6b). 사람이나 벽과 같이 환경 안의 대부분 물체에서는 난반사가 일어나므로 반사된 레이저 빛을 감지하기 위해 신호 감지기를 송신기에 대한 상대 각도에 정확히 맞춰 놓을 필요는 없다.

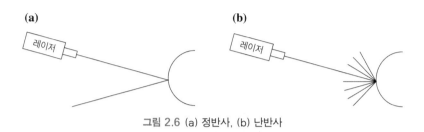

그림 2.6 (a) 정반사, (b) 난반사

그림 2.7a와 2.7b는 서로 다른 두 거리에 있는 물체를 감지하는 삼각측량 센서를 간략하게 보여준다. 삼각측량 센서는 레이저 송신기와 레이저 송신기에서 d만큼 떨어진 곳의 렌즈로 구성돼 있는데, 이 렌즈는 수신한 빛을 렌즈에서 l만큼 뒤에 있는 센서 배열로 모아준다. 물체가 난반사하면 난반사된 빛 중 일부가 렌즈로 들어와 센서에 모아진다. 센서 배열에서의 거리 d'은 물체에서 레이저 송신기까지의 거리 s의 역수에 비례한다.

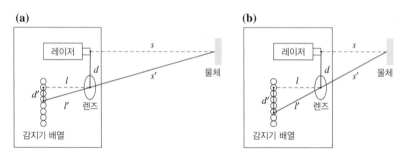

그림 2.7 (a) 먼 물체의 삼각측량법, (b) 가까운 물체의 삼각측량법

삼각형 △$ll'd'$과 △$ss'd$는 닮은꼴이므로 다음과 같은 수식이 성립한다.

$$\frac{s}{d} = \frac{l}{d'}$$

l과 d는 고정된 값이므로 센서 배열에서 몇 번째 센서에 빛이 모아지는지를 찾아 d'을 구하면 물체에서 센서까지의 거리 s를 계산할 수 있다. 센서 배열 안의 각 센서에 빛이 감지될 경우 거리 s가 얼마인지를 측정해 센서를 교정해야 하지만, 교정 후 컴퓨터에 표로 한 번 저장하기만 하면 그 후에는 거리 s를 표에서 찾아 구할 수 있다.

삼각측량 센서의 성능에 영향을 미치는 여러 설계적 요인이 있는데, 레이저의 세기나 렌즈의 광학적 특성, 배열에 들어가는 센서의 수와 민감도를 예로 들 수 있다. 센서를 제작할 때 주된 상충 관계로는 성능과 가격뿐 아니라 물체를 측정할 수 있는 범위와 최소 거리도 있다. s가 매우 짧을 때 감지기 배열의 크기 d'이 매우 커지고, 이로 인해 측정 가능한 최소 거리가 실질적으로 제한된다. 최소 거리는 레이저 수신기와 감지기 배열 사이의 거리를 줄이면 작아질 수 있지만, 이 경우 측정 가능한 범위가 좁아진다. 삼각측량 센서의 성능은 최적의 성능을 보이는 거리 s_{opt}와 s_{opt} 근처에서 측정 가능한 최소 거리 및 측정 범위로 나타낼 수 있다.

2.2.5 레이저 스캐너

초음파나 근접 센서를 사용하면 작은 센서를 로봇에 부착해 로봇 근방의 물체를 감지할 수 있다. 물론 물체의 각도는 정확히 측정할 수 없지만, 적어도 물체의 존재는 감지할 수 있고 로봇이 물체에 접근하거나 피하도록 할 수 있다.

레이저 센서를 사용하는 경우 레이저 빔의 두께가 매우 얇기 때문에 모든 각도에서 물체를 감지하려면 많은 레이저가 필요할 것이다. 하지만 레이저는 비싸기 때문에 더 나은 방법은 회전하는 축에 하나의 레이저를 올려 레이저 스캐너를 만드는 것이다(그림 2.8b). 감지한 물체가 어떤 각도에 있는지는 각도 센서를 사용해 측정할 수도 있고, 위에서 언급한 회전하는 센서가 특정 기준 방향에서부터 물체를 감지하기까지 회전하는데 걸린 시간을 측정해 각도를 구할 수도 있다. 레이저 스캐너가 $360°$를 회전하면 환경의 개요도를 만들 수 있다(그림 2.9).

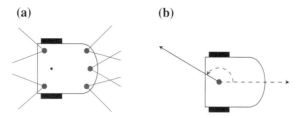

(a) **(b)**

그림 2.8 (a) 서로 다른 위치의 다섯 개 센서, (b) 회전하는 센서

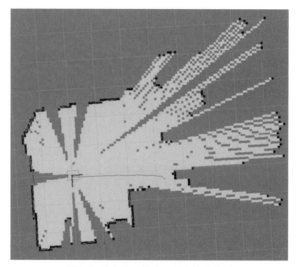

그림 2.9 레이저 스캐너로 생성된 환경 지도

활동 2.1 : 거리 센서의 범위

- 여러분의 로봇에 있는 근접 센서가 물체를 감지할 수 있는 최대 거리를 찾아보라. 감지할 수 있는 최소 거리가 있는가, 아니면 물체가 센서와 직접 닿아 있어도 물체를 감지하는가? 최소 거리가 있다면 더 가까운 물체는 왜 감지할 수 없는지 설명하라.

- 여러분의 소프트웨어가 센서에서 읽어온 값을 제공할 수도 있다. 그렇다면 그 값은 거리인가, 아니면 거리로 변환해야 하는 값인가? 변환해야 하는 값이면 변환하는 식을 찾거나 센서값을 거리로 바꿔주는 표를 작성하라.

- 가간섭 레이저를 사용하지 않는 센서는 전면뿐 아니라 측면에

있는 물체도 감지할 수 있다. 물체를 감지할 수 있는 각도를 찾아보라. 센서를 중심으로 왼쪽 구석과 오른쪽 구석에서 같은 각도로 물체를 감지할 수 있는가?

- 로봇 주변의 어느 곳에서나 물체를 감지하려면 몇 개의 센서가 필요한가?

활동 2.2: 임계값

- 자율주행 자동차와 같은 모바일 로봇은 장애물 바로 앞에서 멈추지 않고 안전상 1m나 50cm의 여유 공간을 둔다. 물체와의 최소 안전 거리인 임계값을 정하고 로봇이 물체에서 임계값 거리만큼 떨어진 곳에서 멈추도록 프로그래밍하라.

- 여러분의 소프트웨어가 센서에서 읽어온 값을 제공하지 않으면 대신 센서값이 다양한 임계값을 넘어갈 때(예를 들어 물체가 가깝거나, 중간 정도의 거리에 있거나, 멀 때와 같이) 여러분에게 취할 행동을 설정하게 할 수도 있다. 물체를 가까운 곳에 두고 천천히 멀리 떨어뜨려가며 이런 임계값을 찾아보라. 임계값을 넘어가는 거리를 기록하라.

활동 2.3: 반사율

- 적외선 근접 센서는 물체에서 반사된 빛을 측정하기 때문에 측정된 값이 물체의 특성에 따라 달라질 수 있다. 활동 2.1의 실험을 여러 모양, 색, 재질의 물체에 대해 반복하고 실험 결과를 요약하라.

- 센서가 물체를 감지할 수 있는 범위를 늘려보라. 예를 들어 광을 낸 금속 표면의 물체를 사용하거나 물체에 거울을 붙여보고, 조깅하는 사람과 자전거 타는 사람이 사용하는 반사 테이프를 물체에 붙여보라.

- 여러분의 로봇이 초음파 센서를 사용한다면 위의 실험을 초음파 센서로 해보고 표면 질감에 따라 어떻게 다른지 비교하라.

활동 2.4: 삼각측량

- 레이저 포인터로 50cm 정도 떨어진 물체를 향해 레이저 빔을 쏘고, 빔이 물체에 반사하는 것을 볼 수 있도록 조명을 어둡게 하거나 커튼을 닫아라. 그 후 레이저의 10cm 정도 옆에서 카메라를 책상이나 삼각대에 두고 사진을 찍어라. 이번에는 물체를 더 멀리 놓고 사진을 다시 찍어라. 두 사진을 비교하면 무엇이 다른가?
- 물체를 레이저와 카메라로부터 점점 멀리 떨어뜨려가면서 반사광이 사진의 모서리에서 떨어진 거리와 위치를 기록하고 데이터를 이용해 그래프를 그려라. 이어서 관측 결과를 설명하라. 무엇이 해당 센서가 측정할 수 있는 최소, 최대 거리를 결정하는가?

2.3 카메라

카메라는 물체까지의 거리와 각도 외에도 훨씬 자세한 정보를 제공할 수 있으므로 로봇에서는 디지털 카메라를 많이 사용한다. 디지털 카메라는 빛의 파장을 감지해 픽셀이라고 하는 사진 요소의 배열을 반환하는 전하 결합 소자^{charge-coupled device}라는 전자 부품을 사용한다(그림 2.10).

디지털 카메라마다 각 프레임에 담기는 픽셀 수와 픽셀에 담긴 내용물이 다르다. 어떤 교육용 로봇에 사용되는 작은 카메라는 한 행마다 256 픽셀이 있어 총 49,152 픽셀을 갖는다. 이는 매우 작은 사진이고, 일반적으로 스마트폰의 카메라에 있는 센서는 수백만 픽셀의 이미지를 기록한다.

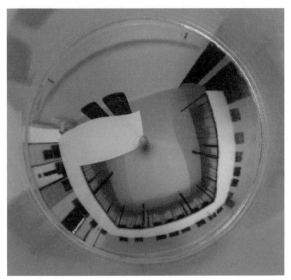

그림 2.10 시야가 360°인 전방향 카메라로 찍은 사진

　카메라는 각 픽셀마다 검은색이나 백색의 값(각 픽셀마다 1비트), 그레이 스케일grayscale이라고 부르는 회색조의 색들, 또는 빨간색-초록색-파란색으로 이뤄진 모든 색(각 픽셀마다 3 × 8 = 24비트)을 반환할 수도 있다. 따라서 작은 256×192 카메라에서 그레이 스케일 이미지로 나타내려면 약 50킬로바이트(kbyte)가, 색 이미지로 나타내려면 150킬로바이트가 필요하다. 자율주행 자동차와 같은 모바일 로봇은 1초에 여러 장의 이미지를 저장해야 하므로(영화나 TV는 1초에 24장의 이미지를 보여준다) 이미지를 저장하고 분석하는 데 필요한 메모리가 매우 크다.

　로봇 카메라 설계에서 중요한 특성은 렌즈의 시야field of view다. 카메라의 위치가 정해졌을 때 카메라를 둘러싸는 구의 얼마만큼이 이미지에 담기는가? 카메라의 센서가 동일할 경우 시야가 좁은 렌즈를 사용하면 좁은 영역을 높은 해상도와 적은 왜곡으로 담을 수 있고, 시야가 넓은 렌즈를 사용하면 넓은 영역을 더 낮은 해상도와 큰 왜곡으로 담을 수 있다. 가장 큰 왜곡은 카메라를 둘러싼 구의 거의 전부를 한 이미지에 담는 전방향 카메라omnidirectional camera를 사용할 때 발생한다. 그림 2.10은 전방향 카메라로 찍은 회의실이고, 카메라의 위치는 가운데 검은 점으로 표시돼 있다. 시야가 넓은 카메라는 이미지를 분석해 환경을 파악할 수 있으므로 모바일 로봇에 사용된다. 색과 같은 시각적 특성을 이용한 이미지 분석은 환경에 있는 물체를 감지하거나 사람 또는 다른 로봇과 상호 작용하기 위해 내비게이션에 사용된다.

로봇에서 사용하는 카메라의 근본적인 문제는 픽셀 배열의 값 자체가 중요하다기보다는 이미지에 있는 물체를 식별하는 것이 중요하다는 점이다. 사람의 눈과 뇌는 인식 작업을 바로 수행한다. 예를 들어 운전할 때는 다른 자동차나 보행자, 신호등, 도로에 있는 장애물을 알아서 식별한다. 반면 컴퓨터를 통한 이미지 처리는 정교한 알고리듬과 상당한 이미지 처리 능력이 필요하다(12장). 이런 이유로 카메라가 달린 로봇은 근접 센서를 사용하는 교육용 로봇보다 훨씬 복잡하고 비싸다.

2.4 기타 센서

터치 센서^{touch sensor}는 물체와의 거리가 0인지 0보다 큰지를 나타내는 두 값만을 측정하는 간단한 거리 센서로 생각할 수 있다. 터치 센서는 안전 메커니즘에 자주 사용된다. 예를 들어 터치 센서를 작은 방의 난방기 바닥에 부착해 터치 센서가 바닥을 감지할 때만 작동하도록 할 수 있다. 난방기가 넘어지면, 터치 센서는 난방기가 바닥에 정상적으로 놓여 있지 않다는 것을 감지하고 화재를 예방하기 위해 난방을 끈다. 또는 터치 센서를 모바일 로봇에 사용해 로봇이 벽과 너무 가까워지면 긴급 제동을 하도록 할 수도 있다.

버튼과 스위치는 사용자가 로봇과 직접적으로 상호 작용할 수 있도록 한다.

마이크는 소리를 감지할 수 있도록 한다. 단순히 소리를 감지할 수도 있고 목소리 명령을 해석하는 알고리듬을 사용할 수도 있다.

가속도계^{accelerometer}는 가속도를 측정한다. 가속도계를 사용하는 주목적은 중력의 방향을 측정하는 것인데, 중력으로 인해 지구 중심으로 약

9.8m/sec²의 가속도가 발생한다. 서로 수직으로 장착된 세 가속도계를 통해(그림 2.11) 로봇의 자세인 피치pitch, 요yaw, 롤roll 세 각도를 측정할 수 있다. 가속도계는 5.9.1절에서 더 자세히 다루고, 가속도계를 이용한 작업은 14.4.1절에서 확인할 수 있다.

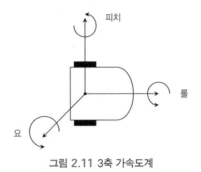

그림 2.11 3축 가속도계

활동 2.5: 가속도계를 이용한 자세 측정

- 로봇을 들어 세 축으로 회전할 때 로봇의 자세를 표시하는 프로그램을 작성하라.
- 로봇을 제어기로 사용해 원하는 게임을 구현하라.
- 로봇이 전진하다가 특정 경사에 도달하면 멈추는 프로그램을 작성하라. 피치를 측정하는 가속도계를 사용하라.

2.5 센서 범위, 해상도, 정밀도, 정확도

물리적 양을 측정할 때 측정 방법에 따라 범위, 해상도, 정밀도, 정확도가 다르고, 이런 개념은 헷갈릴 수 있다.

센서의 범위는 센서로 측정될 수 있는 값의 범위를 말한다. 적외선 근접 센서는 1cm에서 30cm까지 범위의 거리를 측정할 수 있다. 레이저 빔은 큰 파워를 좁은 빔에 집중하기 때문에 범위가 훨씬 넓다. 건물 안에서 움직이는 로봇에 필요한 거리 측정 범위는 약 10m 정도인 반면, 자율주행 자동차의 거리 센서는 100m 정도의 거리를 측정할 수 있어야 한다.

해상도란 측정할 수 있는 가장 작은 변화의 크기를 말한다. 어떤 거리 센서는 센티미터 단위로 거리를 측정할 수도 있고(1cm, 2cm, 3cm, 4cm, …), 성능이 더 좋은 센서는 거리를 100분의 1cm 단위로 측정할 수 있다 (4.00cm, 4.01cm, 4.02cm, …). 자율주행 자동차에서는 사람들이 자신의 차를 다른 차의 0.1cm 옆은 물론 1cm 옆에도 주차하지 않을 것이므로 센티미터 수준의 해상도도 충분할 것이다. 반면 수술에서는 1mm도 중요하기 때문에 수술 로봇에는 훨씬 더 높은 해상도가 필요하다.

정밀도는 측정의 일관성을 말한다. 동일한 양을 반복해서 측정하면 같은 값이 나올까? 측정이 일관되지 않으면 그에 따른 결정도 일관되지 않으므로 정밀도는 매우 중요하다. 자율주행 자동차의 어떤 센서가 10cm 단위로 거리를 연속적으로 측정할 때 가끔 큰 값을 출력한다고 하자(예를 들어 250cm, 280cm, 210cm). 이 경우 앞 차량과 일정한 간격을 유지하려고 할 때 아무 이유 없이 속도를 높였다 낮췄다 할 것이고, 이로 인해 승차감이 악화되면서 진이 빠질 것이다.

센서는 흔히 해상도는 높지만 정밀도는 낮다. 이 경우 해상도를 신뢰할 수 없다. 예를 들어 거리 센서가 밀리미터 단위로 값을 반환하지만 정밀도가 예를 들어 45mm, 43mm, 49mm와 같이 충분히 높지 않으면 해당 센서는 반환된 값의 센티미터 단위나 0.5cm 단위만 신뢰할 수 있다.

활동 2.6: 정밀도와 해상도

- 여러분의 로봇에 있는 거리 센서의 해상도는 얼마인가?
- 로봇에서 고정된 거리만큼 떨어진 곳에 물체를 놓고 측정된 거리를 기록하라. 측정값의 정밀도는 얼마인가?
- 난방기나 에어컨을 켜거나 끄고 전등을 켜거나 끄는 등 온도나 빛과 같은 환경을 바꿔가면서 물체까지의 거리를 측정하라. 측정값이 변하는가?

정확도는 측정값과 측정되는 실젯값과의 가까운 정도를 나타낸다. 어떤 거리 센서의 측정값이 계속 실제 거리보다 5cm 크게 나오면 해당 센서는 정확하지 않은 것이다. 로봇에서는 센서 측정값이 실제 물리 값을 반환하지 않으므로 정확도는 정밀도만큼 중요하지 않다. 대신 측정된 전기적 값에서 거리나 속도와 같은 물리 값을 구하기 위한 연산을 수행한다. 센서의 부정확도가 일관적이면 센서를 교정해 실제 물리 값을 얻을 수 있다(2.6절). 빛이나 소리를 이용하는 센서는 거리를 신호의 비행 시간을 이용해 계산한다($s = vt/2$). 만약 센서가 계속 5cm 큰 값을 반환한다는 것을 알면 거리를 단순하게 $s = (vt/2) - 5$로 구할 수 있다.

활동 2.7: 정확도

- 로봇에서 다양한 거리에 물체를 놓고 센서에서 반환되는 거리를 측정하라. 결과가 정확한가? 그렇지 않다면 센서 측정값을 거리로 변환하는 함수를 만들 수 있는가?

2.6 비선형성

센서는 측정하는 값과 비례하는 전위나 전류와 같은 전기적 값을 반환한다. 센서는 아날로그 값을 디지털 값으로 바꾸는데, 예를 들어 근접 센서는 0~50cm의 거리를 나타내는 8비트의 데이터(0에서 255까지의 값)를 반환할 수 있다. 8비트 센서는 0~360° 범위의 각도를 1도 단위로도 나타낼 수 없다. 컴퓨터는 디지털 값을 물리 값으로 변환해야 하고, 이런 변환을 찾는 것을 센서를 교정한다고 한다. 좋은 상황에서는 변환이 선형적이고 계산하기 쉬울 수 있지만, 그렇지 않은 경우에는 변환이 비선형적이므로 표나 비선형 함수를 사용해야 할 수도 있다. 표의 값을 찾는 것이 함수를 계산하는 것보다 빠르기 때문에 더 효율적이지만 표는 큰 메모리가 필요하다.

2.6.1 선형 센서

수평 거리가 선형일 경우 센서 반환값 x와 센서에서 물체까지의 거리 s 사이에는 $x = as + b$의 관계가 성립하고, 이때 a와 b는 상수다(a는 기울기, b는 센서축과의 절편). 센서가 2cm 거리의 물체에 대해 100의 값을 반환하고 30cm 거리의 물체에 대해 0을 반환한다고 하자(그림 2.12).

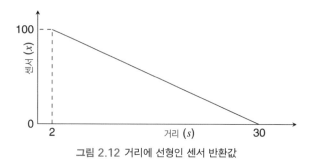

그림 2.12 거리에 선형인 센서 반환값

그럼 다음과 같이 기울기와 절편을 구할 수 있다.

$$기울기 = \frac{\Delta x}{\Delta s} = \frac{0 - 100}{30 - 2} = -3.57$$

$s = 30$일 때 $x = 0 = -3.57 \cdot 30 + b$이므로 $b = 107$이고, 따라서 $x = -3.57s + 107$이다. 이 식을 s에 대해 나타내면 센서값을 거리로 변환하는 함수를 얻을 수 있다.

$$s = \frac{107 - x}{3.57}$$

활동 2.8: 선형성

- 책상에 자를 붙이고 로봇의 전면 센서가 자의 0 눈금 옆에 위치하도록 정확하게 놓아라. 그리고 물체를 자의 1cm 눈금 옆에 놓아라. 센서에서 반환된 값을 기록하고 센서값이 0이 될 때까지 2cm, 3cm, …에 대해 반복하라.
- 거리에 대한 센서 반환값을 그래프로 작성하라. 센서의 반응이 선형적인가? 그렇다면 기울기와 절편을 계산하라.

- 다른 모양과 재질의 물체에 대해 실험을 반복하라. 그래프의 선형성이 물체의 특성에 따라 다른가?

2.6.2 비선형 센서 변환

그림 2.13은 활동 2.8을 수행한 결과의 한 예시로, 그림 2.12의 선형 함수와 함께 측정값이 점으로 표시돼 있다. 센서 영역의 가운데는 함수가 선형이라고 할 수 있지만, 그 외 영역에서는 비선형이다. 이 말은 로봇에서 물체까지의 거리를 센서값에 대한 선형 함수로 나타낼 수 없다는 것이다.

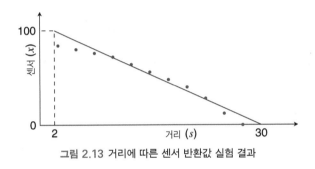

그림 2.13 거리에 따른 센서 반환값 실험 결과

센서값을 거리로 변환하는 표를 생각해볼 수 있다. 표 2.1은 교육용 로봇으로 실제 측정해 작성한 것이다. 센서값을 2cm에서 18cm까지 2cm마다 측정했고 20cm에서는 센서가 물체를 감지할 수 없었다. 두 번째 열은 각 거리에서의 센서값을 나타내고, 세 번째 열은 센서값이 거리에 $x = -2s + 48$로 선형일 경우의 센서값 x_l을 나타낸다. 센서에서 실제로 반환된 값이 선형에서 크게 벗어나지 않으므로 선형 함수를 쓰는 것이 합리적이라고 할 수 있다.

가능한 모든 센서 반환값을 거리로 변환하는 표가 있다면 좋을 것이다. 하지만 이런 방법은 아주 많은 메모리가 필요하고 센서 범위가 예를 들어 0에서 4095까지(12비트)와 같이 훨씬 크면 실용적이지 않다. 한 가지 방법은 가장 가까운 값을 사용하는 것인데, 예를 들어 센서 반환값이 27이면 표 2.1에서 가장 가까운 26을 변환해 거리가 12cm라고 할 수 있다.

표 2.1 센서값을 거리로 변환하는 표

s (cm)	x	x_1
18	14	12
16	18	16
14	22	20
12	26	24
10	29	28
8	32	32
6	36	36
4	41	40
2	44	44

더 좋은 방법은 보간을 하는 것이다. 그림 2.13의 그래프를 다시 보면, 곡선을 이루는 선분들이 기울기는 다르지만 거의 선형인 것을 알 수 있다. 따라서 두 점을 잇는 직선에서 상대 거리를 계산하면 센서값에 대응하는 거리의 훌륭한 근사값을 얻을 수 있다(그림 2.14). 센서값 x_1, x_2에 해당하는 거리 s_1, s_2를 알 때 $x_1 < x < x_2$인 값 x에 대해 거리 s는 다음과 같다.

$$s - s_1 + \frac{s_2 - s_1}{x_2 - x_1}(x - x_1)$$

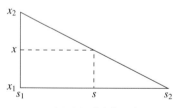

그림 2.14 센서값 보간

2.7 요약

로봇을 설계할 때 어떤 센서를 사용할지 선택하는 것은 중요하다. 설계자는 거리, 자세, 속도와 같은 물리량 중 무엇을 측정해야 하는지 결정해야 하며, 그 후 설계자는 상충 관계를 고려해야 한다. 더 넓은 범위, 높은 해상도, 높은 정밀도와 정확도를 지닌 센서를 사용하면 좋지만 값이 비싸다. 교육용 로봇에서는 가격이 최우선 고려 사항이므로 높은 성능을 기대하기는 어렵다. 그래도 센서 품질에 관계없이 작동 원리는 동일하므로 로봇을 배우는 데는 영향을 미치지 않는다.

로봇 컴퓨터에 연결된 모든 센서는 특정 범위의 이산값을 반환한다. 컴퓨터는 이런 센서값을 교정이라는 과정을 거쳐 물리량으로 변환해야 한다. 센서가 선형적이라면 센서를 교정해 기울기와 절편 두 값을 얻을 수 있다. 센서가 비선형적인 경우 표나 비선형 함수를 사용해야 한다.

2.8 추가 자료

모바일 로봇에 사용되는 센서의 개요를 보려면 [2]의 4.1절을 참고하길 바란다. 에버렛Everett의 책[1]에서는 책 전반에 걸쳐 관련 내용을 다룬다.

참고 문헌

1. Everett, H.: Sensors for Mobile Robots. A.K, Peters (1995)
2. Siegwart, R., Nourbakhsh, I.R., Scaramuzza, D.: Introduction to Autonomous Mobile Robots, 2nd edn. MIT Press, Cambridge (2011)

3
반응성 동작

이제 로봇 알고리듬을 구현할 준비가 됐다. 이번 장에서 구현할 알고리듬
은 반응성 동작reactive behavior이다. 예를 들어 로봇에서 근처의 물체를 감지
하는 것과 같은 이벤트가 발생하면, 로봇은 모터를 멈추는 것과 같은 동
작을 바꾸는 행동을 수행해 이벤트에 대응한다. 행동이 메모리에 저장된
데이터(상태)에 관계없이 이벤트의 발생에만 일어나는 경우 완전한 반응
성 동작이라고 한다.

복잡한 동작은 간단한 알고리듬에서 시작하기 때문에 브라이텐베르
크 차량Braitenberg vehicle의 반응성 동작을 입문용으로 다루기에 적절하다.
3.1~3.3절에서는 반응성 동작을 보이는 브라이텐베르크 차량에 대해 설
명한다. 상태에 따른 반응을 하지 않는 브라이텐베르크 차량은 4장에서
다룰 것이다. 3.4절에서는 몇 가지 고전적인 라인 팔로잉 반응성 동작 알
고리듬을 소개한다. 라인 팔로잉은 알고리듬이 센서와 선의 특성에 민감
하므로 흥미롭게 살펴볼 수 있는 주제다. 따라서 로봇을 빠르고 강건하게
움직이기 위해 최적의 임계값을 정하는 교정이 필요하다. 3.5절에서는

센서가 컴퓨터가 아닌 모터에 직접 연결되는 브라이텐베르크의 원래 구조를 생물학적인 측면에서 간략하게 설명한다. 이 책의 후반부(13.3절)에서는 인공 신경망을 이용한 브라이텐베르크 차량 구현도 알아볼 것이다.

3.1 브라이텐베르크 차량

발렌티노 브라이텐베르크^{Valentino Baritenberg}는 아주 복잡한 동작을 하는 가상 차량의 디자인을 기술한 신경과학자다. MIT 미디어 랩^{Media Lab}의 연구원들은 레고 마인드스톰 로봇 키트의 전신이었던 프로그래밍 가능한 블록을 이용해 차량을 하드웨어적으로 구현했다.[1] 이 장에서는 MIT에서 보고한 대부분의 브라이텐베르크 차량 구현을 다룬다. MIT는 하드웨어로 빛과 터치 센서를 사용했지만, 이 책의 일반 로봇은 수평 근접 센서를 사용한다.

이 책의 구현 방법으로는 차량 명칭의 의미를 이해하기 어려울 수도 있지만, MIT 보고서와의 비교를 용이하게 하고 브라이텐베르크 책과의 간접적인 비교를 위해 차량의 명칭은 그대로 사용한다.

아래의 내용을 통해 두 종류의 차량을 자세히 다룬다.

- 로봇 동작 설명
- 설명된 동작을 위한 형식화된 알고리듬
- 여러분이 자신의 로봇에 구현하는 활동

다른 차량들에 대해서는 동작을 설명하고, 여러분은 알고리듬을 개발해 자신의 로봇에 구현하는 활동을 한다.

---

[1] MIT 보고서에서는 '브라이텐베르크 생물(Braitenberg creatures)'이라는 용어를 사용했지만, 이 책에서는 본래의 용어를 사용한다.

3.2 물체 감지에 대한 반응

설명(소심한 동작): 로봇이 물체를 감지하지 못하면 전진한다. 물체를 감지하면 멈춘다.

알고리듬 3.1은 위의 동작을 구현한다.

알고리듬 3.1: 소심한 동작

1: 물체가 앞에서 감지되지 않을 때
2:    왼쪽 모터 세기 ← 100
3:    오른쪽 모터 세기 ← 100
4:
5: 물체가 앞에서 감지될 때
6:    왼쪽 모터 세기 ← 0
7:    오른쪽 모터 세기 ← 0

위의 알고리듬은 물체를 감지하는 이벤트와 감지하지 않는 이벤트 각각에 대해 총 두 개의 이벤트 핸들러를 사용한다. 이벤트 핸들러는 '~할 때^{when}' 구문으로 작성되고 그 의미는 다음과 같다.

이벤트가 처음 발생하면 아래의 행동을 수행하라.

이때 왜 더 익숙한 '~하는 동안^{while}' 구문(알고리듬 3.2)이 아닌 '~할 때' 구문을 사용할까?

그 이유는 '~하는 동안' 구문을 사용하면 물체가 감지되지 않는 한 모터는 켜질 것이고 물체가 감지되는 한 모터는 꺼지기 때문이다. 센서는 여러 범위의 거리에 있는 물체를 감지하므로 이로 인해 모터가 반복적으로 켜지거나 꺼질 수 있다. 이미 꺼져 있거나 켜져 있는 모터를 다시 끄거나 켠다고 해서 피해가 발생하지는 않겠지만, 이런 반복된 명령은 불필요하고 자원을 낭비한다. 따라서 물체가 처음 감지될 때만 모터를 끄고 물체가 처음 감지되지 않을 때 모터를 켜는 방식을 사용하기로 한다. '~할 때' 구문은 우리가 원하는 이런 의미를 내포한다.

알고리즘 3.2: '~하는 동안'을 이용한 소심한 동작

1: 물체가 앞에서 감지되지 않는 동안
2:   왼쪽 모터 세기 ← 100
3:   오른쪽 모터 세기 ← 100
4:
5: 물체가 앞에서 감지되는 동안
6:   왼쪽 모터 세기 ← 0
7:   오른쪽 모터 세기 ← 0

활동 3.1: 소심한 동작

- 소심한 동작을 구현하라.

활동 3.2: 우유부단한 동작

- 우유부단한 동작을 구현하라.

  설명(우유부단한 동작): 로봇이 물체를 감지하지 않으면 전진한다. 물체를 감지하면 후진한다.

- 특정 거리에서 로봇이 빠르게 앞뒤로 왔다 갔다 하며 진동할 것이다. 서로 다른 반사율의 물체에 대해 이 거리를 측정하라.

활동 3.3: 완강한 동작

- 완강한 동작을 구현하라.

  설명(완강한 동작): 로봇이 물체를 앞에서 감지하면 후진한다. 물체를 뒤에서 감지하면 전진한다.

활동 3.4: 완강한 동작(정지)

- 완강한 동작(정지)을 구현하라.

    설명(완강한 동작(정지)): 활동 3.3과 동일하나 물체를 감지하지 않으면
    로봇이 정지한다.

활동 3.5: 끌어당김과 밀어냄 동작

- 끌어당김과 밀어냄 동작을 구현하라

    설명(끌어당김과 밀어냄 동작): 물체가 로봇 뒤에서 접근하면 물체가 범
    위를 벗어날 때까지 도망간다.

3.3 반응과 회전

자동차는 차량 프레임에 대한 앞바퀴의 각도를 바꿔 회전한다. 이때 모터
세기는 변하지 않는다. 반면 차동 구동 로봇은 자동차의 핸들이나 자전
거의 핸들 바와 같은 조향 메커니즘이 없다. 대신 왼쪽 바퀴와 오른쪽 바
퀴의 세기를 조절해 회전한다. 한쪽 바퀴가 다른 쪽 바퀴보다 빠르게 돌
면 로봇은 더 빨리 도는 바퀴의 반대 방향으로 회전한다(그림 3.1a). 한쪽
바퀴가 뒤로 돌고 다른 쪽 바퀴가 앞으로 돌면 회전은 더 급격해진다(그
림 3.1b). 그림 3.1에서 화살표는 각 바퀴의 방향과 속력을 나타낸다. 회전
반경이란 로봇 경로가 그리는 원의 반지름을 말한다. 회전 반경이 작을
때 회전이 급격하다고 말한다. 한쪽 바퀴가 앞으로 돌고 다른 쪽 바퀴가
같은 속력으로 뒤로 도는 극단적인 경우 로봇은 제자리 회전을 하고 회전
반경은 0이 된다.

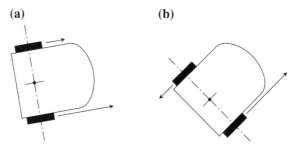

그림 3.1 (a) 부드러운 왼쪽 회전 (b) 급격한 왼쪽 회전

이제 회전하는 기능을 보유한 브라이텐베르크 차량을 구현해보자.

설명(편집증 동작): 로봇이 물체를 감지하면 전진해 물체와 충돌한다. 물체를 감지하지 않으면 왼쪽으로 회전한다.

알고리듬 3.3은 위의 동작을 구현한다.

알고리듬 3.3: 편집증 동작

1: 물체가 앞에서 감지될 때
2:    왼쪽 모터 세기 ← 100
3:    오른쪽 모터 세기 ← 100
4:
5: 물체가 앞에서 감지되지 않을 때
6:    왼쪽 모터 세기 ← -50   // 왼쪽 모터 뒤로 회전
7:    오른쪽 모터 세기 ← 50   // 오른쪽 모터 앞으로 회전

활동 3.6: 편집증 동작

- 편집증 동작을 구현하라.
- 알고리듬 3.3에서 왼쪽과 오른쪽 모터의 세기는 같은 크기이면서 반대 방향으로 설정했다. 모터 세기를 바꿔 회전 반경이 어떻게 바뀌는지 확인하라.

활동 3.7: 편집증(오른쪽-왼쪽) 동작

● 편집증(오른쪽-왼쪽) 동작을 구현하라.

  설명(편집증(오른쪽-왼쪽)): 물체가 로봇 앞에서 감지되면 로봇이 전진한다. 물체가 오른쪽에서 감지되면 로봇이 오른쪽으로 회전하고, 왼쪽에서 감지되면 로봇이 왼쪽으로 회전한다. 물체가 감지되지 않을 때는 로봇이 움직이지 않는다.

활동 3.8: 자신 없는 동작

● 자신 없는 동작을 구현하라.

  설명(자신 없는 동작): 물체가 로봇의 왼쪽에서 감지되지 않으면 오른쪽 모터를 앞으로 회전하고 왼쪽 모터를 끈다. 물체가 왼쪽에서 감지되면 오른쪽 모터를 끄고 왼쪽 모터를 앞으로 회전한다.

● 로봇이 왼쪽에 있는 벽을 따라가도록 하는 모터 설정을 찾아라.

활동 3.9: 이끌리는 동작

● 이끌리는 동작을 구현하라.

  설명(이끌리는 동작): 물체가 로봇의 왼쪽에서 감지되면 오른쪽 모터를 앞으로 회전하고 왼쪽 모터를 끈다. 물체가 오른쪽에서 감지되면 오른쪽 모터를 끄고 왼쪽 모터를 앞으로 회전한다.

● 로봇이 물체에 지그재그로 접근하도록 하는 모터 설정을 찾아라.

3.4 라인 팔로잉

로봇 카트가 물체를 중앙의 발송 구역으로 가져오는 창고를 생각해보자. 창고 바닥에는 선이 칠해져 있고, 로봇은 목표 물체의 보관함에 도착할 때까지 선을 따라간다.

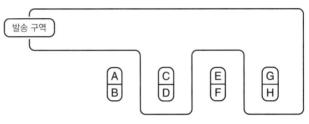

그림 3.2 로봇이 돌아다니는 창고

라인 팔로잉line following은 실제 로봇 제작에서의 모든 불확실성을 확인할 수 있는 작업이다. 선이 완전히 곧지 않을 수도 있고 먼지가 선의 일부를 가릴 수도 있으며 흙으로 인해 한쪽 바퀴가 다른 쪽 바퀴보다 더 천천히 돌 수도 있다. 선을 따라가기 위해 로봇은 자신이 선 위에 있는지를 판단해야 하고, 선의 한쪽으로 이탈하면 다시 선을 따라가기 위해 방향을 조절해야 한다.

3.4.1 두 개의 지면 센서를 이용한 라인 팔로잉

한 쌍의 지면 센서를 사용해 선을 따라갈 수 있다(그림 3.3).[2] 지면 센서는 밝은색의 지면에서 많은 반사광을 감지하고, 어두운 선이 지면에 칠해져 있으면 선 위에 있을 때 아주 적은 반사광을 감지한다.[3] 흰색의 지면에서는 더 명확한 대비를 위해 검은 선을 사용해야 하지만, 그림에서는 로봇과 센서를 가리지 않기 위해 밝은 회색으로 선을 표시했다. 임계값은 센서가 선을 감지하다가 지면을 감지하는 것으로 바뀌는 이벤트나 그 반대의 이벤트가 언제 발생했는지를 판단하는 데 사용된다.

---

2 지면 센서는 로봇의 하단부에 부착하지만 그림은 위에서 본 평면도로 나타냈다.
3 이 책에서는 지면이 밝은색이라고 가정한다. 여러분의 지면이 어두운색이면 흰 선을 사용해야 한다.

그림 3.3 선 위에 두 개의 지면 센서가 장착된 로봇

로봇이 선 바로 위에 있을 때 양쪽 지면 센서가 모두 어두움을 감지할
수 있을 만큼 선이 충분히 넓어야 한다. 하지만 센서가 완전히 선 위에 있
지는 않아도 되며, 선에서 반사된 빛이 센서로 들어오는 양이 검은색으로
지정된 임계값보다 낮으면 된다.

그림 3.4 선 이탈

라인 팔로잉을 구현하려면 양쪽 센서가 선 위에 있어 어두운 지면을
감지할 때 로봇이 전진해야 한다. 그 후 로봇이 선을 이탈하기 시작하면
왼쪽이나 오른쪽의 센서가 먼저 선을 이탈할 것이다(그림 3.4). 따라서 다
음과 같다.

- 로봇이 선 왼쪽으로 움직이면, 왼쪽 센서는 선을 감지하지 못하고
  오른쪽 센서는 선을 감지한다. 이때는 로봇을 오른쪽으로 회전시
  켜야 한다.
- 로봇이 선 오른쪽으로 움직이면, 오른쪽 센서는 선을 감지하지 못
  하고 왼쪽 센서는 선을 감지한다. 이때는 로봇을 왼쪽으로 회전시
  켜야 한다.

로봇의 양쪽 센서가 선을 감지하지 못하면 로봇이 멈춘다고 하자. 알고
리듬 3.4는 위의 동작을 묘사한다.

알고리듬 3.4: 두 개의 센서를 이용한 라인 팔로잉

1: 양쪽 센서가 검은색을 감지할 때

2:    왼쪽 모터 세기 ← 100

3:    오른쪽 모터 세기 ← 100

4:

5: 양쪽 센서가 검은색을 감지하지 않을 때

6:    왼쪽 모터 세기 ← 0

7:    오른쪽 모터 세기 ← 0

8:

9: 왼쪽 센서만 검은색을 감지할 때

10:    왼쪽 모터 세기 ← 0

11:    오른쪽 모터 세기 ← 50

12:

13: 오른쪽 센서만 검은색을 감지할 때

14:    왼쪽 모터 세기 ← 50

15:    오른쪽 모터 세기 ← 0

활동 3.10: 두 개의 센서를 이용한 라인 팔로잉

- 알고리듬 3.4를 구현하라.

- 검은색 절연 테이프나 개퍼gaffer 테이프를 이용해 지면에 선을 만들어라. (개퍼 테이프는 무대나 영화 세트장에서 케이블을 묶거나 지면에 고정하기 위해 사용한다. 개퍼 테이프는 대체로 절연 테이프보다 반사율이 낮아서 라인 팔로잉 알고리듬을 구현하기에 더 용이하다.)

- 로봇이 선에서 벗어나기 시작하는 각도나 곡선이 있어야 한다. 프로그램을 실행해 로봇이 해당 각도와 곡선을 따라갈 수 있는지 확인하라.

- 선으로 돌아오도록 하는 모터 세기를 찾아라. 회전이 너무 작으면 로봇이 돌아오기 전에 반대쪽 센서도 선에서 이탈할 수 있다. 또한 회전이 너무 크면 반대편 선 끝으로 로봇이 이탈할 수 있다. 어떠한 경우에도 급격한 회전은 위험하고 로봇이 운반하는

것을 떨어뜨릴 수 있다.

- 선 위에서 로봇이 전진하는 속도도 중요하다. 전진 속도가 너무 빠르면, 로봇의 회전하는 행동이 방향에 영향을 주기 전에 로봇이 선에서 이탈할 수 있다. 전진 속도가 너무 느리면, 아무도 해당 로봇을 창고에서 사용하지 않을 것이다. 여러분의 로봇은 선에서 이탈하지 않고 얼마나 빨리 움직일 수 있는가?

활동 3.11: 다양한 선 형태

- 로봇이 따라갈 수 있는 가장 급격한 회전은 얼마인가? 90° 회전의 선을 따라갈 수 있는가?
- 부드러운 회전, 급격한 회전, 지그재그 등 선의 다양한 형태에 대해 실험하라.
- 선의 다양한 두께에 대해 실험하라. 선이 센서 사이의 거리보다 훨씬 넓거나 좁으면 어떻게 되는가?

활동 3.12: 선에서 이탈한 후 돌아오기

- 로봇이 선에서 이탈해 양쪽 센서가 검은색을 감지하지 못했을 때 다시 선으로 돌아오도록 알고리듬을 변형하라.
- 알고리듬 1: 양쪽 센서가 선을 감지하지 못하기 전에 두 센서 중 어느 한 센서가 먼저 선을 감지하지 못할 것이다. 변수를 사용해 먼저 선을 놓치는 센서가 무엇인지를 저장하라. 그리고 선에서 이탈하면 해당 변수의 반대 방향으로 회전하라.
- 알고리듬 2: 알고리듬 1은 로봇이 너무 빠르게 움직이거나 한 센서만이 선을 놓쳤다는 것을 감지하기 전에 로봇이 선에서 이탈하는 경우에는 작동하지 않을 것이다. 대신 양쪽 센서가 검은색을 감지하지 못하면 먼저 한 방향으로 움직이고 나서 반대 방향으로 짧은 거리를 움직여 선을 찾도록 하라.

활동 3.13: 센서 설정

- 다음과 같이 바꾸면 로봇이 선을 따라가는 데 어떤 영향이 있는지 논의하라.
  - 지면 센서의 이벤트가 더 자주 또는 드물게 발생한다.
  - 두 센서가 더 멀리 떨어져 있거나 더 가까이 있다.
  - 로봇 하단에 두 개보다 많은 지면 센서가 있다.
  - 센서가 로봇의 뒤에 있거나 로봇이 뒤로 움직인다.
- 여러분의 로봇에서 위와 같이 바꿀 수 있다면 동일한 방식으로 실험하라.

3.4.2 한 개의 센서만을 이용한 라인 팔로잉

선의 반사율이 두께에 걸쳐 변하는 경우 한 개의 지면 센서만으로는 선을 따라갈 수 있다. 그림 3.5는 선의 음영이 두께에 걸쳐 완전한 검은색에서 완전한 흰색으로 연속적으로 변하는 회색조 선을 나타낸다. 지면 센서는 선의 어떤 부분 위에 있는지에 따라 0에서 100까지의 값을 반환한다.

그림 3.5 회색조 그라데이션으로 만들어진 선

로봇이 선의 중앙에 있을 때 센서는 검은색과 흰색의 중간인 50을 반환한다. 물론 값이 정확히 50은 아닐 것이므로, 값이 0이나 100이 되지 않는 한 로봇을 왼쪽이나 오른쪽으로 회전시킬 이유가 없다. 따라서 아래와 같이 두 개의 임계값을 정의한다.

- **검은색 임계값**: 이 값보다 작은 경우 로봇이 선의 왼쪽으로 이탈하고 있다고 판단한다.

- **흰색 임계값**: 이 값보다 큰 경우 로봇이 선의 오른쪽으로 이탈하고 있다고 판단한다.

알고리듬 3.5는 센서 반환값이 두 임계값을 지나갈 때 모터 세기 설정을 바꾼다.

알고리듬 3.5: 한 개의 센서를 이용한 라인 팔로잉

정수 검은색 임계값 ← 20
정수 흰색 임계값 ← 80

1: 검은색 임계값 ≤ 센서값 ≤ 흰색 임계값일 때
2:    왼쪽 모터 세기 ← 100
3:    오른쪽 모터 세기 ← 100
4:
5: 센서값 > 흰색 임계값일 때
6:    왼쪽 모터 세기 ← -50
7:    오른쪽 모터 세기 ← 50
8:
9: 검은색 임계값 < 센서값일 때
10:    왼쪽 모터 세기 ← 50
11:    오른쪽 모터 세기 ← -50

활동 3.14: 한 개의 센서를 이용한 라인 팔로잉

- 알고리듬 3.5를 구현하라.
- 로봇이 선을 따라갈 때까지 임계값을 조정하라.
- 로봇이 선을 완전히 벗어날 때를 감지하도록 알고리듬을 변형하라. (힌트: 어려운 점은 로봇이 선의 검은색 부분에서 이탈하는 경우다. 왜냐하면 해당 구역에서는 검은색 부분에서 이탈하는 경우와 흰색 부분에서 이탈하는 경우를 구별할 수 없기 때문이다. 한 가지 방법은 센서값의 이전 값을 저장하는 변수를 사용해 두 경우를 구별할 수 있도록 하는 것이다.)

3.4.3 그라데이션 없는 라인 팔로잉

근접 센서의 수신기에는 빛을 모으는 구멍인 조리개가 있다. 조리개는 주로 넓게 제작되는데, 이로써 더 많은 빛이 센서에 모여서 센서가 적은 양의 빛에도 반응할 수 있다. 카메라에는 f 값이 있는데, f 값이 작으면 조리개가 넓어 상대적으로 어두운 환경에서도 사진을 찍을 수 있다. 지면 근접 센서의 조리개가 상대적으로 넓으면 선의 그라데이션이 필요하지 않고 한 개의 센서로 선의 모서리를 따라갈 수 있다(그림 3.6). 그림 3.6은 로봇이 선의 오른쪽 모서리를 따라간다고 가정한다.

- **왼쪽 그림**: 센서가 선 위에 있을 때 적은 양의 빛이 감지될 것이다. 따라서 로봇이 따라가야 하는 오른쪽 모서리보다 왼쪽에 있기 때문에 로봇은 오른쪽으로 회전해야 한다.
- **가운데 그림**: 센서가 선 밖에 있을 때 많은 양의 빛이 감지될 것이다. 따라서 로봇이 따라가야 하는 오른쪽 모서리보다 오른쪽에 있기 때문에 로봇은 왼쪽으로 회전해야 한다.
- **오른쪽 그림**: 센서가 오른쪽 모서리 위에 있을 때(의도한 대로) 감지되는 빛의 양은 양 끝 값의 중간일 것이다. 로봇은 계속 전진하면 된다.

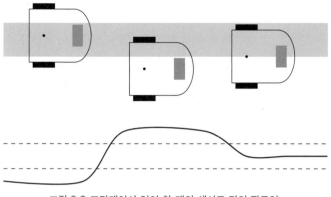

그림 3.6 그라데이션 없이 한 개의 센서로 라인 팔로잉.
위: 선을 따라 움직이는 로봇, 아래: 위치에 따른 센서값

그림 3.6에서 밑의 그림은 센서 반환값을 그래프로 나타낸 것이다. 점선은 로봇이 선 위에 있는지, 선 밖에 있는지, 모서리에 있는지를 정하는 세 가지 상태에 대한 임계값이다.

활동 3.16: 그라데이션 없는 라인 팔로잉

- 알고리듬을 상세히 작성하라.
- 실험을 통해 임계값을 정하라.
- 알고리듬을 구현하라.
- 위 알고리듬의 성능을 두 개의 센서를 사용하는 라인 팔로잉과 그라데이션이 있는 한 개의 센서를 이용한 라인 팔로잉 알고리듬과 비교하라. 어떤 알고리듬이 선을 따라가면서도 더 높은 속도를 내고 급격한 회전을 하는 강건성을 보여주는가?

활동 3.17: 실제 상황에서의 라인 팔로잉

- 우리가 다룬 라인 팔로잉은 바닥에 칠해지거나 테이프로 붙인 선을 감지하는 센서를 사용한다. 다른 기술로는 어떻게 선을 나타내고 감지할 수 있을까?
- 위의 알고리듬들을 통해 로봇이 선을 따라갈 수 있지만, 창고에

있는 로봇은 로봇이 목표하는 보관함에 언제 도달했는지 알아내
는 방법과 보관함에서 특정 물체를 찾는 방법이 필요하다. 어떻
게 이 작업을 구현할 수 있을까?

- 창고에 새 보관함을 추가한다고 하자. 로봇을 어떻게 바꿔야 할
  까? 알고리듬을 어떻게 설계하면 쉽게 바꿀 수 있을까?

3.5 브라이텐베르크 차량

발렌티노 브라이텐베르크 차량은 전자 부품이나 소프트웨어로 구현하기
위한 것이 아니라 사고 실험을 위해 만들어졌다. 브라이텐베르크 차량은
생물의 신경 시스템과 같이 센서가 모터에 직접 연결되어 있고, 일부 브
라이텐베르크 차량은 뇌와 비슷한 메모리를 이용해 설계됐다.

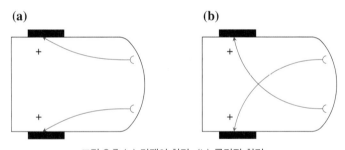

그림 3.7 (a) 겁쟁이 차량, (b) 공격적 차량

그림 3.7a와 3.7b는 브라이텐베르크의 방법으로 나타낸 로봇이다. 로
봇 앞부분에 반원으로 나타낸 광센서들이 바퀴 모터에 직접 연결된다. 연
결 부분의 +는 더 많은 빛이 감지될수록 각 바퀴가 더 빠르게 회전한다는
것을 의미한다. 강한 광원이 로봇 바로 앞에 있으면 양쪽 센서가 같은 값
을 반환할 것이고 로봇이 빠르게 전진할 것이다. 다음으로 광원이 왼쪽으
로 치우쳐 있다고 하자. 그림 3.7a의 로봇에서 왼쪽 바퀴는 빨리 회전하
고 오른쪽 바퀴는 천천히 회전할 것이다. 따라서 로봇이 광원을 피해 오

른쪽으로 급격히 회전할 것이다. 이런 브라이텐베르크 차량을 '겁쟁이'라고 한다. 그림 3.7b의 로봇에서 오른쪽 바퀴는 빠르게 회전하고 왼쪽 바퀴는 천천히 움직여 로봇이 광원을 향해 회전하며 결국 광원과 충돌한다. 이 동작은 '공격적aggressive'이라고 한다.

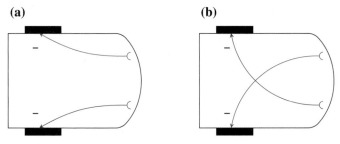

(a)　　　　　　　　　　　　　　**(b)**

그림 3.8 (a) 사랑 차량, (b) 탐험가 차량

활동 3.18: 브라이텐베르크 차량

- 겁쟁이 차량과 공격적 차량을 구현하라.
- 광센서 대신 근접 센서를 사용하고 광원의 세기를 물체의 감지 유무로 대신하라.
- 그림 3.8a와 3.8b의 로봇은 센서값이 음수라는 것(연결 부분에서의 - 부호) 외에는 각각 그림 3.7a와 3.7b의 로봇과 동일하다. 따라서 더 많은 빛이 감지되면 바퀴가 천천히 회전한다. 이때 모터에 고정된 편향값bias을 적용해 빛이 감지되지 않을 때도 바퀴가 앞으로 회전한다고 가정한다.
- 그림 3.8a의 로봇을 구현하라. 왜 '사랑'이라는 이름이 붙었을까?
- 그림 3.8b의 로봇을 구현하라. 왜 '탐험가'라는 이름이 붙었을까?

3.6 요약

로봇의 행동이 센서의 현재 반환값에 의해서만 달라질 때 로봇이 반응성 동작을 보인다고 한다. 3장에서는 두 종류의 반응성 동작을 다뤘다. 브라이텐베르크 차량은 근접 센서가 로봇의 특정한 상대적 위치에 물체가 있는지 없는지를 감지하는 이벤트에 대한 반응으로 모터 설정을 바꿔 반응성 동작을 나타낸다. 브라이텐베르크 차량은 비교적 간단한 반응성 알고리듬을 사용해 복잡한 동작을 보여준다.

라인 팔로잉은 로보틱스에서 필수적인 작업이다. 로봇 모션과 환경에서의 불확실성을 극복하고 로봇이 목표 지점으로 이동할 수 있도록 선과 같은 이정표를 사용한다. 라인 팔로잉은 로봇이 지면 센서에 따라 동작을 바꾸기 때문에 반응성 동작의 일종이다. 3장에서는 로봇과 선에 따른 세 가지 상황과 각 상황에 대한 알고리듬을 살펴봤다. 알고리듬의 성능은 센서 임계값과 모터 속력에 따라 다르므로, 로봇이 환경의 변화에 강건하면서도 빠르게 움직이도록 하려면 실험을 통해 정해야 한다.

3.7 추가 자료

브라이텐베르크의 저서[1]는 신경과학자의 관점에서 저술됐으므로 흥미롭다. 해당 저서는 가상의 기술을 사용해 차량을 묘사하지만 시사하는 바가 크다. 3장에서 다룬 브라이텐베르크 차량은 [2]에서 제시한 하드웨어 구현에서 각색했다. 제1저자가 구현한 스크래치에서의 브라이텐베르크 차량은 관련 사이트(https://scratch.mit.edu/studios/1452106)에서 확인할 수 있다.

참고 문헌

1. Braitenberg, V.: Vehicles: Experiments in Synthetic Psychology. MIT Press, Cambridge (1984)
2. Hogg, D.W., Martin, F., Resnick, M.: Braitenberg creatures. Technical report E&L Memo No.13, MIT Media Lab (1991). http://cosmo.nyu.edu/hogg/lego/braitenberg_vehicles.pdf

4
유한 상태 기계

3장의 브라이텐베르크 차량과 라인팔로잉 알고리듬은 로봇의 행동이 과거에 일어난 이벤트가 아니라 현재 센서 반환값에 따라 달라지는 반응성 동작을 보여준다. 4.1절에서는 상태와 유한 상태 기계finite state machine가 무엇인지 소개하고, 4.2절과 4.3절에서는 일부 브라이텐베르크 차량을 유한 상태 기계로 구현하는 방법을 보여준다. 4.4절에서는 상태 변수를 이용한 유한 상태 기계 구현을 살펴본다.

4.1 상태 기계

상태state라는 것은 아주 친숙한 개념이다. 토스트기를 생각해보자. 처음에 토스트기는 꺼져 있는 상태고, 레버를 누르면 켜져 있는 상태로 전이되며 가열부가 켜진다. 그 후 타이머가 만료되면 꺼짐 상태로 다시 돌아오고 가열부가 꺼진다.

유한 상태 기계[1]는 상태 s_i의 집합과 s_i와 s_j 상태 쌍 간 전이의 집합으로 이뤄져 있다. 전이는 전이를 일으키는 조건과 전이가 일어날 때 수행하는 행동으로 정의된다.

유한 상태 기계는 다음과 같이 상태 도표로 나타낼 수 있다.

상태는 상태의 이름이 써진 원으로 표현되어 있다. 공간을 절약하기 위해 짧은 이름을 붙였으며 전체 이름은 상태 도표의 옆에 표시했다. 들어오는 화살표는 초기 상태를 나타내고, 원래 상태에서 목표 상태로 연결되는 화살표는 전이를 나타낸다. 화살표에는 전이의 조건과 행동이 적혀 있다. 행동은 끊임없이 일어나는 것은 아닌데, 예를 들어 좌회전 행동은 로봇이 왼쪽으로 회전하도록 모터를 설정하지만 다음 상태로의 전이는 로봇이 특정 위치에 도달할 때까지 기다리지 않고 일어난다.

4.2 상태를 이용한 반응성 동작

반응성 동작이 아닌 브라이텐베르크 차량을 설명하면 다음과 같다.

설명(집요한 동작): 로봇이 물체를 감지할 때까지 전진한다. 그 후 1초 동안 후진하고 다시 전진한다.

그림 4.1은 해당 동작에 대한 상태 도표를 나타낸다.

처음 시스템이 켜질 때 모터는 전진하도록 설정된다. (참이라는 조건은 언제나 참이므로 무조건 실행된다.) 전진 상태에서 물체가 감지되면 후진 상태로 전이가 일어나 로봇이 후진하고 타이머가 설정된다. 그 후 1초가 지나면 타이머가 만료되고 전진 상태로 전이가 일어나 로봇이 전진을 한다. 로봇

---

1 유한 상태 기계는 유한 오토마타라고도 부른다.

이 후진 상태일 때 물체가 감지되면 해당 조건에서는 전이가 정의돼 있지 않으므로 아무런 행동도 수행하지 않는다. 이는 위의 동작이 발생하는 이 벤트뿐 아니라 현재 로봇의 상태에 따라서도 달라지기 때문에 반응성 동작이 아니라는 것을 보여준다.

그림 4.1 집요한 동작을 보이는 브라이텐베르크 유한 상태 기계

활동 4.1: 일관된 동작

- 일관된 동작을 보이는 브라이텐베르크 차량의 상태 도표를 그려라.

설명(일관된 동작): 로봇이 전진, 좌회전, 우회전, 후진이라는 네 가지 상태를 1초마다 돌아가며 바꾼다.

4.3 탐색과 접근

4.3절에서는 상태를 사용하는 좀 더 복잡한 동작의 예시를 살펴본다.

설명(탐색과 접근): 로봇이 좌우를 탐색한다($\pm 45°$). 로봇이 물체를 감지하면 물체에 접근해 물체가 근처에 있을 때 정지한다.

그림 2.8a, 2.8b와 같이 좌우를 탐색할 수 있는 두 가지 형태의 로봇 센서가 있다. 센서가 로봇의 몸체에 고정돼 있으면 로봇이 자체적으로 왼쪽이나 오른쪽으로 돌아야 한다. 또는 센서가 로봇에 올려져 있어 회전할

수 있으면 로봇은 멈춘 채로 센서가 회전하면 된다. 이 절에서는 센서가 고정돼 있다고 가정한다.

그림 4.2는 탐색과 접근의 상태 도표다. 로봇은 초기에 왼쪽을 탐색한다. 이 도표에는 두 가지 새로운 개념이 있는데, 첫 번째로 발견이라고 정의된 최종 상태는 도표에서 두 개의 동심원으로 표시돼 있다. 유한 상태 기계는 유한한 상태와 전이가 있으므로 유한이라고 한다. 하지만 동작은 유한일 수도 있고 무한일 수도 있다. 그림 4.2의 유한 상태 기계는 로봇이 물체를 찾고 접근하면 로봇이 정지하기 때문에 유한한 동작을 보인다. 하지만 이 유한 상태 기계는 무한한 동작을 보일 수도 있는데, 예를 들어 로봇이 물체를 찾지 못하면 로봇은 영원히 좌우로 탐색하게 된다.

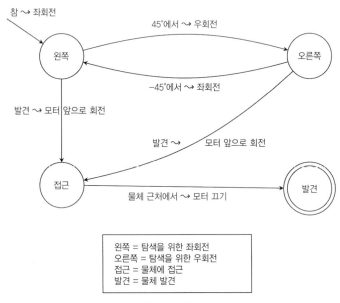

그림 4.2 탐색과 접근의 상태 도표

집요한 동작을 보이는 브라이텐베르크 차량(그림 4.1)은 정지하지 않고 계속 움직이므로 무한한 동작을 보인다. 토스트기도 토스트기를 뽑거나 빵이 떨어지지 않는 이상 빵을 계속 구울 수 있으므로 무한한 동작을 보인다.

두 번째 새로운 개념은 비결정론nondeterminism이다. 왼쪽 상태와 오른쪽 상태는 각각 외부로 나가는 두 개의 전이가 있는데, 하나는 탐색하는 영역의 끝에 도달하는 것이고 다른 하나는 물체를 발견하는 것이다. 비결정론적이라는 말은 외부로 나가는 전이 중 어떤 것도 발생할 수 있다는 의미다. 예를 들어 다음과 같이 세 경우가 가능하다.

- 물체가 발견됐지만 탐색 영역의 끝에 있지 않을 경우 접근 상태로의 전이가 발생한다.
- 탐색 영역의 끝에 있지만 물체를 발견하지 못할 경우 오른쪽이나 왼쪽 상태에서 왼쪽이나 오른쪽 상태로의 전이가 발생한다.
- 물체가 발견될 때 정확히 탐색 영역의 끝에 있으면 임의의 전이가 발생한다. 로봇이 물체에 접근할 수도 있고 탐색 방향을 바꿀 수도 있다.

세 번째의 비결정론적인 동작은 물체를 발견하는 이벤트가 $\pm 45°$에 도달하는 이벤트와 동시에 일어나면 물체를 처음 발견했을 때 물체에 접근하지 못할 수 있다. 하지만 곧 조건들을 다시 확인할 것이고, 이때는 한 개의 이벤트만이 발생할 확률이 크다.

4.4 유한 상태 기계 구현

상태를 이용해 동작을 구현하려면 변수를 사용해야 한다. 집요한 동작을 보이는 차량(4.2절)은 특정 시간이 만료되면 이벤트를 발생시킬 수 있도록 타이머가 필요하다. 1.6.4절에서 설명한 바와 같이 타이머는 원하는 기간으로 설정된 변수다. 운영체제는 해당 변수의 값을 감소시키고 변수의 값이 0이 되면 이벤트가 발생한다.

알고리듬 4.1은 그림 4.1의 유한 상태 기계를 구현하는 방법을 보여준다. 현재 상태라는 변수는 로봇의 현재 상태를 의미하고, 이벤트 핸들러의 처리가 끝날 때 해당 변수의 값은 전이하는 목표 상태로 설정된다. 현재 상태의 값은 컴퓨터에서는 숫자로 나타나지만, 여기서는 알기 쉽도록 전진과 후진으로 나타낸다.

활동 4.2: 집요한 동작

- 집요한 동작을 구현하라.

알고리듬 4.1: 집요한 동작

정수 타이머	// 밀리초 단위
상태 현재 상태 ← 전진	

1: 왼쪽 모터 세기 ← 100
2: 오른쪽 모터 세기 ← 100
3: 루프
4:    현재 상태 = 전진이고 앞에서 물체가 감지될 때
5:        왼쪽 모터 세기 ← -100
6:        오른쪽 모터 세기 ← -100
7:        타이머 ← 1000
8:        현재 상태 ← 후진
9:
10:    현재 상태 = 후진이고 타이머 = 0일 때
11:        왼쪽 모터 세기 ← 100
12:        오른쪽 모터 세기 ← 100
13:        현재 상태 ← 전진

활동 4.3: 편집증 동작(방향 반복 전환)

- 편집증 동작(방향 반복 전환)을 보이는 브라이텐베르크 차량의 상태 도표를 그려라.

   설명(편집증 동작(방향 반복 전환)):
   - 물체가 로봇의 앞에서 감지되면 로봇이 전진한다.
   - 물체가 로봇의 오른쪽에서 감지되면 로봇이 오른쪽으로 회전한다.
   - 물체가 로봇의 왼쪽에서 감지되면 로봇이 왼쪽으로 회전한다.

- 로봇이 회전하고 있으면(물체를 감지하고 있지 않더라도) 1초마다 회전 방향을 바꾼다.
- 물체가 감지되지 않고 로봇이 회전하고 있지 않으면 로봇이 정지한다.

- 위의 동작을 구현하라. 현재 로봇 상태를 저장하는 변수와 더불어 로봇이 회전하는 방향을 왼쪽 또는 오른쪽으로 저장하는 변수를 사용하라. 이때 타이머를 1초 간격으로 설정하라. 타이머의 이벤트 핸들러는 회전 방향 변수의 값을 반대의 값으로 바꾸고 타이머를 재설정한다.

알고리듬 4.2는 그림 4.2의 상태 도표를 구현하는 방법을 개략적으로 나타낸다.

알고리듬 4.2: 탐색과 접근

상태 현재 상태 ← 왼쪽

```
 1: 왼쪽 모터 세기 ← 50              // 왼쪽 회전
 2: 오른쪽 모터 세기 ← 150
 3: 루프
 4:    물체가 감지될 때
 5:       현재 상태 = 왼쪽이면
 6:          왼쪽 모터 세기 ← 100        // 전진
 7:          오른쪽 모터 세기 ← 100
 8:          현재 상태 ← 접근
 9:       그렇지 않고 현재 상태 = 오른쪽이면
10:          ...
11:    45°일 때
12:       현재 상태 = 왼쪽이면
13:          왼쪽 모터 세기 ← 150 // 오른쪽 회전
14:          오른쪽 모터 세기 ← 50
15:          현재 상태 ← 오른쪽
16:    -45°일 때
```

```
17:     ⋯.
18:     물체가 매우 가까이 있을 때
19:        현재 상태 = 접근이면
20:        ⋯
```

활동 4.4: 탐색과 접근

- 알고리듬 4.2의 빈 부분들을 채워 넣어라.
- 알고리듬 4.2를 구현하라.

4.5 요약

대부분의 로봇 알고리듬에서는 로봇이 현재 상태를 내부적으로 저장해야 한다. 로봇의 상태와 상태를 전환하는 행동을 바꾸는 조건은 유한 상태 기계로 나타내고, 상태 변수는 프로그램에서 상태 기계를 구현할 때 사용한다.

4.6 추가 자료

존 호프크로프트John Jopcoft와 제프리 울만Jeffrey D. Ullman은 1979년에 오토마타에 대한 대표적인 교재를 출판했고, 최신 버전은 [2]에서 확인할 수 있다. 비결정론(4.3절)에서 고려할 수 있는 여러 대안 중 임의의 선택을 자세히 알고 싶다면 [1]의 2.4절을 참고하길 바란다.

참고 문헌

1. Ben-Ari, M.: Principles of Concurrent and Distributed Programming, 2nd edn. Addison-Wesley, Boston (2006)
2. Hopcroft, J., Motwani, R., Ullman, J.D.: Introduction to Automata Theory, Languages, and Computation, 3rd edn. Pearson, Boston (2007)

5
로봇 모션과
주행기록계

4장의 로봇 알고리듬에서는 로봇의 속력과 방향을 바꿔 센서 데이터에 반응하지만, 변화의 정도가 로봇을 두 배 빠르게 움직이게 하거나 오른쪽으로 $90°$ 회전하도록 하는 것과 같이 정량적이지는 않았다. 실제 상황에서 로봇은 특정 위치로 움직여야 하고 얼마나 빠르고 느리게 움직이거나 회전할 수 있는지에 대한 공학적인 제한이 있을 수 있다. 5장에서는 이처럼 로봇 모션과 관련된 수학을 다루기로 한다.

5.1절과 5.2절에서는 물리학 개론에서 다뤄져 이미 익숙할 수도 있는 거리, 시간, 속도, 가속도의 개념을 다시 살펴본다. 모션의 물리학은 주로 미적분학을 이용하지만, 컴퓨터는 연속 함수를 다룰 수 없으므로 5.3절에서 설명하는 것과 같이 이산화를 통해 근사해야 한다.

5.4절에서 5.6절까지는 로봇 모션을 계산하기 위한 필수적인 알고리듬인 주행기록계odometry를 다룬다. 로봇 위치에 대한 근사값은 바퀴의 속도를 이용해 로봇이 짧은 시간 동안 이동한 거리와 방향 변화를 반복적으로 계산함으로써 얻을 수 있다. 하지만 불행히도 주행기록계는 (5.7절에서

설명하겠지만) 오차에 취약하다. 이때, 방향 오차가 거리 오차보다 훨씬 더 영향이 크다는 사실을 유념해야 한다.

가장 간단하게 주행기록계를 구현하는 경우 로봇 바퀴의 속력이 모터 세기와 비례한다고 가정할 수 있다. 5.8절에서는 바퀴의 실제 회전수를 측정하는 휠 엔코더wheel encoder를 사용해 주행기록계의 정확도를 높이는 방법을 설명한다.

5.9절에서는 측정된 선가속도와 각가속도를 적분해 속도와 위치를 구하는 정교한 주행기록계인 관성 내비게이션을 다룬다. 관성 내비게이션에 사용되는 센서(가속도계와 자이로스코프)는 과거에는 값비싸서 항공기나 로켓에 제한적으로 사용됐지만, 신기술인 미세전자기계시스템MEMS, Micro Electro Mechanical System의 발전으로 로봇에서도 관성 내비게이션을 사용할 수 있게 되었다.

자동차는 움직임에 더 자유로운 헬리콥터나 잠수함과는 달리 위아래로 움직이지 못한다. 이는 5.19절의 주제인 자유도DOF, Degrees Of Freedom라는 개념으로 설명할 수 있다. 5.11절에서는 로봇 시스템에서 (모터와 같은) 구동기와 자유도가 어떤 관계인지를 설명한다.

시스템의 자유도가 차량과 같은 시스템이 모든 방향으로 움직일 수 있는지를 나타내진 않는다. 자동차는 평면상의 어느 곳이든 갈 수 있고 어떤 방향으로도 향할 수 있지만, 옆으로 움직이지는 못하기 때문에 평행주차를 할 때 복잡한 조작을 해야 한다. 이는 자유도와 5.12절에서 다루는 이동도DOM, Degrees Of Mobility가 다르기 때문이다. 추가적으로 5.12절에서는 자유도와 이동도를 연관 짓는 홀로노믹 모션holonomic motion의 개념을 알아본다.

5.1 거리, 속도, 시간

로봇이 5초 동안 10cm/s의 일정한 속도로 움직인다고 가정하자.[1] 그러면 로봇이 이동한 거리는 50cm가 된다. 일반적으로 로봇이 v의 속도로 t초 동안 일정하게 움직이면 이동 거리는 $s = vt$가 된다. 모터에 전력이 공급되면 바퀴가 돌아가고 로봇이 특정한 속도로 움직인다. 그렇지만 어떤 세기의 전력이 어떤 속도를 내게 할지는 아래와 같은 이유들로 단언할 수 없다.

- 어떠한 전기적/기계적 요소도 서로 완벽히 같을 수 없다. 모터는 자석과 전선으로 이뤄져 있고 자석과 전선의 상호 작용으로 기계 축이 회전한다. 자석과 전선의 작은 차이와 더불어 축의 크기나 무게로 인해 동일한 전력에도 모터의 축이 조금씩 다른 속도로 회전할 수 있다.

- 환경에 따라 로봇의 속도가 달라질 수도 있다. 얼음 위에서와 같은 너무 작은 마찰이나 진흙에서와 같은 너무 큰 마찰은 마른 포장된 표면에 비해 로봇을 느리게 할 수 있다.

- 외력이 로봇의 속도에 영향을 줄 수도 있다. 중력은 속력에 영향을 미치므로 오르막을 올라갈 때 특정 속도를 유지하려면 더 많은 전력이 필요하고 내리막을 내려갈 때는 더 적은 전력이 필요하다. 바람을 마주보고 자전거를 일정한 속도로 타는 것은 바람을 등지고 타는 것보다 힘이 더 많이 들고, 바람이 옆에서 불 때는 동력과 속도의 관계가 더 복잡해진다.

$s = vt$라는 수식이 성립하므로 세 변수 중 두 변수의 값을 측정하면 나머지 한 변수의 값을 계산할 수 있다. 예를 들어 거리와 시간을 측정하면 속도를 $v = s/t$로 계산할 수 있다. 몇 미터 이내의 비교적 짧은 거리는 자나 줄자를 이용해 1cm 이내로 정확하게 측정할 수 있고, 스마트폰의 스톱워치 기능을 이용해 시간을 100분의 1초 단위로 정확히 측정할

---

1 속도는 방향이 있는 속력이다. 로봇은 앞으로나 뒤로 10cm/s로 움직일 수 있고, 두 상황에서 속력은 같지만 속도는 다르다.

수 있다.

활동 5.1: 특정 거리에 대한 속도

- 로봇 모터를 일정한 세기로 설정하는 프로그램을 작성하라.

- 땅에 1m 간격으로 두 선을 그려라. 스톱워치를 사용해 로봇이 두 선을 지날 때까지 걸리는 시간을 측정하고 로봇의 속도를 계산하라. 프로그램을 열 번 실행해 속도를 기록하라. 속도가 달라지는가?

- 로봇을 땅에 놓고 5초 동안 프로그램을 실행하라. 로봇이 움직인 거리를 측정하고 속도를 계산하라. 프로그램을 열 번 실행해 속도를 기록하라. 속도가 달라지는가?

- 어떤 방법이 더 정밀한 결과를 보이는가?

- 다양한 지면에서 실험을 반복하고 결과에 대해 논의하라.

활동 5.1은 일정한 전력에서도 로봇의 속도가 상당히 달라질 수 있다는 것을 보여준다. 환경 안에서 로봇이 정확하게 돌아다니려면 로봇이 벽이나 땅 위의 표시, 물체와 같이 환경 안에 있는 물체를 감지해야 한다.

5.2 속도 변화로 인한 가속도

활동 5.1에서는 모터를 일정한 세기로 설정했기 때문에 (약간 다를 수 있지만) 로봇의 속도가 일정할 것이다. 하지만 속도가 변하면 어떻게 될까?

활동 5.2: 속도의 변화

- 활동 5.1의 프로그램을 두 선 사이의 거리를 0.25, 0.5, 1, 1.5, 2m로 바꿔가며 실행하라. 각 거리별로 프로그램을 수차례 실행해 계산한 속도의 평균을 구하라. 거리별로 속도가 동일한가?

- 측정의 정확도를 높이기 위해 바닥에 위의 거리들에 대해 선을 그리고 로봇 타이머를 이용해 선을 지나갈 때의 시간을 기록하라.

활동 5.2를 수행하면서 더 먼 거리에 대해서는 속도가 비슷하지만 가까운 거리에 대해서는 상당히 다른 것을 확인할 수 있다. 그 이유는 $v = s/t$라는 식은 모든 거리에서 속도가 일정하다고 가정하기 때문이다. 하지만 실제로는 로봇이 멈춰 있는 상태에서 일정한 속도로 움직이기 위해 속도를 변화하는 가속을 해야 한다. 마찬가지로 로봇이 멈추려면 감속을 해야 한다.

로봇의 실제 움직임을 파악하기 위해 로봇의 움직임을 작은 선분 s_1, s_2, …으로 나눠보자.

$$
\begin{array}{ccccccccccc}
 & s_1 & & s_2 & & s_3 & & s_4 & & s_5 & \\
\vdash & & \vdash & & \vdash & & \vdash & & \vdash & & \dashv \\
x_0 & & x_1 & & x_2 & & x_3 & & x_4 & & x_5
\end{array}
$$

각 선분에 대해 거리와 시간을 측정하면 각 부분에서의 속도를 계산할 수 있다. 선분 s_i의 길이를 $\Delta s_i = x_{i+1} - x_i$라고 하고 로봇이 s_i를 지나가는 데 걸린 시간을 $\Delta t_i = t_{i+1} - t_i$라고 하면 선분 s_i에서의 속도는 다음과 같다.

$$v_i = \frac{\Delta s_i}{\Delta t_i}$$

그림 5.1은 가속하는 로봇의 시간에 따른 이동 거리를 나타낸 그래프다. 시간축을 나누면 기울기 $\frac{\Delta s_i}{\Delta t_i}$는 각 선분에서의 평균 속도를 나타내고 시간에 따라 증가하는 것을 볼 수 있다.

가속도는 일정 시간 동안의 속도 변화로 정의한다.

$$a_i = \frac{\Delta v_i}{\Delta t_i}$$

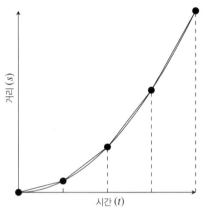

그림 5.1 가속하는 로봇: 이동 거리가 시간의 제곱에 비례해 증가한다.

로봇의 모터 세기를 고정된 값으로 설정하면, 로봇에 가해지는 힘이 일정하므로 가속도가 일정하고 따라서 속도가 증가할 것이라고 생각할 수있다. 하지만 특정 순간부터는 바퀴에 가해지는 힘이 지면의 마찰과 공기저항의 합과 동일해지기 때문에 가속도가 0으로 감소하고, 속도는 더 이상 증가하지 않는다.

모터 세기가 시간에 따라 증가하면 어떤 일이 일어나는지 살펴보자.

활동 5.3: 가속도

- 모터 세기를 주기적으로 높여 로봇을 가속하는 프로그램을 작성하라. 예를 들어 20의 세기로 시작해 1초 후 40, 2초 후 60, 3초 후 80, 최종적으로 4초 후 100이 되도록 하라.
- 로봇을 바닥에 놓고 프로그램을 실행하라.
- 모터 세기에 따른 이동 거리를 기록하라. 각 구간에서의 속도를 계산하고 그래프를 그려라.

5.3 분할된 선분에서 연속적인 모션으로의 변환

선분의 길이를 더 잘게 나눌수록 특정 시간에서 로봇의 순간 속도를 얻을 수 있고 미분으로 나타낼 수 있다.

$$v(t) = \frac{ds(t)}{dt}$$

마찬가지로 로봇의 순간 가속도는 다음과 같이 정의된다.

$$a(t) = \frac{dv(t)}{dt}$$

등가속도의 경우 속도의 미분값인 가속도를 적분해 속도를 구할 수 있다.

$$v(t) = \int a\,dt = a \int dt = at$$

또한 이동 거리는 이를 다시 적분해 얻을 수 있다.

$$s(t) = \int v(t)dt = \int a\,t\,dt = \frac{at^2}{2}$$

예제: 일반적인 자동차는 0km/h에서 100km/h로 10초 만에 가속한다. 먼저 km/h를 m/s로 변환하면 다음과 같다.

$$v_{max} = 100\,\text{km/h} = \frac{100 \cdot 1000}{60 \cdot 60}\,\text{m/s} = 27.8\,\text{m/s}$$

이때 등가속도라고 가정하면 $v_{max} = 27.8 = at = 10a$이므로 가속도는 2.78m/s^{2}이다('2.78미터 매초 제곱'이라 읽으며, 1초마다 속도가 2.78m/s 증가한다는 뜻이다). 따라서 자동차가 10초 동안 움직이는 거리는 다음과 같다.

$$s(10) = \frac{at^2}{2} = \frac{2.78 \cdot 10^2}{2} = 139\,\text{m}$$

활동 5.4: 가속 상황에서의 이동 거리

- 다양한 차량(경주용 자동차, 오토바이)에 대해 0km/h에서 100km/h로 가속하는 데 걸리는 시간을 조사하라. 이에 따른 이동 거리를 계산하라.
- 일정한 k에 대해 가속도가 $a = kt$로 시간에 대해 선형적으로 증가한다고 할 때 $v(t)$와 $s(t)$는 무엇인가?
- 다양한 k와 t에 대해 최종 속도와 이동 거리를 계산하라.

활동 5.5: 등가속에서의 모션 측정

- 로봇 모터 세기를 최대로 설정하는 프로그램을 작성하라.
- 로봇을 바닥에 놓고 프로그램을 실행하라.
- 로봇이 최대 속도에 도달할 때의 시간을 측정하라.
- 이동 거리를 $s = at^2/2$로 계산하라(그림 5.2b).
- 프로그램을 다시 실행해 일정한 시간 간격으로 이동한 거리를 측정하라. 이동 거리를 시간으로 나눠 속도를 계산하고 $v = at$와 비교하라(그림 5.2a).
- 어떤 로봇에서는 목표 속도를 설정하고 실제 속도값을 읽어올 수 있다. 여러분의 로봇에 이런 기능이 있다면 측정된 시간과 계산한 속도를 비교하라.

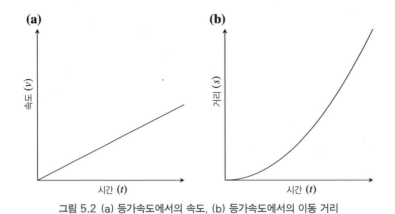

그림 5.2 (a) 등가속도에서의 속도, (b) 등가속도에서의 이동 거리

5.4 주행기록계를 이용한 내비게이션

자동차에서 내비게이션 시스템이 "700m 후에 우회전하세요."라고 안내한다고 하자. 안내에 맞춰 운전하기 위해서는 자동차의 이동 거리를 측정하는 주행기록계를 확인하면 된다. 주행기록계의 값이 초기값에 700m를 더한 값에 근접해가면 오른쪽에 있는 길을 찾으면 된다. 자동차의 주행기록계는 속도와 시간을 측정하고 두 값을 곱해 이동 거리를 계산한다.

　이동 거리를 측정하는 주행기록계는 로봇 내비게이션에서 사용되는 기초적인 방법이다. 시간은 임베디드 컴퓨터의 내부 시계에서 손쉽게 측정할 수 있다. 반면 속도를 측정하는 것은 더 어려운데, 일부 교육용 로봇에서는 휠 엔코더를 통해 바퀴 회전수를 측정하고 다른 로봇에서는 모터의 속성을 통해 속도를 추정한다. 이동 거리 $s = vt$를 이용하면 로봇이 움직인 후의 위치를 계산할 수 있는데, 1차원의 경우 계산이 간단하지만 로봇이 회전을 하면 좀 더 복잡해진다. 5.4절에서는 먼저 직선으로 움직이는 로봇에서 주행기록계를 이용해 거리를 계산하는 방법을 알아보고, 이어서 회전하는 경우를 살펴본다.

　5.7절에서는 방향 오차가 거리 오차보다 얼마나 큰지를 보여준다. 주행기록계의 단점은(휠 엔코더 유무에 상관없이) 로봇의 변위를 직접적으로

측정하지 않고 모터의 세기나 바퀴의 움직임에서 구한다는 것이다. 이는 모터 속도와 바퀴 회전이 매우 비선형적이고 시간에 따라 달라질 수 있으므로 오차에 취약할 수 있다. 게다가 바퀴가 미끄러질 수 있어 바퀴의 움직임을 로봇의 움직임으로 변환할 때 오차가 발생할 수 있다. 따라서 로봇의 가속도와 각속도를 직접적으로 측정하는 관성 내비게이션을 이용하면 위치를 더 정확히 알아낼 수 있다(5.9절).

주행기록계는 로봇이 환경에서 자신의 위치를 알아낸다는 점에서 로컬라이제이션localization과 유사하다. 하지만 주행기록계에서는 로봇의 초기 위치를 기준으로 변화를 측정해 로봇의 위치를 구하고, 로컬라이제이션(8장)은 랜드마크나 무선 송신소와 같이 위치가 알려진 다른 물체로부터의 상대 위치를 구하는 것을 말한다.

5.5 직선에서의 주행기록계

주행기록계의 수식을 살펴보기 전에 다음과 같은 활동을 해보자.

활동 5.6: 속도와 시간으로 이동 거리 구하기

- 특정 시간 동안 모터를 일정한 세기로 설정해 로봇의 이동 거리를 측정하라.
- 이동 거리를 반복해 측정하라. 거리가 일정한가? 그렇지 않다면 몇 퍼센트나 달라지는가?
- 다양한 모터 세기에서 실험을 반복하라. 측정한 거리가 모터 세기와 비례하는가? 측정한 거리의 분산이 모터 세기에 따라 달라지는가?
- 모터의 세기를 고정하고 실행 시간을 바꿔 이동 거리를 측정한 후 결과를 분석하라.

모터 세기와 속도 v의 관계를 알면 로봇이 이동한 거리를 $s = vt$로 계산할 수 있다. 로봇이 (0, 0)의 위치에서 출발하고 x축을 따라 직진한다고 하면 t초 후 새로운 위치는 $(vt, 0)$이 된다.

활동 5.6은 주행기록계를 사용하면 이동한 거리를 준수한 정밀도와 정확도로 측정할 수 있다는 것을 보여준다. 자율주행 자동차에서는 주행기록계로 위치를 구해 자동차가 목표한 거리에 도착했는지를 알기 위해 센서 데이터를 계속 분석할 필요가 없도록 할 수 있다. 모션과 도로의 불확실성을 고려한다면 주행기록계에만 의존해 언제 회전할지 결정하는 것은 좋지 않지만, 주행기록계의 오차는 크지 않을 것이며 주행기록계로 자동차가 교차로 근처에 도착했다고 판단되면 그때 센서 데이터를 분석해 회전할 지점을 찾아도 된다.

활동 5.6에서는 1차원에서의 이동 거리를 구하는 방법을 살펴봤다. 2차원에서의 모션을 계산하려면 고정된 원점에 대한 로봇의 상대 위치 (x, y)와 로봇이 향하는 방향 θ 등 세 가지 정보가 필요하다(그림 5.3). 이 세 가지 정보 (x, y, θ)를 로봇의 자세라고 한다. 로봇이 원점 (0, 0)에서 출발해 θ만큼 기울어진 직선을 따라 속도 v로 t초 동안 움직이면 이동한 거리는 $s = vt$이고 움직인 후의 위치는 다음과 같다.

$$x = vt \cos \theta$$
$$y = vt \sin \theta$$

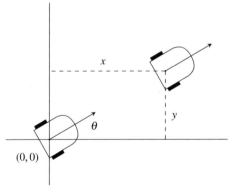

그림 5.3 위치와 방향

5.6 회전할 때의 주행기록계

로봇의 오른쪽 바퀴가 왼쪽 바퀴보다 조금 빨리 돌아 로봇이 살짝 왼쪽으로 회전한다고 하자(그림 5.4). 그림에서 로봇이 종이 위쪽을 보고 있다고 하고 파란색 점선이 왼쪽 바퀴, 빨간색 점선이 오른쪽 바퀴, 검은색 점선이 두 바퀴의 가운데인 로봇 중심이라고 하자. 기준 b는 바퀴 사이 거리고 d_l, d_r, d_c는 로봇이 회전할 때 두 바퀴와 로봇 중심이 움직인 거리다. 그럼 로봇의 새로운 위치와 방향을 구해보자.

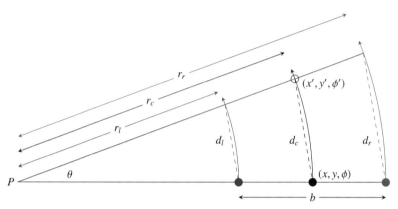

그림 5.4 두 바퀴가 달린 로봇에서 왼쪽으로 회전할 때의 기하학적 형태

활동 5.6에서와 같이 모터 세기와 회전 속도의 관계를 구하고 시간을 곱하면 두 바퀴가 움직인 거리 d_l, d_r을 구할 수 있다. 또는 휠 엔코더에서 측정한 회전수를 사용할 수도 있다. 바퀴의 반지름이 R이고 왼쪽과 오른쪽 바퀴의 각속도가 각각 ω_l, ω_r 회전수/초라고 하면 t초 후 바퀴가 이동한 거리는 다음과 같다.

$$d_i = 2\pi R\omega_i t, \quad i = l, r \tag{5.1}$$

그림 5.4는 초기 자세가 (x, y, ϕ)고 북쪽을 향하고 있는($\phi = \pi/2$) 로봇이다. θ 라디안을 회전한 후의 자세 (x', y', ϕ')은 무엇일까? 로봇의 방향은 $\phi' = \phi + \theta$이겠지만 x'과 y'을 구해야 한다.

각도가 θ인 호의 길이는 원 둘레의 일부이므로 $2\pi r(\theta/2\pi) = \theta r$로 구할 수 있다. 작은 각도에서 거리 d_l, d_c, d_r은 호의 길이와 거의 동일하므로 r_l,

r_r, r_c가 회전 중심 P로부터의 거리라고 하면 다음과 같은 식이 성립한다.

$$\theta = d_l/r_l = d_c/r_c = d_r/r_r \tag{5.2}$$

바퀴의 회전수를 이용해 계산한 거리 d_l, d_r(수식 5.1)과 기준 b는 고정된 측정값이다. 따라서 수식 5.2로 각도 θ를 다음과 같이 계산할 수 있다.

$$\theta r_r = d_r$$
$$\theta r_l = d_l$$
$$\theta r_r - \theta r_l = d_r - d_l$$
$$\theta = (d_r - d_l)/(r_r - r_l)$$
$$\theta = (d_r - d_l)/b$$

로봇의 중심은 두 바퀴의 중앙이므로 $r_c = (r_l + r_r)/2$이고, 따라서 수식 5.2를 다음과 같이 표현할 수 있다.

$$
\begin{aligned}
d_c &= \theta r_c \\
&= \theta \left(\frac{r_l + r_r}{2} \right) \\
&= \frac{\theta}{2} \left(\frac{d_l}{\theta} + \frac{d_r}{\theta} \right) \\
&= \frac{d_l + d_r}{2}
\end{aligned}
$$

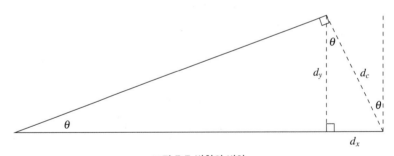

그림 5.5 방향의 변화

움직인 거리가 작다면 d_c라고 표시된 선과 로봇 최종 위치로 향하는 반지름이 거의 수직이다. 따라서 삼각형의 닮음꼴에 따라 로봇 방향의 변화는 θ가 된다(그림 5.5).

$$dx = -d_c \sin \theta$$
$$dy = d_c \cos \theta$$

삼각법으로 인해 위와 같으므로[2] 회전 후 로봇의 자세는 다음과 같다.

$$(x', y', \phi') = (-d_c \sin \theta, d_c \cos \theta, \phi + \theta)$$

위의 식은 로봇이 짧은 거리를 움직였을 때 dx, dy, θ를 계산하는 방법을 나타낸다. 더 먼 거리에 대한 주행기록계를 계산하려면 위의 연산을 자주 해야 한다. 연산 주기가 짧아야 하는 두 가지 이유가 있는데, 첫 번째는 등속도에 대한 가정이 짧은 거리에서만 유효하기 때문이고 두 번째는 삼각법 계산에서 이동 거리가 짧다고 가정해 단순화했기 때문이다.

활동 5.7: 2차원에서의 주행기록계

- 로봇이 특정 시간 동안 부드럽게 회전하는 프로그램을 작성하라.
- 새로운 자세 $(-d_c\sin\theta, d_c\cos\theta, \theta)$를 계산하고 자와 각도기로 측정한 값과 비교하라. 프로그램을 여러 번 실행해 측정값이 일관적인지 확인하라.
- 프로그램을 다양한 시간 동안 실행하라. 실행 시간이 주행기록계의 정확도와 정밀도에 어떤 영향을 미치는가?

5.7 주행기록계 오차

5.1절에서 측정의 비일관성과 지면의 울퉁불퉁함으로 인해 오차가 발생하므로 주행기록계가 정확하지 않다고 했다. 5.7절에서는 로봇 방향의 작은 변화로 인한 오차가 선형 움직임의 변화로 인한 오차보다 훨씬 영향이 크다는 사실을 확인해보자.

간략화를 위해 로봇이 x축을 따라 원점에서 10m 움직인 후 특정 물체

---

2 dx에서는 cos, dy에서는 sin이 맞다고 생각할 수도 있지만, 이는 로봇이 x축을 향하고 있는 경우다. 하지만 여기서는 초기 자세가 $\phi = \pi/2$이므로 $\sin(\theta + \pi/2) = \cos\theta$이고 $\cos(\theta + \pi/2) = \sin\theta$다.

를 찾기 위해 주변을 살펴본다고 하자. 최대 $p\%$ 오차로 인한 영향은 어떨까? 이동 거리인 측정값 x에 오차가 발생한다면 x에서의 오차 Δx는 다음과 같다.

$$\Delta x \leq \pm 10 \cdot \frac{p}{100} = \pm \frac{p}{10} \text{ m}$$

이때 부호는 로봇이 목표 거리보다 최대 $p\%$ 짧게 움직일 수도 있고 길게 움직일 수도 있으므로 음수 또는 양수가 된다.

이제 로봇 방향에 $p\%$ 오차가 있다고 가정하고, 단순화를 위해 이동 거리의 오차는 없다고 하자. 이때의 기하학적 구조는 다음과 같다.

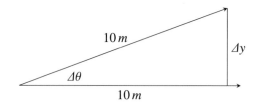

로봇이 x축을 따라 10m를 가려고 했지만 왼쪽으로 $\Delta\theta$만큼 살짝 치우쳐 이동한다. 이때 좌우 편차 Δy는 삼각법에 의해 $\Delta y = 10\sin\Delta\theta$이다. 방향에서의 $p\%$ 오차는 아래와 같으므로

$$\Delta\theta = 360 \cdot \frac{p}{100} = (3.6p)°$$

좌우 편차는 다음과 같다.

$$\Delta y \leq \pm 10 \sin(3.6p)$$

아래의 표는 선형 움직임에서 $p\%$ 오차(왼쪽)가 있는 경우와 방향에서 $p\%$ 오차(오른쪽)가 있는 경우 어떻게 다른지를 나타낸다.

$p\%$	Δx (m)	$p\%$	$\Delta\theta$ (°)	$\sin\Delta\theta$	Δy (m)
1	0.1	1	3.6	0.063	0.63
2	0.2	2	7.2	0.125	1.25
5	0.5	5	18.0	0.309	3.09
10	1.00	10	36.0	0.588	5.88

2% 정도의 매우 작은 오차의 경우 10m를 움직인 후 이동 거리의 오차는 0.2m로, 로봇이 찾고 있는 물체 주변에 로봇이 위치하게 된다. 하지만 같은 2% 오차라도 방향 오차는 물체에서 로봇을 1.25m 떨어지게 한다. 5%나 10% 같은 더 큰 오차에서 거리 오차(50cm나 100cm)는 그래도 어느 정도 처리할 수 있지만, 방향 오차는 심지어 로봇을 물체의 근처가 아닌 3.09m나 5.88m 떨어지게 한다.

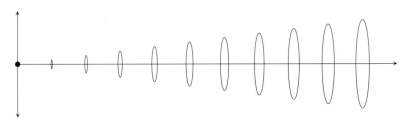

그림 5.6 주행기록계 오차

이동 거리에 따른 주행기록계 오차의 누적은 그림 5.6과 같다. 로봇의 초기 위치는 원점의 점으로 표시돼 있다. 선형 움직임과 방향에서의 최대 4% 오차를 가정할 때 $d = 1, 2, \cdots, 10$m를 움직인 후 로봇이 위치할 수 있는 곳은 타원이 된다. 타원 단축의 길이는 선형 오차로 결정되고

$$0.04s = 0.04, 0.08, \ldots, 0.4\text{m}$$

타원 장축의 길이는 다음과 같이 회전 오차로 결정된다.

$$d \sin (0.04 \cdot 360°) = d \sin 14.4° \approx 0.25, 0.50, \ldots 2.5\text{m}$$

이로부터 회전 오차의 영향이 선형 오차의 영향보다 큰 것을 확인할 수 있다.

오차는 불가피하기 때문에 주행기록계로 계산한 로봇의 자세를 주기적으로 절대 위치와 비교해야 하고, 이때의 자세가 다시 향후 계산에서의 초기 자세가 된다. 로봇의 절대 위치를 결정하는 방법은 8장에서 다룬다.

활동 5.8: 주행기록계 오차

- 로봇이 직선을 따라 2m 움직이도록 하는 프로그램을 작성하라. 지면을 평평하게 해서 로봇이 경로에서 벗어나지 않도록 하고 모터 설정을 교정해 로봇이 최대한 직진하도록 하라.
- 양쪽 모터 세기를 동시에 바꿔 로봇을 다소 천천히 또는 빨리 움직이도록 하라. 로봇의 위치를 주기적으로 그래프로 작성해 경로를 따라갈 때 오차가 계속 선형적인지 확인하라.
- 한쪽 바퀴의 세기를 바꿔 로봇이 한쪽으로 조금 회전하도록 하라. 로봇의 위치를 주기적으로 그래프로 작성해 오차가 초기 방향과 바뀐 방향 간 차이의 사인sine 값과 비례하는지 확인하라.

활동 5.9: 복합적인 주행기록계 오차

- 로봇이 직선을 따라 2m 이동하고 360° 회전하는 프로그램을 작성하라. 로봇 위치의 오차는 얼마인가?
- 로봇이 360° 회전하고 직선을 따라 2m 이동하는 프로그램을 작성하라. 로봇 위치의 오차는 얼마인가? 위 실험의 오차와 차이가 있는가?
- 로봇이 직선을 따라 2m 이동하고 180° 회전한 후 다시 직선을 따라 2m 이동하는 프로그램을 작성하라. 출발 위치에서 얼마나 멀리 있는가?

활동 5.10: 주행기록계 오차 수정

- 활동 5.8의 프로그램에서 모터에 공급하는 전력에 임의의 변화를 가하는 지터jitter를 넣어라. 로봇이 특정 시간 동안 움직인 거리가 일정하지 않고 프로그램 실행마다 조금씩 달라지는 것을 확인하라.

- 지면에 도착선을 그리고 도착 지점까지 도달하는 데 걸리는 시간을 계산하라.
- 로봇이 특정 시간 동안 움직인 후, 로봇이 도착 지점을 발견할 때까지 앞뒤로 조금씩 움직여가며 도착 지점을 찾을 수 있는지 확인하라.

5.8 휠 엔코더

자동차와 같이 바퀴가 달린 차량의 주행기록계는 모터 세기를 속도로 변환하는 대신 바퀴의 회전을 측정해 성능을 향상시킬 수 있다. 바퀴의 반지름이 $r$cm일 때 둘레가 $2\pi r$이므로 측정된 회전수가 n번일 때 로봇이 $2\pi nr$cm를 이동했다는 것을 알 수 있다. 또한 휠 엔코더는 회전의 일부를 측정하도록 설계돼, 예를 들어 신호가 회전당 여덟 번 생성되는 경우 n을 컴퓨터에서 측정한 신호의 수라고 하면 이동한 거리는 $2\pi nr/8$cm가 된다.

휠 엔코더를 구현하는 방법은 다양한데, 널리 쓰이는 방법은 LED^{Light-Emitting Diode}와 같은 광원과 광센서, 바퀴의 축에 부착된 엔코딩 디스크를 사용하는 것이다(그림 5.7a). 디스크에는 구멍이 뚫려 있어(그림 5.7b) 구멍이 광원의 맞은편에 있을 때마다 센서가 신호를 발생시킨다.

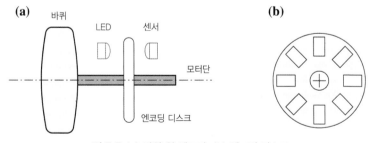

그림 5.7 (a) 광학 휠 엔코더, (b) 엔코딩 디스크

교육용 로봇에서는 다음과 같이 휠 엔코더에 대한 지원의 정도가 다르다.

- 로봇에 휠 엔코더가 없다면 교정을 해야 한다.
- 내부적으로 사용하는 휠 엔코더가 장착돼 있을 수 있다.
- 레고 마인드스톰과 같은 로봇은 사용자에게 엔코더 값을 제공한다.

아래의 활동은 바퀴의 회전수를 세어 이동 거리를 측정하는 실험이다. 이는 여러분의 로봇에 휠 엔코더가 없거나 엔코더 값을 얻을 수 없더라도 수행할 수 있는 활동이다.

활동 5.11: 휠 엔코더

- 바퀴의 위쪽을 분필로 칠하거나 얇은 색 테이프를 붙여 표시하라. 로봇이 일정 시간 동안 직진하는 프로그램을 작성하라. 프로그램을 실행하고 스마트폰을 이용해 로봇의 측면을 영상으로 촬영하라.
- 영상을 보고 표시된 곳이 바퀴 위쪽으로 돌아오는 수를 세어 바퀴의 회전수를 구하라.
- 바퀴의 반지름을 측정하고 이동한 거리를 계산하라. 해당 값이 지면에서의 실제 거리와 얼마나 가까운가?
- 바퀴에 균일한 간격으로 표시해 $n = 2$일 때와 $n = 4$일 때에 대해 측정을 반복하라. 표시된 곳이 바퀴 위쪽에 있는 수를 n으로 나눠 바퀴의 회전수를 구하고 이동 거리를 계산하라.

5.9 관성 내비게이션 시스템

관성 내비게이션 시스템은 선형 가속도와 각속도를 직접 측정해 차량의 자세를 계산한다. 관성 측정 장치IMU, Inertial Measurement Unit라는 용어도 사용하지만, 이 책에서는 전체 시스템을 지칭하는 관성 내비게이션 시스템이라는 용어를 사용한다. 초기 자세에서 가속도를 현재 시간 τ까지 적분하면 현재 속도를 다음과 같이 얻을 수 있다.

$$v = \int_0^\tau a(t)\,dt$$

마찬가지로 각속도를 적분하면 방향의 변화를 얻을 수 있다.

$$\theta = \int_0^\tau \omega(t)\,dt$$

관성 내비게이션 시스템에서는 적분할 수 있는 연속 함수가 없으므로 대신 다음과 같이 가속도와 각속도를 샘플링해 더한다.

$$v_n = \sum_{i=0}^n a_n \Delta t, \quad \theta_n = \sum_{i=0}^n \omega_n \Delta t$$

관성 내비게이션 시스템은 측정 부정확성뿐 아니라 온도와 같은 환경적 요인으로 인한 변화와 장치의 마모로 인해 오차에 취약하다. 관성 장치는 흔히 위치를 절대 위치로 갱신하기 위해 GPS와 함께 사용한다(8.3절).

로봇에 사용하는 관성 내비게이션 시스템은 미세전자기계시스템으로 구성하는데, 이는 기계적인 요소와 로봇 컴퓨터에 접속하는 전자 장치를 결합하는 집적회로 제조 기술을 사용한다.

5.9.1 가속도계

비행기를 타본 적이 있다면 이륙할 때 급격한 가속으로 인해 좌석 쪽으로 미는 힘을 느껴봤을 것이고, 착륙할 때는 좌석으로부터 미는 힘을 느껴봤을 것이다. 또는 자동차가 갑자기 가속하거나 급격히 제동할 때도 이와 같은 힘을 경험할 수 있다. 가속도와 힘의 관계는 m이 질량일 때 뉴턴의 제2법칙인 $F = ma$로 정해진다. 따라서 물체의 힘을 측정하면 가속도를 측정할 수 있게 된다.

그림 5.8a와 5.8b는 스프링이 달린 물체(질량)로 가속도계를 만드는 방법을 나타낸다. 가속도가 클수록 질량이 스프링에 가하는 힘이 커져 스프링이 압축된다. 질량이 움직이는 방향은 가속도가 앞쪽인지 뒤쪽인지를 나타내는 부호를 결정하고, 힘의 크기는 질량이 움직인 거리를 측정해 간접적으로 측정한다. 그림 5.8은 자동차가 가속할 때 좌석 쪽으로 밀리지만 감속(제동)할 때는 앞쪽으로 밀리는 경험과 부합하는 것을 알 수 있다.

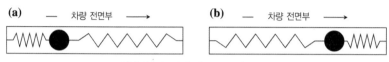

그림 5.8 (a) 전진 가속, (b) 감속(제동)

5.9.2 자이로스코프

자이로스코프gyroscope(자이로gyro)는 각속도를 측정하기 위해 코리올리 힘의 원리를 사용한다. 코리올리 힘의 개념은 물리학 책에 설명돼 있으며, 이 책에서는 다루지 않을 것이다. 자이로는 다음과 같이 여러 종류가 있다.

- 기본적인 자이로에는 짐벌gimbal에 달려 회전축이 고정된 채로 회전하는 기계 디스크가 있다. 이런 자이로는 아주 정확하지만 매우 무겁고 전력을 많이 소모한다. 따라서 비행기나 로켓과 같은 고가의 장비에 사용한다.
- 링 레이저 자이로RLG, Ring Laser Gyro는 대체로 움직이는 부품이 없고 대부분의 상황에서 기계적인 자이로보다 선호된다. 링 레이저 자이로에서는 원형이나 삼각형 경로를 따라가는 두 레이저 빔을 서로 반대 방향으로 쏜다. 자이로가 회전하면, 한 레이저 빔이 이동하는 경로가 다른 레이저 빔이 이동하는 경로보다 길어진다. 이때 두 경로의 차이는 각속도에 비례하고, 이를 측정해 내비게이션 컴퓨터로 전송한다.
- 미세전자기계시스템 기술을 이용하는 코리올리 진동 자이로스코프CVG, Coriolis Vibratory Gyroscope는 스마트폰과 로봇에서 사용한다. 이러

한 자이로의 정확도는 앞선 두 자이로만큼 좋지는 않지만 값이 싸고 매우 강건하다. 이제 작동 원리를 살펴보자.

그림 5.9는 튜닝 포크 자이로스코프tuning fork gyroscope라는 코리올리 진동 자이로스코프다. 두 개의 네모난 질량이 유연한 빔을 통해 구성 요소의 받침대에 놓인 앵커에 연결되고, 구동기가 두 질량을 좌우로 진동하게 한다. 장치가 회전하면 두 질량이 각속도에 비례하는 거리만큼 위아래로 움직인다. 질량과 전극은 축전기capacitor의 판이 돼서 판이 가까워지거나 멀어질 때 정전용량capacitance이 늘어나거나 감소한다.

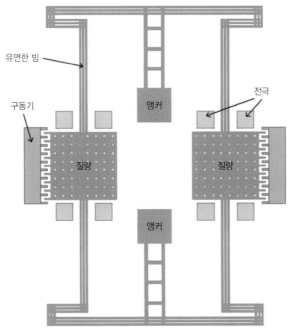

그림 5.9 튜닝 포크 자이로스코프
(Zhili Hao, 올드 도미니언 대학교(Old Dominion University) 제공)

그림 5.10은 튜닝 포크 자이로스코프의 작동 원리를 보여준다. 두 질량(회색 사각형)은 소리굽쇠의 갈래처럼 서로 같은 주파수로 진동하게 된다. 하지만 반대 방향으로 진동해 서로에게 가까워지거나(파란색 점선 화살표) 멀어진다(빨간색 파선 화살표). 또한 자이로스코프는 중심과 수직인 축을 기준으로 회전한다(십자 표시된 원이 종이 면과 수직인 회전축을 나타낸다).

코리올리 힘의 방향은 회전축과 질량의 이동 방향을 외적해 얻을 수 있고, 크기는 질량의 선속도와 자이로의 각속도에 비례한다. 질량이 서로 다른 방향으로 움직이기 때문에 힘의 크기는 동일하지만 방향이 반대가 된다(검은색 화살표). 또한 질량이 전극(작은 사각형)에 가까워지거나 멀어지게 되고 정전용량의 변화를 회로로 측정하게 된다.

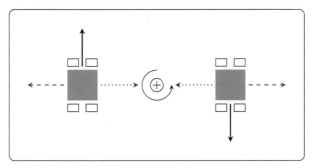

그림 5.10 튜닝 포크 자이로스코프의 원리. 빨간색 파선 화살표와 파란색 점선 화살표는 진동 방향을 나타내고 검은색 화살표는 코리올리 힘의 방향을 나타낸다.

5.9.3 적용 사례

관성 내비게이션 시스템은 차량의 자세를 3차원으로 계산하기 위해 세 개의 가속도계와 세 개의 자이로스코프를 사용한다. 이런 관성 내비게이션 시스템은 비행기나 차량에 필수적이다. 예를 들어 에어백에서는 자동차가 충돌할 때 전후 방향의 급격한 감속을 감지하는 가속도계를 사용한다. 이뿐 아니라 자동차에서 관성 내비게이션 시스템을 사용하는 다양한 사례를 찾을 수 있다. 예를 들어 위아래 방향의 가속도계는 자동차가 움푹 패인 곳에 빠진 것을 감지하는 데 사용할 수 있다. 수직축에 대한 회전을 측정하는 자이로스코프는 미끄러짐skidding을 감지할 수 있고, 전/후방축에 대한 회전을 측정하는 자이로스코프는 자동차가 앞뒤로 넘어가는지roll over를 감지할 수 있다.

5.10 자유도와 구동기의 수

시스템의 자유도란 모바일 로봇이나 로봇 팔에 있는 말단 장치의 자세를 나타내기 위한 좌표계의 차원을 말한다.[3] 예를 들어 헬리콥터는 3차원에서 움직일 수 있고 세 개의 축을 기준으로 회전할 수 있기 때문에 6 자유도다. 따라서 헬리콥터의 자세를 표현하려면 여섯 개의 좌표계 $(x, y, z, \phi, \psi, \theta)$가 필요하다.

회전을 표현하는 용어

헬리콥터는 모두 세 개의 축을 기준으로 회전할 수 있다. 각 회전은 헬리콥터의 앞이 위아래로 움직이는 피치pitch, 헬리콥터 몸체가 길이 축을 따라 회전하는 롤roll, 몸체가 날개 회전축을 기준으로 좌우로 움직이는 요yaw라고 한다.

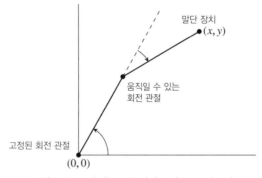

그림 5.11 2절 링크로 구성된 2 자유도 로봇 팔

그림 5.11의 2절 링크two-link 로봇 팔은 말단 장치가 평면에서 움직이지만 회전하지 않으므로 2 자유도고 말단 장치의 자세를 2차원 좌표계 (x, y)로 나타낼 수 있다. 또한 그림 5.3을 다시 보면, 평면을 움직이는 모바일 로봇의 자세를 3차원 좌표계 (x, y, θ)로 나타낼 수 있기 때문에 3 자유도라는 것을 확인할 수 있다. 기차는 선로를 따라 앞으로 움직이도록 (가끔은 뒤로 움직이도록) 제한되므로 1 자유도다. 따라서 기차의 자세를 선

---

3 5.10절과 5.11절은 심화된 내용이므로 처음 이 책을 읽을 때는 건너뛰어도 된다. 16장에서도 로봇 팔의 몇 가지 예시를 다룬다.

로상의 임의의 원점에서 기차까지의 거리인 좌표계 (x) 한 개만으로 표현할 수 있다.

하지만 자유도만으로는 로봇 움직임을 나타낼 수 없다. 자동차, 자전거, 사무실 의자 등과 같은 움직이는 물체를 생각해보자. 해당 물체의 자세를 표현하려면 3차원 좌표계 (x, y, θ)가 필요하지만, 물체가 한 위치에서 다른 위치로 바로 움직이지 못할 수도 있다. 사무실 의자의 경우 평면상의 어떠한 위치와 방향으로 바로 움직일 수 있지만, (2, 0, 0°)에 있는 (x축의 + 방향으로 향하고 있는) 자동차나 자전거는 위쪽인 y축을 따라 (2, 2, 0°)로 바로 이동할 수 없고 복잡한 조작을 통해 이동해야 한다.

로봇의 움직임을 나타내기 위해서는 구동기(주로 모터)의 개수와 구성을 알아야 한다. 차동 구동 로봇은 3 자유도지만 구동기의 수는 바퀴당 하나씩 총 두 개다. 로봇이 모터를 이용해 한 축을 따라 전/후진할 수 있지만, 모터 세기를 서로 다르게 하면 로봇의 방향을 바꿀 수도 있다. 그림 5.11의 2절 링크 로봇 팔에는 회전축마다 하나씩 두 개의 모터가 있으므로 구동기의 수가 자유도의 수와 동일하다. 마지막으로, 기차에는 기차를 앞뒤로 움직이게 하는 구동기인 모터가 한 개 있다.

활동 5.12: 회전할 수 있는 로봇

- 그림 5.12는 회전 중심을 기준으로 막대로 고정된 차동 구동 로봇을 보여준다. 막대는 로봇의 위치는 바뀌지 못하게 하고 수직축을 따라 회전만 할 수 있게 한다. 해당 로봇의 구동기 개수와 자유도는 얼마인가?
- 해당 로봇으로 어떤 작업을 할 수 있을까? 해당 로봇의 장점과 단점은 무엇일까?

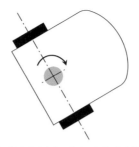

그림 5.12 한 개의 축(회색 점)을 따라 회전할 수 있는 로봇

5.11 구동기의 수와 자유도의 상대적 차이

다음과 같은 시스템을 살펴보자.

- 구동기의 수가 자유도와 같은 경우
- 구동기의 수가 자유도보다 적은 경우
- 구동기의 수가 자유도보다 많은 경우

구동기의 수가 자유도와 같은 경우

기차에는 기차를 1 자유도로 움직이게 하는 한 개의 구동기(엔진)가 있다. 그림 5.11의 2절 링크 로봇 팔은 두 개의 구동기가 있고 2 자유도다. 로봇 그리퍼는 세 개의 회전축(롤, 피치, 요)을 기준으로 회전하게 하는 세 개의 모터를 이용해 만들 수 있다. 구동기 수와 자유도가 같은 경우 비교적 시스템을 제어하기 쉽다는 장점이 있다. 따라서 각 구동기가 자신이 제어하는 자유도를 목표 위치로 움직이도록 명령을 내리면 된다.

구동기의 수가 자유도보다 적은 경우

모바일 로봇은 흔히 자유도보다 구동기의 수가 적다. 차동 구동 로봇과 자동차는 구동기가 두 개지만 평면상의 어떠한 3차원 자세로도 이동할 수 있다. 구동기를 적게 사용하면 시스템의 가격을 낮출 수 있지만, 움직임을 계획하고 제어하는 문제가 훨씬 복잡해진다. 평행주차를 할 때 단순히 차를 평행으로 움직이기 위해 두 번의 회전과 한 번의 직선 움직임을 해야 하므로(그림 5.21a, 5.21b) 어려움이 많다.

구동기의 수가 자유도보다 적은 경우의 극단적인 예는 풍선에 들어가는 열기를 조절해 고도를 조절하는 한 개의 구동기(가열기)가 있는 열기구다. 하지만 바람이 풍선을 세 방향으로 움직일 수도 있고 심지어 세 축으로 (조금이라도) 회전시킬 수도 있기 때문에 열기구 조작자는 열기구를 절대 정밀하게 제어할 수 없다. 이와 같이 열기구와 엘리베이터는 둘 다 한 개의 구동기가 있지만, 엘리베이터는 1 자유도로 움직이도록 축으로 고정돼 있기 때문에 열기구와는 다르다.

자유도와 구동기 수의 복잡한 관계에 대한 다른 예시로는 헬리콥터의 비행 제어가 있다. 헬리콥터는 매우 기동성이 크지만(뒤로 날지 못하는 비행기보다 더), 조종사는 다음과 같이 세 개의 구동기만을 이용해 헬리콥터의 비행을 제어한다.

- 사이클릭cyclic은 헬리콥터가 앞으로 움직일지 뒤로 움직일지를 결정하는 주 회전자 축의 피치를 제어한다.
- 콜렉티브collective는 헬리콥터가 위로 올라갈지 밑으로 내려갈지를 결정하는 주 회전자 날개의 피치를 제어한다.
- 페달pedal은 헬리콥터 앞부분이 향하는 방향을 결정하는 꼬리 회전자의 속도를 제어한다.

구동기의 수가 자유도보다 많은 경우

구동기의 수가 자유도보다 많으면 좋지 않은 것처럼 보이지만, 실제로는 이런 형태가 유용한 경우가 많다. 그림 5.13a와 5.13b의 시스템은 자유도보다 구동기의 수가 많다. 그림 5.13a의 로봇 팔은 각 관절에 위치한 구동기(모터) a1, a2, a3, a4로 평면에서 회전하는 네 개의 링크로 구성돼 있다. 말단 장치가 a4에 고정돼 있고 회전하지 못해 말단 장치의 자세를 위치 (x, y)와 고정된 방향으로 나타낼 수 있다고 하자. 이때는 로봇이 말단 장치를 수평과 수직 방향으로만 움직일 수 있기 때문에 2 자유도다.

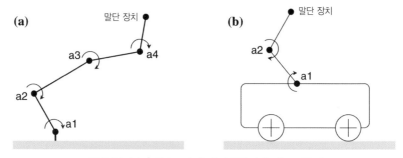

그림 5.13 (a) 2 자유도와 네 개의 구동기가 있는 로봇 팔,
(b) 2 자유도와 세 개의 구동기가 있는 팔이 달린 모바일 로봇

팔이 달린 모바일 로봇(그림 5.13b)에는 로봇을 전/후진하는 모터와 회
전 관절당 하나의 모터로 총 세 개의 구동기가 있다. 하지만 말단 장치의
자세는 2차원 좌표계 (x, y)로 결정되므로 시스템은 2 자유도다. 자유도
보다 더 많은 구동기가 있는 시스템은 이중화 시스템redundant system이라고
한다.

한 자유도당 한 개보다 많은 구동기를 사용하는 것은 시스템의 복잡성
과 가격을 높이기 때문에 가능한 한 지양해야 한다. 이중화 시스템의 역
기구학(16.2절)은 무한한 해가 존재하고 시스템 작동을 복잡하게 한다. 팔
이 달린 모바일 로봇(그림 5.13b)에는 말단 장치를 도달할 수 있는 범위
내의 특정 위치로 갈 수 있도록 하는 베이스와 로봇 팔의 무한한 위치가
존재한다.

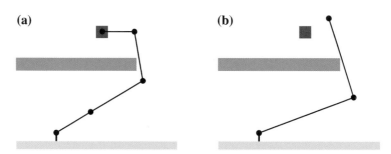

그림 5.14 (a) 네 개의 구동기가 있는 로봇 팔은 숨겨진 위치에 닿을 수 있다.
(b) 두 개의 구동기가 있는 로봇 팔은 장애물에 가로막힌다.

하지만 적은 수의 구동기로는 작업을 수행할 수 없어 이중화 시스템이 필요한 상황이 있다. 그림 5.14a는 2절 링크 팔로는 장애물에 막혀 도달할 수 없는 위치가 동일한 길이의 4절 링크 로봇 팔로는 닿을 수 있다는 것을 보여준다.

이중화 시스템의 중요한 장점은 서로 특성이 다른 구동기를 사용할 수 있다는 것이다. 그림 5.13b의 모바일 로봇은 울퉁불퉁한 지면 때문에 최종 위치가 정확하지 않을지라도 목표 지점에 빨리 도달할 수 있다. 이는 모바일 로봇이 멈추더라도 지면에 상관없이 관절의 모터를 정밀하게 조정할 수 있기 때문이다. 반면 관절의 모터는 정밀하게 조정할 수 있지만 모바일 베이스처럼 광범위하게 움직일 수는 없다.

구동기의 수가 자유도보다 많은 시스템의 예

그림 5.15(상면도와 측면도)는 두 개의 구동기가 있는 1 자유도 로봇이다. 해당 시스템은 무거운 물체를 특정 높이로 옮기는 로봇 크레인을 나타낸다. 그림 5.16은 티미오 로봇과 레고 부품으로 만든 크레인이다.

해당 시스템은 차동 구동 모바일 로봇으로 제작됐지만, 바퀴가 시스템의 움직임을 직접적으로 제어하는 데 사용되지 않고 대신 각 바퀴가 독립적인 구동기다. (차동 구동 로봇에 달린 각 바퀴의 세기를 각자 -100에서 100과 같은 범위의 어떠한 값으로도 설정할 수 있다는 것을 상기하라.)

로봇이 왼쪽을 향하고 있다고 하자. 그림 5.15의 오른쪽 바퀴(상면도 위쪽 부분과 측면도에서는 보이지 않는 검은 사각형)는 로봇을 앞뒤로 빠르게 움직이게 하는 양쪽의 (회색) 로드 바퀴를 제어한다. 그 결과 케이블이 움직여 물체를 빠르게 위아래로 움직이게 한다.

로드 바퀴는 로봇 몸체에 고정된 구조물(파란색)에 부착된다. 마찰, 풀리, 벨트와 같이 오른쪽 구동 바퀴에서 로드 바퀴로 힘을 전달하는 여러 가지 방법이 있다. 각 방법은 장단점이 있고 자동차에는 세 가지 방법 모두가 사용된다. 클러치는 마찰을 이용하고, 벨트는 타이밍을 맞추고 물펌프와 같은 보조 구성 요소를 구동하는 데 사용되며, 기어는 변속기에서 각 바퀴에 공급하는 토크를 제어하기 위해 사용된다.

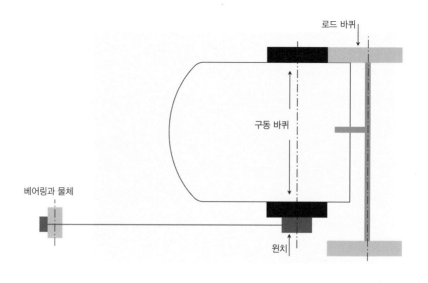

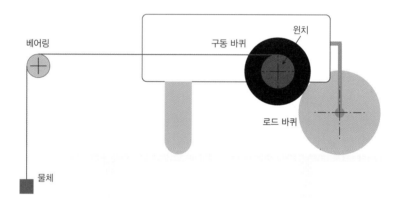

그림 5.15 모바일 로봇과 윈치로 구성된 로봇 크레인(위: 상면도, 아래: 측면도).
측면도에 왼쪽 바퀴는 표시하지 않았다.

 왼쪽 구동 바퀴(상면도 아래쪽 부분과 측면도 앞부분의 검은 사각형)는 물체
에 연결돼 고정된 베어링을 거쳐 위아래로 움직이는 케이블을 감거나 풀
어 윈치winch(빨간색)를 제어한다. 윈치의 지름은 구동 바퀴의 지름보다 훨
씬 작아서 왼쪽 구동 바퀴가 회전할 때 물체를 조금 움직이게 한다. 이러
한 설계의 목적은 윈치가 로봇 몸체보다 훨씬 느리게 케이블을 움직이더
라도 물체의 위치를 세밀하게 조절하도록 하는 것이다.

그림 5.16 티미오 로봇과 레고 부품으로 만든 로봇 크레인

이번에는 두 개의 활동이 준비돼 있다. 두 활동은 제작이 능숙하고 적절한 로봇 키트가 있는 독자들을 위한 활동이다. 그중 두 번째 활동은 두 개의 구동기가 있는 1 자유도 시스템의 다른 예시를 보여준다.

활동 5.13: 로봇 크레인

- 그림 5.15의 로봇 크레인을 제작하라. 여러분이 선택한 구동 바퀴를 로드 바퀴로 연결하는 방법을 설명하라.

- 물체의 현재 위치와 목표 위치가 주어졌을 때 물체를 목표 위치로 옮기는 프로그램을 작성하라. 또는 원격 제어 장치나 로봇에 연결된 컴퓨터로 모터에 명령을 전달하라.

- 로드 바퀴와 윈치를 제어하는 왼쪽과 오른쪽 바퀴의 상대 속도를 바꿔가며 실험하라. 두 구동기를 따로 움직여야 하는가, 아니면 동시에 움직여야 하는가?

5.12 홀로노믹과 비홀로노믹

5.10절에서 자유도의 개념을 소개하고 구동기 수가 어떤 영향을 미치는지 살펴봤다. 모바일 로봇의 경우 자유도와 구동기를 연관 짓는 또 다른 개념인 이동도^{degree of mobility}가 있다. 이동도 δ_m은 구동기에서 바로 접근 가능한 자유도의 수를 말한다. 평면에서 모바일 로봇은 최대 3 자유도(위치 (x, y)와 방향)이므로 모바일 로봇의 최대 이동도 δ_m은 3이다.

다른 시스템의 이동도를 살펴보자. 기차는 선로를 따라 앞으로만 움직이므로 1 자유도고 해당 자유도에 직접적으로 영향을 미치는 한 개의 구동기인 엔진이 있다. 따라서 기차의 이동도 $\delta_m = 1$이고, 이는 한 개의 자유도가 구동기로 바로 접근할 수 있다는 것을 의미한다.

차동 구동 로봇은 3 자유도고 구동기인 두 개의 모터는 바퀴에 힘을 가한다. 두 구동기는 두 개의 자유도에 직접적으로 접근할 수 있다. 만약 (a) 두 바퀴가 같은 속력으로 돌면 로봇이 전진하거나 후진하고, (b) 두 바퀴가 반대로 돌면 로봇이 제자리에서 회전한다. 따라서 전면축의 자유도와 방향의 자유도에는 바로 접근할 수 있지만, 측면축의 자유도에는 바로 접근할 수 없다(그림 5.17a). 따라서 차동 구동 모바일 로봇의 자유도 $\delta_m = 2 < 3 = $#자유도다.

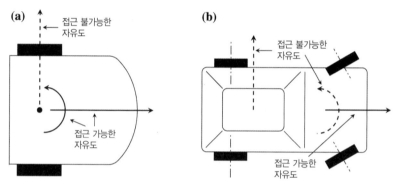

그림 5.17 (a) 차동 구동 로봇의 접근 가능한 자유도와 접근 불가능한 자유도, (b) 애커만 조향 로봇의 접근 가능한 자유도와 접근 불가능한 자유도

자동차는 차동 구동 로봇처럼 3 자유도에 두 개의 구동기가 장착돼 있다. 이 중 하나의 구동기인 모터는 자동차 전면축의 자유도에 직접적으로 접근할 수 있으므로 자동차를 전/후진할 수 있게 한다. 다른 구동기인 핸들은 추가적인 자유도에 대한 접근성 없이 첫 번째 자유도의 방향만을 바꿀 수 있다. 자동차는 수직축을 중심으로 회전할 수 없고 측면으로도 움직일 수 없다(그림 5.17b). 따라서 자동차의 이동도 $\delta_m = 1$이다. 직관적으로 차동 구동 로봇은 제자리에서 회전할 수 있지만 자동차는 할 수 없는 것을 보면, 자동차의 이동도가 차동 구동 로봇보다 작다는 사실을 확인할 수 있다.

기본적인 바퀴는 앞뒤로 회전할 수 있고 바퀴가 지면과 닿는 지점을 지나는 수직축을 기준으로 회전할 수 있기 때문에 이동도 $\delta_m = 2$다. 바퀴는 옆으로 움직일 수 없고, 사실 이 덕분에 차량이 회전 중 도로에서 미끄러지지 않는다. 자동차의 이동도는 총 두 쌍의 바퀴가 한 쌍은 앞에, 다른 쌍은 뒤에 있기 때문에 $\delta_m = 1$로 줄어든다. 이런 형태로 인해 각 바퀴는 수직축을 중심으로 회전할 수 있음에도(주로 앞바퀴) 자동차는 수직축을 중심으로 회전할 수 없다. 이동도가 1로 제한되는 것은 자동차가 옆으로 미끄러지지 않고 회전하지 않게 해서 안정성을 가져오므로 고속으로 주행하기 쉽고 더 안전하도록 한다.

자율주행 로봇이 $\delta_m = 3$으로 더 많은 이동도가 있다면 이점을 얻을 수 있다. 세 번째 자유도에 직접적으로 접근하려면 로봇이 측면으로 움직일 수 있어야 한다. 한 가지 방법은 로봇을 볼ball 위에서 구르게 하거나 사무실 의자처럼 캐스터castor를 다는 것이다. 또 다른 방법은 메카넘 휠mecanum wheel(그림 5.18a)을 사용하는 것이다. 메카넘 휠은 가장자리에 위치한 작은 바퀴들로 인해 측면으로 움직일 수 있어 세 번째 자유도에 직접 접근할 수 있는 기본적인 바퀴의 일종이다.

세 자유도에 모두 접근 가능한 모바일 로봇($\delta_m = 3$)을 전방향 로봇이라고 한다. 그림 5.18b는 네 개의 메카넘 휠로 제작한 전방향 로봇이다. 양방향의 바퀴 두 쌍이 로봇을 바로 왼쪽, 오른쪽, 앞, 뒤로 움직일 수 있도록 한다. 이런 형태는 네 메카넘 휠의 역할이 중복되지만 제어하기가 아주 쉽다. 메카넘 휠의 역할 중복을 피하기 위해 대부분의 전방향 로봇은 $120°$ 간격으로 세 개의 메카넘 휠을 장착한다(그림 5.19). 이런 형태의 이동도는 $\delta_m = 3$이지만 익숙한 x, y 좌표계로 제어하기 쉽지 않다.

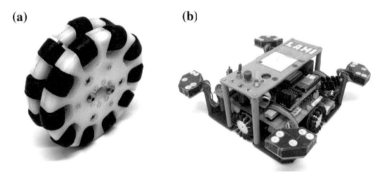

그림 5.18 (a) 메카넘 휠, (b) 전방향 로봇 (LAMI-EPFL 제공)

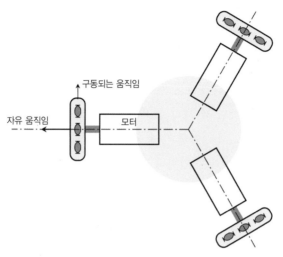

그림 5.19 세 개의 메카넘 휠이 달린 전방향 로봇

로봇의 자유도와 이동도의 차이는 홀로노믹holonomic 움직임이 무엇인지 정의한다. 로봇은 δ_m = #자유도일 때 홀로노믹 움직임을 보이고 δ_m < #자유도일 때 비홀로노믹non-holonomic 움직임을 보인다. 그림 5.18b와 같은 홀로노믹 로봇은 어려운 조작 없이 모든 자유도를 직접적으로 제어할 수 있다. 그림 5.20은 메카넘 휠이 달린 전방향 로봇(그림 5.19)이 평행 주차를 얼마나 쉽게 할 수 있는지 보여준다.

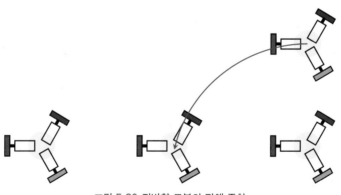

그림 5.20 전방향 로봇의 평행 주차

자동차와 차동 구동 로봇은 이동도(각각 δ_m = 1, 2)가 자유도인 3보다 적기 때문에 비홀로노믹이다. 이와 같이 자동차와 차동 구동 로봇은 이동도

가 제한돼 있으므로, 예를 들어 평행 주차를 하려면 조항을 복잡하게 조작해야 한다. 하지만 두 차량의 평행 주차에는 중요한 차이점이 있다. 차동 구동 로봇의 경우 평행 주차에 세 개의 움직임이 필요하지만, 왼쪽으로 돌고 뒤로 움직였다가 오른쪽으로 도는 매우 간단한 움직임이다(그림 5.21a). 반면 자동차도 세 개의 움직임이 필요하지만 올바르게 조작하기 매우 어렵다(그림 5.21b). 언제 각 움직임을 시작할지, 얼마나 회전을 가파르게 할지, 회전 사이에는 얼마나 움직일지를 고려해야 한다. 이러한 상황에서는 차동 구동 로봇의 높은 이동도가 이점으로 작용한다.

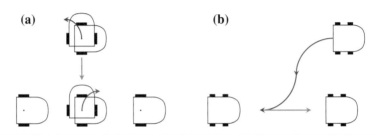

그림 5.21 (a) 비홀로노믹 차동 구동 로봇의 평행 주차, (b) 비홀로노믹 자동차의 평행주차

활동 5.15: 홀로노믹 움직임과 비홀로노믹 움직임

- 회진만 할 수 있도록 제한된 모바일 로봇을 살펴보자(그림 5.12). 이동도 δ_m은 얼마인가? 로봇이 홀로노믹인가, 비홀로노믹인가?

- 그림 5.22는 건물의 벽을 청소하는 로봇을 나타낸다. 케이블이 앵커에서 내려와 로봇 몸체에 고정된 눈을 통과해 로봇 바퀴로 구동되는 윈치에 연결돼 있다. 이 케이블을 당기거나 풀면 로봇이 벽을 따라 위아래로 움직인다. 하지만 두 개의 모터가 두 바퀴를 정확하게 같은 속도로 회전시키지 못할 경우 로봇이 좌우로 흔들릴 것이다. 이 로봇의 자유도와 이동도는 얼마인가? 로봇이 홀로노믹인가, 비홀로노믹인가?

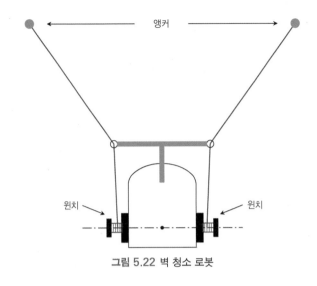

앵커

윈치

윈치

그림 5.22 벽 청소 로봇

5.13 요약

자율주행 자동차나 화성 탐사 로봇과 같은 모바일 로봇이 다니는 환경에는 내비게이션에 필요한 랜드마크가 존재하지 않을 수 있다. 주행기록계는 주변의 환경을 참고하지 않고 목표점 근처로 로봇을 이동시킬 때 사용된다. 로봇은 모터에 가해진 전력을 바탕으로 자신의 속력과 회전 속도를 추정한다. 모터 전력으로 속도를 추정하는 것보다 휠 엔코더로 바퀴의 회전수를 측정하는 것이 주행기록계의 성능을 높이는 데 더 유리하며, 직선으로 움직이는 값싼 로봇의 위치 변화는 속력을 시간과 곱해 계산할 수 있다. 로봇이 회전할 때 변한 위치와 방향을 구하려면 삼각법을 통한 계산이 필요하다. 하지만 휠 엔코더를 사용하더라도 방향에 오차가 있다면 주행기록계는 오차에 취약해진다.

관성 내비게이션에서는 주행기록계의 정확도를 높이기 위해 가속도계와 자이로스코프를 사용한다. 가속도를 적분하면 속도를 구할 수 있고, 각속도를 적분하면 방향을 구할 수 있다. 미세전자기계시스템은 관성 내비게이션을 로봇에 사용할 수 있을 정도로 값을 낮췄다.

시스템의 자유도는 시스템이 움직일 수 있는 차원의 수다. 평면에서는 최대 3차원이고 공중이나 수중에서는 최대 6차원이지만, 로봇의 자유도는 제한돼 최대 자유도보다 작을 수 있다. 추가적으로 고려해야 할 것은 이동도를 정의하는 로봇 구동기의 수와 형태다. 이동도가 자유도와 같으면 로봇은 홀로노믹이며, 한 자세에서 다른 자세로 바로 이동할 수 있다. 이동도가 자유도보다 낮으면 로봇은 비홀로노믹이며, 한 자세에서 다른 자세로 바로 이동할 수 없고 작업을 수행하려면 복잡한 조작이 필요하다.

5.14 추가 자료

[5]의 5.24절에서는 2차원에서의 주행기록계 오차에 대한 자세한 수학적 풀이를 제공한다. 관성 내비게이션의 개요는 [3]과 [4]에서 확인하라. 심화된 로보틱스 교재인 [1, 2, 5, 6]은 홀로노믹을 다룬다.

참고 문헌

1. Correll, N.: Introduction to Autonomous Robots. CreateSpace (2014). https://github.com/correll/Introduction-to-Autonomous-Robots/releases/download/v1.9/book.pdf
2. Craig, J.J.: Introduction to Robotics: Mechanics and Control, 3rd edn. Pearson, Boston (2005)
3. King, A.: Inertial navigation—forty years of evolution. GEC Rev. 13(3), 140–149 (1998). http://www.imar-navigation.de/downloads/papers/inertial_navigation_introduction.pdf
4. Oxford Technical Solutions: What is an (INS) inertial navigation system? http://www.oxts.com/what-is-inertial-navigation-guide/
5. Siegwart, R., Nourbakhsh, I.R., Scaramuzza, D.: Introduction to Autonomous Mobile Robots, 2nd edn. MIT Press, Cambridge (2011)
6. Spong, M.W., Hutchinson, S., Vidyasagar, M.: Robot Modeling and Control. Wiley, New York (2005)

6
제어

로봇 알고리듬은 결정을 내리는 역할을 한다. 로봇에 작업이 주어졌을 때 작업을 수행하려면 행동을 취해야 하고, 이 행동은 센서로 감지한 환경에 따라 달라진다. 예를 들어 로봇이 창고에서 선반의 물체를 배달용 트럭으로 가져가야 한다고 할 때, 선반으로 이동한 후 물체를 감지해 잡고 다시 트럭으로 돌아와 물체를 싣기 위해 센서를 사용해야 한다. 매우 잘 정돈된 환경에서 작동하는 로봇만이 이런 작업을 센서 정보 없이 수행할 수 있다. 한 예로 공장에서 장비를 조립하는 로봇 팔은 부품이 작업 공간에 정확히 놓여 있다면 센싱 없이 부품을 조작할 수 있다. 하지만 대부분의 환경에서는 센서를 사용해야 한다. 창고 안의 선반까지 가는 길에 장애물이 있을 수도 있고, 물체가 선반의 정확한 위치에 놓여 있지 않을 수도 있으며, 트럭이 항상 같은 위치에 주차돼 있지 않을 수도 있다. 이런 작은 변화에 맞춰 결정을 내리려면 제어 알고리듬을 사용해 센서 데이터에 따라 로봇의 행동을 정해야 한다. 로봇의 제어에 사용하는 핵심적이고 정교한 수학 이론이 있다. 6장에서는 제어 알고리듬의 기본 개념을 다룬다.

6.1절에서는 알고리듬의 매개변수가 미리 설정되는 개루프$^{\text{open loop}}$ 제어 모델과 센서 데이터가 알고리듬의 거동에 영향을 미치는 폐루프$^{\text{closed loop}}$ 제어 모델의 차이를 설명한다. 6.2절에서 6.5절까지는 점차 정교해지는 네 가지 폐루프 제어 알고리듬을 다룬다. 최소한의 계산으로 적절한 성능의 로봇을 만들려면 로봇 설계자는 이 네 가지 알고리듬이나 이와 유사한 알고리듬을 사용해야 한다.

6.1 제어 모델

로봇 행동을 결정하는 두 가지 제어 알고리듬이 있다. 개루프 시스템$^{\text{open loop system}}$에서는 제어 알고리듬의 매개변수가 미리 정해지고 시스템이 작동하는 도중에 변하지 않는다. 폐루프 시스템$^{\text{closed loop system}}$에서는 센서가 시스템의 목표 상태와 실제 상태의 오차를 측정하고 이에 기반해 어떤 행동을 할지 정한다.

6.1.1 개루프 제어

토스터는 행동을 반자율적으로 수행하는 기계다. 빵을 토스터에 넣고 타이머를 맞춘 후 레버를 아래로 누르면 굽는 행동을 시작한다. 하지만 알다시피 항상 빵이 잘 구워지는 것은 아니다. 타이머를 너무 짧게 설정하면 빵을 다시 구워야 하고, 타이머를 너무 길게 설정하면 빵이 탄 냄새가 부엌에 퍼지게 된다. 토스터의 결과가 불확실한 것은 토스터가 개루프 제어 시스템이기 때문이다. 토스터는 목표가 달성됐는지 확인하기 위해 굽는 행동의 결과를 확인하지 않는다. 개루프 제어 시스템은 주변에서 흔히 볼 수 있다. 세탁기는 물의 온도와 시간, 세제 사용량을 맞추지만 세탁기가 옷의 깨끗한 정도(기준이 뭐든지 간에)를 측정해 이에 따라 행동을 바꾸지는 않는다.

주행기록계만을 이용해 목표 지점으로 움직이는 모바일 로봇(5.4절)도 개루프 제어를 사용한다. 모터 세기와 모터가 구동하는 시간을 추적해 로봇이 움직인 거리를 계산할 수 있지만, 바퀴 속도와 로봇이 움직이는 표면의 작은 변화는 로봇의 최종 위치를 불확실하게 한다. 대부분의 경우 주행기록계는 로봇을 목표 위치 근처로 움직이는 데 사용하고, 그 후로는 예를 들어 센서로 물체까지의 거리를 측정해 로봇을 정확한 목표 위치로 움직인다.

6.1.2 폐루프 제어

로봇은 자율적인 행동을 수행하기 위해 폐루프 제어 시스템을 사용한다. 폐루프 제어 시스템은 브라이텐베르크 차량에서 이미 접한 적이 있다(활동 3.5).

> **설명(끌어당김과 밀어냄 동작)**: 물체가 로봇 뒤에서 접근하면 물체가 범위를 벗어날 때까지 도망간다.

로봇은 물체까지의 거리를 측정해 거리가 충분히 멀면 멈춘다. 모터 세기는 거리 측정값에 따라 다르지만 로봇 속력은 모터 세기에 따라 달라지고, 이는 물체까지의 거리를 바꿔 다시 모터 세기를 바꾼다. 이런 순환적인 행동이 폐루프라는 용어의 의미다.

이제 로봇의 폐루프 제어 시스템이 무엇인지 형식화해보자(그림 6.1). 변수 r은 로봇의 작업에 따른 목표값reference value이다. 예를 들어 창고 로봇에서는 선반에 대한 로봇의 상대 위치나 들어 올릴 물체와 그리퍼 팔 사이의 거리가 목표값이 될 수 있다. 목표값은 로봇에 바로 사용할 수 없고 제어 입력 u로 바꿔야 한다. 예를 들어 목표값이 선반에 대한 로봇의 상대 위치라면 제어 입력은 모터 세기와 모터 구동 시간이 될 것이다. 변수 y는 출력이고 물체까지의 거리와 같은 로봇의 실제 상태를 나타낸다.

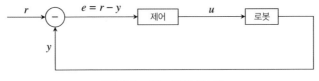

그림 6.1 폐루프 제어 시스템

그림 6.1의 시스템은 출력 y가 제어 알고리듬으로 다시 들어가 제어 입력을 계산하는 데 사용되기 때문에 피드백 제어 시스템이라고도 한다. 피드백 제어 시스템에서는 출력을 목표값과 비교해 오차 $e = r - y$를 계산하고 오차를 통해 로봇의 입력인 제어 신호 u를 생성한다.

6.1.3 제어 알고리듬 주기

제어 알고리듬은 주기적으로 실행된다(알고리듬 6.1). 이를 위해 로봇 소프트웨어가 타이머 변수를 20ms와 같은 알고리듬의 목표 실행 주기로 초기화한다. 임베디드 컴퓨터에는 정해진 간격으로 인터럽트를 발생시키는 하드웨어 시계가 있다. 운영체제가 이 인터럽트를 처리해 타이머 변수의 값을 감소시킨다. 타이머의 값이 0이 되면, 타이머가 만료되고 소프트웨어에서 이벤트가 발생해 제어 알고리듬을 실행한다.

알고리듬의 주기는 제어 시스템 설계에서 중요한 요소다. 주기가 너무 짧으면 계산 자원이 낭비되고 컴퓨터가 과부하돼 로봇으로 명령이 너무 늦게 도착할 수 있다. 주기가 너무 길면 로봇이 제때 반응하지 못해 움직임 오차를 보정하지 못한다.

알고리듬 6.1: 제어 알고리듬 개요	
정수 주기	// 타이머의 주기
정수 타이머	// 타이머 변수
1: 주기 ← …	// 밀리초 단위의 주기
2: 타이머 ← 주기	// 타이머 초기화
3: 루프	
4:　　타이머 만료 이벤트가 발생할 때	
5:　　　제어 알고리듬	// 알고리듬 실행
6:　　　타이머 ← 주기	// 타이머 재설정
// 운영체제	
7: 하드웨어 시계 인터럽트가 발생할 때	
8:　　타이머 ← 타이머 −1	// 타이머 감소

| 9: | 타이머 = 0인 경우 | // 타이머가 만료될 경우 |
| 10: | 타이머 만료 이벤트 발생 | // 이벤트 발생 |

예제: 10cm 떨어진 물체를 향해 2cm/s의 속도로 다가가는 로봇을 생각해보자. 제어 주기를 1ms로 하면 로봇이 각 1ms 주기 동안 0.002cm (0.02mm)밖에 움직이지 않으므로 계산 리소스가 낭비될 것이다. 모터 세기를 이 정도로 짧은 거리마다 바꾸는 것은 로봇이 작업을 성공하는 데 영향을 주지 않는다. 반대로 제어 주기를 2초로 설정하는 것은 더 좋지 않다. 로봇이 한 제어 주기 동안 4cm를 움직일 것이고, 이 경우 물체와 충돌할 가능성이 크다. 0.5cm 정도가 물체에 다가가는 측면에서 적당한 거리이므로 대략 0.25초(250ms)의 제어 주기를 사용해 로봇이 제어 주기 동안 0.5cm를 움직이도록 하는 것이 합리적인 출발점으로 보인다. 제어 주기를 이 근처의 값으로 실험해 만족스러운 움직임을 보이는 동시에 계산 비용을 최대한 절감하는 최적의 주기를 찾을 수 있다.

활동 6.1: 제어 주기 설정

- 위의 예제에서 최적의 제어 주기가 수십 분의 1초 정도의 크기라고 결론지었다. 활동 6.1에서는 다른 제어 알고리듬에서 최적의 주기가 얼마일지 알아보자.

- 집 난방 시스템에는 온도를 제어하기 위한 온도 조절 장치가 있다. 온도를 제어하기 위한 최적의 주기는 얼마일까? 최적 주기는 난방 시스템의 공학적 매개변수와 열이 방으로 얼마나 잘 전달되는지와 관련된 물리적 특성에 따라 달라진다. 이러한 요소들을 어떻게 측정할 수 있고 이 요소들이 제어 주기에 어떻게 영향을 미치는지를 설명하라.

- 센서의 특성이 제어 주기에 어떤 영향을 미치는가? 예를 들어 로봇이 물체에 접근하는 경우, 센서가 2cm, 5cm, 10cm, 20cm, 40cm 떨어진 물체를 감지할 수 있을 때 제어 주기를 어떻게 바꿔야 하는가?

이제 네 가지 제어 알고리듬을 차례대로 설명할 예정인데, 각 알고리듬은 그 전 알고리듬을 바탕으로 계산이 복잡해지는 대신 더 정확한 제어를 가능하게 한다. 실용적으로 시스템 설계자는 로봇이 작업을 성공하도록 하는 가장 간단한 알고리듬을 사용해야 한다.

물체에 접근해 물체에서 s만큼 떨어진 곳에서 멈춰야 하는 로봇의 경우를 예시로 네 가지 알고리듬을 설명한다. 거리는 근접 센서로 측정하고 로봇은 모터 세기를 설정해 속도를 제어한다고 한다.

6.2 온-오프 제어

첫 번째 알고리듬은 온-오프on-off 또는 뱅-뱅bang-bang 알고리듬이라고 한다(알고리듬 6.2). 로봇이 물체 앞에서 멈춰야 하는 거리를 일정한 값인 변수 목표값으로 정의하자. 변수 측정값은 근접 센서로 측정한 실제 거리다. 변수 오차는 다음과 같이 목표값과 측정값의 차이로, 로봇이 물체와 너무 멀면 음수이고 물체와 너무 가까우면 양수다.

$$오차 \leftarrow 목표값 - 측정값$$

알고리듬 6.2: 온-오프 제어기

정수 목표값 ← …   // 목표 거리
정수 측정값   // 측정한 거리
정수 오차   // 거리 오차

1: 오차 ← 목표값 - 측정값
2: 오차 < 0일 경우
3:   왼쪽 모터 세기 ← 100   // 전진
4:   오른쪽 모터 세기 ← 100
5: 오차 = 0일 경우
6:   왼쪽 모터 세기 ← 0   // 모터 끄기
7:   오른쪽 모터 세기 ← 0
8: 오차 > 0일 경우

모터 세기는 오차의 부호에 따라 최대 세기로 전진하거나 후진하도록 설정된다. 예를 들어, 목표 거리가 10cm고 측정한 거리가 20cm일 때 로봇이 물체와 멀리 떨어져 있으므로 오차는 -10cm고 모터는 전진하도록 설정돼야 한다.

로봇은 물체를 향해 최대 속도로 접근한다. 로봇이 목표 거리에 도달했을 때 센서를 읽고 오차를 계산하는 데 시간이 걸린다. 로봇이 측정한 거리가 정확히 목표 거리와 같더라도(가능성이 낮지만) 로봇이 바로 멈추지는 못할 것이고 목표 거리를 지나치게 될 것이다. 그럼 알고리듬에 따라 로봇이 최대 속도로 후진할 것이고 다시 목표 거리를 지나치게 된다. 타이머에 의해 제어 알고리듬이 다시 실행되면 로봇이 방향을 바꿔 최대 속도로 전진한다. 이와 같은 로봇의 거동을 그림 6.2에서 확인할 수 있다. 로봇은 물체와의 목표 거리 근처에서 왔다 갔다 할 것이고, 로봇이 목표 거리나 근처에서 실제로 멈출 가능성은 아주 낮다.

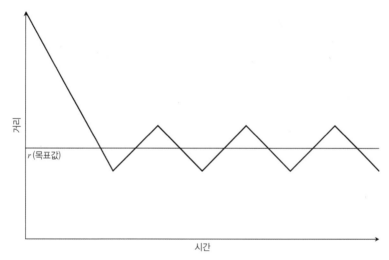

그림 6.2 온-오프 알고리듬의 거동

온-오프 제어의 또 다른 단점은 빈번하고 급격한 방향 전환이 높은 가속도를 야기한다는 것이다. 따라서 온-오프 제어로 그리퍼가 달린 팔을 제어한다고 하면 들고 있는 물체가 파손될 수 있다. 온-오프 제어를 사용하면 모터와 움직이는 부품이 크게 마모된다.

활동 6.2: 온-오프 제어기

- 온-오프 알고리듬으로 로봇이 물체에서 목표 거리만큼 떨어진 곳에서 멈추도록 구현하라.
- 물체로부터의 시작 거리를 다르게 해서 프로그램을 실행하라.
- 알고리듬 6.2는 오차가 정확히 0일 때 로봇을 멈춘다. 오차가 0 근처의 작은 범위 내에 있을 때 로봇을 멈추도록 변형하라. 범위를 다양하게 바꿔 실험하고 거동이 어떻게 바뀌는지 확인하라.

6.3 비례 제어기

더 나은 알고리듬을 위해 자전거를 탈 때 어떻게 하는지 생각해보자. 자전거를 탈 때 앞에 있는 신호등이 빨간색으로 바뀌었다고 하자. 자전거가 정지선 위에 도착하는 마지막 순간까지 기다렸다가 브레이크를 갑자기 잡지는 않을 것이고, 만약 그렇게 한다면 자전거에서 내던져질 것이다. 이 상황에서는 속도를 점차 줄여야 한다. 먼저 페달 밟는 것을 멈추고 좀 더 속도를 줄이기 위해 브레이크를 부드럽게 잡는다. 마지막으로 정지선에 도달했지만 여전히 천천히 움직이고 있으면, 브레이크를 더 세게 잡아 자전거를 완전히 멈춘다. 이렇게 자전거를 타는 알고리듬은 다음과 같이 표현할 수 있다.

목표 거리에 다가갈수록 속도를 줄인다.

속도의 감소는 신호등에 얼마나 가까운지와 (역으로) 비례하고, 더 가까울수록 더 속도를 감소한다. 비례의 정도는 제어 알고리듬의 이득값[gain]이라고 한다. 이 알고리듬을 다르게 표현하는 방법은 다음과 같다.

목표 거리와 측정한 거리 사이의 오차가 작아질수록
속도를 더 감소한다.

알고리듬 6.3은 비례 제어[proportional control] 알고리듬 또는 비례 제어기를 나타낸다.

알고리듬 6.3: 비례 제어기

정수 목표값 ← …	// 목표 거리
정수 측정값	// 측정 거리
정수 오차	// 오차
부동소수 이득값 ← …	// 비례 이득값
정수 세기	// 모터 세기

1: 오차 ← 목표값 − 측정값	// 거리
2: 세기 ← 이득값 * 오차	// 제어값
3: 왼쪽 모터 세기 ← 세기	
4: 오른쪽 모터 세기 ← 세기	

예제: 목표 거리가 100cm고 이득값이 −0.8이라고 하자. 로봇이 물체와 150cm 떨어져 있으면, 오차는 100 − 150 = −50이고 제어 알고리듬에 의해 세기가 −0.8 • −50 = 40이 될 것이다. 표 6.1은 세 가지 거리에 따른 오차와 세기를 나타낸다. 로봇이 목표 거리인 100cm를 지나쳐 60cm의 거리가 측정됐을 때 모터 세기는 −32가 돼서 로봇이 후진할 것이다.

표 6.1 −0.8 이득값을 사용하는 비례 제어기

거리	오차	세기
150	−50	40
125	−25	20
60	40	−32

그림 6.3은 로봇을 비례 제어기로 제어했을 때 물체와 로봇의 거리를 시간에 따라 나타낸 그래프다. 이때 r이라고 표시된 선은 목표 거리다. 모터 세기의 변화가 부드럽기 때문에 로봇은 갑작스러운 가속이나 감속을 하지 않을 것이다. 반응은 다소 느리지만 로봇이 목표 거리에 도달하게 된다.

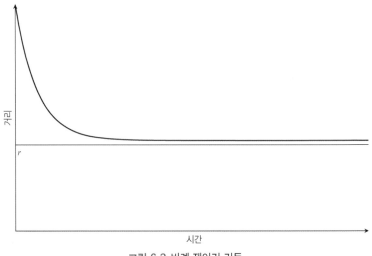

그림 6.3 비례 제어기 거동

하지만 불행히도 로봇은 목표 거리에 실제로 도달하지 않는다. 로봇이 목표 거리에 매우 근접해 있을 때를 생각해보자. 이때 오차는 매우 작을 것이고 결과적으로 모터 세기가 매우 작을 것이다. 이론상 모터 세기가 작으면 로봇이 천천히 움직여 목표 거리에 도달해야 한다. 하지만 실제로는 모터 세기가 너무 작으면 모터 내부 마찰과 바퀴 연결부의 마찰을 극복하지 못해 로봇이 정지하게 된다.

비례 제어기의 이득값을 올리면 이 문제를 해결할 수 있다고 생각하겠지만, 높은 이득값을 사용하면 심각한 단점이 발생한다. 그림 6.4는 비례 제어기에서 이득값의 영향을 보여준다. 이득값이 크면(빨간색 파선) 목표 거리에 빠르게 도달하고, 이득값이 작으면(파란색 점선) 목표 거리에 천천히 도달한다. 하지만 이득값이 너무 크면 비례 제어기가 진동 거동을 보이는 온-오프 제어기와 같이 작동한다(초록색 선). 이런 제어기는 불안정

146

하다고 한다.

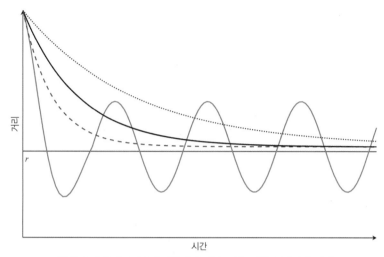

그림 6.4 비례 제어기에서 이득값의 영향. 낮은 이득값(파란색 점선),
높은 이득값(빨간색 파선), 과도한 이득값(진동하는 초록색 선)

이상적인 시스템이라고 해도 비례 제어기로 목표 거리에 도달할 수 없는 상황이 있다. 물체가 일정한 속도로 로봇에서 멀어진다고 해보자. 비례 제어기는 로봇이 물체로 빠르게 움직이도록 모터 세기를 최대로 설정할 것이다. 하지만 로봇이 물체에 접근해 측정한 거리가 작아지면 비례 제어기는 로봇 속도가 물체의 속도보다 느리게 될 정도로 모터 세기를 너무 낮게 설정할 것이다. 그 결과로 로봇이 목표 거리에 도달하지 못하게 된다. 로봇이 목표 거리에 도달할 수 있다면, 오차가 0이고 로봇의 속력도 이에 따라 0이 된다. 하지만 물체가 여전히 로봇에서 멀어지는 방향으로 움직이므로 조금 뒤 로봇이 다시 움직이기 시작하고 이런 과정이 반복된다. 이런 출발-멈춤 동작은 목표 거리를 유지하는 작업에서 의도한 움직임이 아니다.

예제: 앞의 예제와 동일한 데이터를 사용하고, 추가적으로 물체가 20cm/s로 움직인다고 하자. 초기에 로봇이 물체보다 빠르게 움직이므로 물체를 따라잡을 것이다. 하지만 물체와 125cm 떨어진 곳에서 로봇이 물체와 같은 속도로 움직이게 된다. 로봇은 이 거리를 유지하며 목표 거리인

100cm로 다가가지 않을 것이다. 로봇이 어떤 이유로 110cm와 같이 물체에 더 가까워졌다고 하면, 모터 세기가 8로 줄어들어 로봇이 물체에서 멀어질 것이다.

표 6.2 움직이는 물체의 경우 이득값이 −0.8인 비례 제어기

거리	오차	세기
150	−50	40
125	−25	20
110	−10	8

일반적으로 로봇은 목표 거리로부터 일정 거리 떨어진 곳에서 안정화될 것이다. 이득값을 늘려 오차를 줄일 수 있지만, 목표 거리에는 절대 도달하지 못하고 제어기가 불안정해지기만 할 것이다.

활동 6.3: 비례 제어기

- 비례 제어 알고리듬을 구현해 로봇이 물체에서 특정 거리만큼 떨어진 곳에서 멈추도록 하라. 물체가 움직이지 않을 때 얼마나 정확히 목표를 달성할 수 있는가?
- 물체가 움직이면 어떻게 되는가? 고정된 속도로 움직이도록 프로그래밍한 다른 로봇을 물체로 사용해도 된다.
- 이득값과 제어 주기를 다양하게 실험해 성능에 어떤 영향을 미치는지 확인하라.

6.4 비례-적분 제어기

비례-적분PI, Proportional-Integral 제어기를 사용하면, 마찰이 있거나 물체가 움직이더라도 시간에 따라 누적된 오차를 고려해 목표 거리에 도달할 수 있다. 비례 제어기가 다음과 같이 현재 오차만을 고려하는 반면,

$$u(t) = k_p e(t)$$

비례-적분 제어기에서는 다음과 같이 알고리듬이 시작한 시간부터 현재 시간까지의 오차를 적분한 값이 추가된다.

$$u(t) = k_p e(t) + k_i \int_0^t e(\tau)\,d\tau$$

상황에 맞게 제어기를 설계하기 위해 비례항과 적분항에 각각 다른 이 득값을 사용한다.

비례-적분 제어기를 구현할 때는 연속 적분을 이산화해 근사함으로써 계산한다(알고리듬 6.4).

알고리듬 6.4: 비례-적분 제어기

정수 목표값 ← ⋯	// 목표 거리
정수 측정값	// 측정 거리
정수 오차	// 오차
정수 오차-합 ← 0	// 누적 오차
부동소수 비례-이득값 ← ⋯	// 비례 이득값
부동소수 적분-이득값 ← ⋯	// 적분 이득값
정수 세기	// 모터 세기

1: 오차 ← 목표값 - 측정값	// 거리
2: 오차-합 ← 오차-합 + 오차	// 적분항
3: 세기 ← 비례-이득값 * 오차 + 적분-이득값 * 오차-합	// 제어값
4: 왼쪽 모터 세기 ← 세기	
5: 오른쪽 모터 세기 ← 세기	

마찰이 있거나 물체가 움직일 때 오차가 적분돼 모터 세기를 더 높이 고, 이로 인해 로봇이 목표 거리에 도달하게 된다. 비례-적분 제어의 문 제는 오차의 적분이 로봇이 물체와 멀리 떨어져 있는 초기 상태부터 시 작한다는 것이다. 로봇이 목표 거리에 다가갔을 때 적분항은 이미 큰 값 일 것이다. 이 값을 줄이기 위해 로봇은 목표 거리를 지나쳐 오차가 반대 부호를 갖도록 해야 한다. 따라서 이런 거동으로 인해 진동이 발생할 수

있다(그림 6.5).

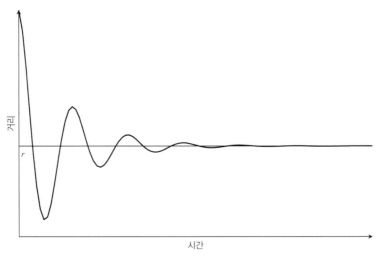

그림 6.5 비례-적분 제어기 거동

활동 6.4: 비례-적분 제어기

- 로봇이 물체에서 특정 거리만큼 떨어진 곳에서 멈추도록 비례-적분 제어기를 구현하라.

- 동일한 작업에서 비례-적분 제어기와 비례 세어기의 변수들이 시간에 따라 어떻게 바뀌는지 관찰해 비교하라.

- 로봇을 일부러 잠시 움직이지 못하게 한 다음 움직이게 하면 어떻게 되는가? 이는 적분기 권선integrator windup이라는 개념을 보여 준다. 적분기 권선이 무엇인지 검색하고 어떻게 해결할 수 있는지 찾아보라.

6.5 비례-적분-미분 제어기

움직이는 다른 선수에게 공을 던지거나 발로 차서 보낼 때 그 선수의 현재 위치로 공을 보내지는 않을 것이다. 현재 위치로 공을 보내면, 공이 그 위치에 도착할 때쯤 선수는 새로운 위치로 옮겨갔을 것이다. 따라서 새 위치가 어디일지 측정해 그곳으로 공을 보내야 한다. 이와 유사하게 택배 물품을 움직이는 카트 위로 밀어야 하는 로봇은 택배 물품이 카트에 도착할 때쯤 카트가 있을 미래 위치를 예상해 언제 밀지를 정해야 한다. 온-오프나 비례, 비례-적분 제어기는 현재 오차만을(비례-적분 제어기는 과거 오차까지) 고려하므로 이 로봇을 이와 같은 알고리듬들로 제어할 수 없다.

미래의 오차를 측정하기 위해 오차 변화의 정도를 고려해볼 수 있다. 오차의 변화율이 작으면 로봇은 카트가 도착하기 바로 전에 택배 물품을 밀면 되고, 오차의 변화율이 크면 택배 물품을 훨씬 전에 밀어야 한다.

수학적으로 변화율은 미분으로 표현한다. 비례-적분-미분PID, Proportional-Integral-Derivative 제어기는 비례항과 적분항 외에 다음과 같이 다른 항을 추가한다.

$$u(t) = k_p e(t) + k_i \int_{\tau=0}^{t} e(\tau)\,d\tau + k_d \frac{de(t)}{dt} \tag{6.1}$$

비례-적분-미분 제어기를 구현할 때 미분은 과거 오차와 현재 오차의 차이로 근사한다(알고리듬 6.5).

알고리듬 6.5: 비례-적분-미분 제어기

정수 목표값 ← …	// 목표 거리
정수 측정값	// 측정 거리
정수 오차	// 오차
정수 오차-합 ← 0	// 누적 오차
정수 과거-오차 ← 0	// 과거 오차
정수 오차-차이	// 오차 차이
부동소수 비례-이득값 ← …	// 비례 이득값
부동소수 적분-이득값 ← …	// 적분 이득값

| 부동소수 미분-이득값 ← … | // 미분 이득값 |
| 정수 세기 | // 모터 세기 |

1: 오차 ← 목표값 − 측정값　　　　// 거리

2: 오차-합 ← 오차-합 + 오차　　　// 적분항

3: 오차-차이 ← 오차 − 과거-오차　// 미분항

4: 과거-오차 ← 오차　　　　　　// 과거 오차를 현재 오차로 저장

5: 세기 ← 비례-이득값 * 오차 +

　　적분-이득값 * 오차-합 + 미분-이득값 * 오차-차이

6: 왼쪽 모터 세기 ← 세기

7: 오른쪽 모터 세기 ← 세기

그림 6.6은 비례-적분-미분 제어기의 거동을 나타낸다. 로봇이 부드럽게 움직이고 목표 거리에 빠르게 수렴한다.

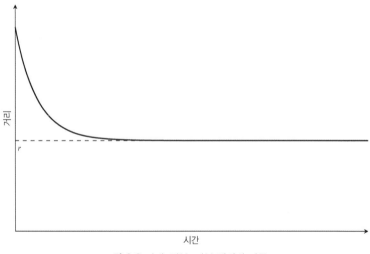

그림 6.6 비례-적분-미분 제어기 거동

비례-적분-미분 제어기의 이득값은 주의 깊게 균형을 맞춰야 한다. 비례 이득값과 적분 이득값이 너무 크면 진동이 발생할 수 있고, 미분 이득값이 너무 크면 짧은 노이즈에도 반응하게 된다.

> **활동 6.5: 비례-적분-미분 제어기**
>
> - 물체에 다가가는 로봇의 비례-적분-미분 제어기를 구현하라.
> - 로봇이 목표 거리에 부드럽게 다가갈 때까지 이득값을 실험을 통해 조정하라.
> - 움직이는 물체에 대해 실험을 수행하라.

6.6 요약

우수한 제어 알고리듬은 급격한 움직임을 하지 않으며 목표에 빠르게 수렴해야 한다. 또한 계산량 측면에서 효율적일 뿐 아니라 지속적인 튜닝을 하지 않아야 한다. 추가적으로 시스템과 작업의 요구치를 유연하게 만족해야 하고 다양한 환경에서도 올바르게 작동해야 한다. 6장에서는 실용적이지 않은 온-오프 알고리듬부터 각각 비례항, 적분항, 미분항을 결합하는 알고리듬까지 총 네 가지 알고리듬을 살펴봤다. 비례항은 큰 오차가 발생할 때 목표값이 빠르게 수렴하도록 하고, 적분항은 목표값에 실제로 도달할 수 있도록 하며, 미분항은 알고리듬의 반응성이 더 좋도록 한다.

6.7 추가 자료

제어 알고리듬의 최근 교과서로 [1]을 참고하길 바란다.

참고 문헌

1. Åström, K.J., Murray, R.M.: Feedback Systems: An Introduction for Scientists and Engineers. Princeton University Press (2008). 두 번

째 판의 초고는 http://www.cds.caltech.edu/~murray/amwiki/index. php/Second_Edition에서 확인할 수 있다.

7
로컬 내비게이션: 장애물 회피

모바일 로봇은 환경 안에서 한 지점과 다른 지점을 연결하는 경로를 찾아 움직여야 한다. 예를 들어 가로막히지 않은 선을 따라간다면 이 작업이 간단하겠지만, 화성 표면을 탐사하는 로버나 해저 산맥을 탐험하는 잠수정과 같이 미지의 복잡한 환경에서 움직인다면 작업이 훨씬 어려워진다. 도로를 따라 움직이는 자율주행 자동차도 다른 자동차, 도로의 장애물, 횡단보도의 보행자, 도로 공사 등을 처리해야 한다.

자율주행 자동차의 내비게이션은 두 개의 작업으로 나눌 수 있다. 먼저 시작점과 목표점 사이의 길을 찾는 상위 단 작업이 있다. 현대 컴퓨터 시스템이 개발되기 전에는 길을 찾기 위해 지도를 살펴보거나 길을 물어봐야 했다. 하지만 지금은 스마트폰 애플리케이션에서 시작점과 목표점을 입력하면 길을 찾아준다. 애플리케이션이 실시간으로 교통 상황 데이터를 반영한다면 목표점까지 가장 짧은 시간에 도착하는 길을 추천해줄 수 있다. 경로는 오프라인으로 계산될 수도 있고, 현재 위치를 알려주는 GPS 시스템이 있다면 실시간으로 찾아 변하는 상황을 고려해 업데이트될 수도 있다.

자율주행 자동차는 하위 단 작업으로 횡단보도에 있는 보행자를 발견하면 멈추고 교차로에서 회전하고 도로에 있는 장애물을 피하는 등 환경에 따라 동작을 수정해야 한다. 상위 단의 길 찾기는 출발하기 전에 한 번만(혹은 몇 분마다) 하면 되지만, 하위 단의 장애물 회피와 같은 작업은 보행자가 도로에 뛰어들거나 앞선 차량이 갑자기 브레이크를 밟을 수도 있으므로 자주 실행해야 한다.

7.1절에서는 하위 단 작업인 장애물 회피를 살펴본다. 7.2절에서는 로봇이 선을 따라가며 땅에 그려진 표시를 인식해 어떻게 목표점에 도착한 것을 감지하는지 살펴본다. 7.3절에서 7.5절까지는 환경에 대한 지도 없이 길을 찾는 상위 단 동작을 보여준다. 이때 상위 단 동작을 개미 군집이 먹이를 찾고 나서 그 위치를 군집의 개체들에게 전달하는 것에 비유해 설명한다.

7.1 장애물 회피

이때까지 다룬 알고리듬은 물체를 감지히고 물체를 향해 움직이는 것에 집중했다. 로봇이 목표를 향해 움직일 때는 경로를 막고 목표점에 도달하지 못하도록 방해하는 장애물이 있을 수 있다. 이 절에서는 로봇이 목표점의 빛을 감지하는 것과 같은 방식으로 현재 위치에서 목표점까지 가로막히지 않은 길이 있는지를 알 수 있다고 가정한다. 장애물이 로봇의 움직임을 막는 벽이라 하고, 다음과 같이 장애물 회피를 위한 세 가지 알고리듬을 살펴보자.

- 벽 따라가기 알고리듬은 직관적이지만 불행히도 환경에 여러 장애물이 있으면 작동하지 않을 것이다.
- 여러 장애물을 피할 수 있는 알고리듬은 목표점의 방향을 알아야 한다(GPS 시스템과 같은 방식으로). 또한 어떤 장애물로 인해 로봇이 루프 안에 갇히게 될 수도 있다.

- 프레지^{Pledge} 알고리듬은 두 번째 알고리듬을 약간 변형해 오작동을 극복한다.

알고리듬을 설명할 때 로봇의 앞이나 오른쪽 근처에 벽이 있으면 참인 앞쪽에 벽과 오른쪽에 벽이라는 조건부 표현을 사용할 것이다. 첫 번째 알고리듬에서는 로봇이 장애물 근처에서 움직이다가 모퉁이를 감지하면 참인 오른쪽에 모퉁이라는 조건부 표현도 사용한다. 이런 표현을 구현하는 여러 방식이 있으며, 아래의 활동 7.1에서 살펴보자.

활동 7.1: 벽 따라가기에 사용하는 조건부 표현

- 수평 근접 센서나 터치 센서를 이용해 앞쪽에 벽 조건부 표현을 구현하라.
- 오른쪽에 벽 조건부 표현을 구현하라. 로봇의 오른쪽에 부착된 센서나 회전하는 거리 센서를 사용하면 손쉽게 표현할 수 있다. 전면부 근접 센서밖에 없다면 로봇을 조금 회전해 벽을 감지하고, 없다면 다시 원래대로 돌아오면 된다.
- 오른쪽에 모퉁이 조건부 표현을 구현하라. 이는 오른쪽에 벽 조건을 확장해 구현할 수 있다. 오른쪽에 벽의 값이 참에서 거짓으로 바뀔 때 오른쪽으로 살짝 돌아 오른쪽에 벽이 다시 참이 되는지 확인하면 된다.

7.1.1 벽 따라가기

그림 7.1은 로봇의 오른쪽에 벽이 있도록 유지하면서 벽을 따라가는 로봇을 나타낸다(알고리듬 7.1). 벽이 앞에서 감지되면 로봇이 왼쪽으로 회전해 벽이 오른쪽에 있도록 한다. 벽이 오른쪽에서 감지되면 벽을 따라 계속 움직이고, 모퉁이가 감지되면 오른쪽으로 돌아 장애물 근처에서 움직인다. 동시에 로봇은 목표점을 찾으며(검은색 점), 목표점을 발견하면 곧장 목표점을 향해 움직인다.

그림 7.1 벽 따라가기

알고리듬 7.1: 간단한 벽 따라가기

1: 목표점에 있지 않는 동안

2:    목표점이 감지되면

3:       목표점으로 이동

4:    그렇지 않고 앞쪽에 벽이면

5:       왼쪽으로 회전

6:    그렇지 않고 오른쪽에 모퉁이면

7:       오른쪽으로 회전

8:    그렇지 않고 오른쪽에 벽이면

9:       전진

10:    그렇지 않으면

11:       전진

안타깝게도 알고리듬 7.1은 모든 상황에서 작동하지는 않는다. 그림 7.2는 두 개의 장애물이 로봇과 목표점 사이에 있는 상황을 나타낸다. 이 경우 로봇은 목표점을 절대 감지하지 못하고 첫 번째 장애물 주변을 영원히 돌게 된다.

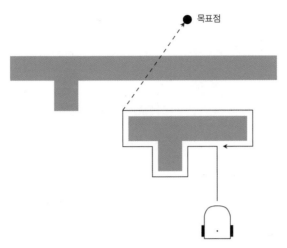

목표점

그림 7.2 간단한 벽 따라가기 방식으로는 로봇이 목표점에 도달하지 못할 수도 있다.

활동 7.2: 간단한 벽 따라가기

- 알고리듬 7.1을 구현하고 그림 7.1과 7.2의 거동을 보이는지 확인하라.

7.1.2 방향을 알고 벽 따라가기

알고리듬 7.1의 문제점은 해당 알고리듬이 로봇의 현재 환경만 고려하고 상위 단의 내비게이션 알고리듬에서 목표에 도달하기 위한 대략적인 방향 정보를 얻을 수 있다는 사실을 고려하지 않는다는 것이다. 그림 7.3은 목표가 북쪽 어딘가에 있다는 것을 알고 북쪽으로 움직이는 로봇의 거동을 나타낸다. 로봇이 북쪽으로 움직이지 못할 경우에만 벽 따라가기 알고리듬을 사용한다.

알고리듬 7.2는 북쪽으로 움직일 수 있으면 북쪽으로 움직인다는 점만 제외하면 알고리듬 7.1과 유사하다. 방향 변수는 장애물 근처를 움직일 때 현재 방향 정보를 저장한다. 방향 변수가 다시 북쪽일 때($360°$의 배수) 로봇이 모퉁이를 찾는 대신 전진한다.

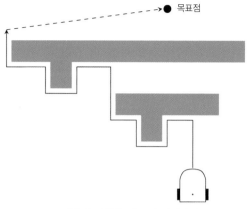

그림 7.3 방향을 알고 벽 따라가기

하지만 알고리듬 7.2는 G 모양의 장애물이 있을 때 목표점에 도달하지 못한다(그림 7.4). 로봇이 왼쪽으로 네 번 회전한 후 방향이 $360°$가 되면

(360°의 배수고 북쪽) 계속 전진해 벽을 마주치게 되고 이런 움직임이 반복된다.

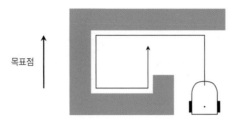

그림 7.4 방향을 알고 벽을 따라가는 방식이 작동하지 않는 경우

활동 7.3: 방향을 알고 벽 따라가기

- 방향을 알고 벽을 따라가는 알고리듬을 구현하고 그림 7.4의 거동을 보이는 것을 확인하라.
- G 모양의 장애물에서 단순한 벽 따라가기 알고리듬을 실행하라 (알고리듬 7.1). 어떤 일이 일어나는가? 여전히 단순한 벽 따라가기 알고리듬이 장애물 회피에 적합하지 않은가?

7.1.3 프레지 알고리듬

프레지 알고리듬은 알고리듬 7.2의 여덟 번째 줄을 다음과 같이 바꾼다.

방향 = 0°면

로봇은 이제 북쪽으로 움직이고 있을 때(방향이 360°의 배수일 때)가 아닌 로봇의 누적 방향이 0°일 때 전진한다. 이 경우 로봇이 G 모양의 장애물(그림 7.5)을 피할 수 있다. 모퉁이를 마주쳤을 때(검은색 점) 로봇이 북쪽으로 움직이지만, 네 번의 왼쪽 회전 이후 방향이 360°가 된다. 360°는 360°의 배수지만 0°가 아니므로, 네 번의 오른쪽 회전으로 로봇의 누적 방향을 360° 빼서 최종 방향이 0°가 될 때까지 벽을 계속 따라가게 된다.

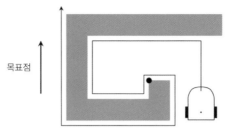

목표점

그림 7.5 벽 따라가기를 위한 프레지 알고리듬

활동 7.4: 프레지 알고리듬

- 프레지 알고리듬을 구현하고 그림 7.5의 거동을 보이는지 확인하라.

7.2 코드 표시를 읽으며 라인 팔로잉

목표점까지의 경로를 찾는 작업으로 다시 돌아오자. 경로가 땅에 선으로 표시되어 있다면 라인 팔로잉 알고리듬(3.4절)을 이용해 로봇이 환경 안에서 돌아다닐 수 있지만, 라인 팔로잉은 내비게이션이 아니다. 한 위치에서 다른 위치로 이동하기 위해서는 로봇이 목표점에 도달했는지 알 수 있도록 로컬화localization 알고리듬이 필요하다. 이때 8장에서 다룰 연속적인 로컬화 알고리듬이 필요한 것은 아니고 작업을 수행할 수 있을 정도로만 로봇이 선의 어느 위치에 있는지만 알면 된다. 이는 운전할 때 현재 자신이 어디 있는지 알기 위해 분기점, 교차로, 주요 지형의 정보만 알면 되는 것과 유사하다. 분기점, 교차로, 주요 지형 사이에서는 그냥 도로를 따라가면 된다.

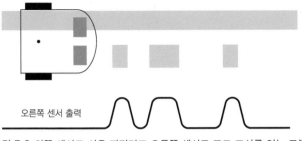

오른쪽 센서 출력

그림 7.6 왼쪽 센서로 선을 따라가고 오른쪽 센서로 코드 표시를 읽는 로봇

선 옆에 그려진 바닥의 코드 표시를 읽으면 연속적인 로컬화 없이 이동할 수 있다. 그림 7.6은 두 개의 지면 센서가 장착된 로봇이 왼쪽 센서로 선을 감지하고 오른쪽 센서로 코드 표시를 읽는 것을 보여준다. 로봇 아래의 그래프는 오른쪽 센서에서 반환된 신호를 나타낸다.

활동 7.5: 코드 표시를 읽으며 라인 팔로잉

- 그림 7.6과 같이 코드 표시를 읽으며 라인 팔로잉하는 로봇을 구현하라.
- 로봇이 경로를 따라가도록 프로그램을 작성하라.
- 값을 갖는 코드를 경로 옆에 그려라. 로봇이 코드를 지나갈 때 해당 값을 빛이나 소리, 화면을 통해 표시하도록 하라.

활동 7.6: 코드 표시를 읽으며 원형 라인 팔로잉

- 두 개의 로봇을 이용해 한 로봇은 시를, 다른 로봇은 분을 나타내도록 해서 시계를 구현하라(그림 7.7).
- 두 로봇이 다른 속력으로 움직여 한 로봇은 한 시간에 한 바퀴를 돌고 다른 로봇은 하루에 한 바퀴를 돌도록 구현하라. 위의 방식과 비교해 두 방식 간의 차이를 서술하라.

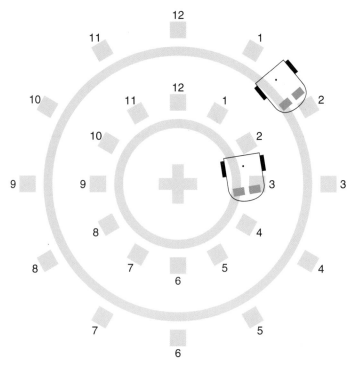

그림 7.7 한 로봇은 시를 나타내고 다른 로봇은 분을 나타내는 로봇 시계

7.3 먹이를 찾는 개미 군집

이제 경로를 찾는 상위 단 알고리듬으로 돌아와보자. 선과 코드 표시 같은 로컬화 알고리듬이 있다면 7.2절의 방식을 사용할 수 있을 것이다. 하지만 선이 없더라도 로봇이 자신만의 선을 생성할 수도 있다. 이 방식의 흥미로운 점은 로봇이 환경에서 자신의 위치를 알기 위해 GPS와 같은 방식을 사용하지 않아도 되고 대신 환경에 있는 랜드마크를 사용한다는 것이다. 해당 알고리듬을 실제 상황에서 먹이를 찾는 개미 군집을 통해 살펴보자.

개미집이 있고 개미들이 먹이 공급원을 무작위로 찾는다고 하자. 한 개미가 먹이를 찾으면 랜드마크와 집에서부터 기억해둔 경로를 이

용해 집으로 곧장 돌아온다. 먹이를 갖고 집으로 돌아오는 길에 개미
는 페로몬이라는 화학 물질을 발산한다. 더 많은 개미가 먹이 공급원
을 찾아 집으로 돌아올수록 해당 경로는 다른 지역들보다 페로몬이
더 쌓이게 된다. 결국 해당 경로의 페로몬이 아주 많아져 개미들이
집에서 먹이 공급원까지 바로 따라갈 수 있게 된다.

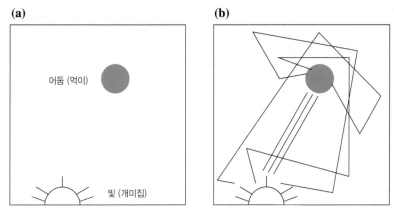

그림 7.8 (a) 개미집과 먹이 공급원, (b) 페로몬이 만든 경로

그림 7.8a의 왼쪽 아래에 개미집이 개미가 집으로 손쉽게 돌아올 수
있도록 하는 빛으로 표시돼 있고 어두운 부분은 먹이 공급원이다. 그림
7.8b는 먹이 공급원으로 가는 세 가지 경로를 나타내고, 개미가 먹이 공
급원에 도착하면 세 줄의 페로몬을 남기며 바로 집으로 돌아온다. 이렇게
쌓인 페로몬은 먹이 공급원을 곧바로 찾는 데 사용된다.

개미와 같은 움직임을 로봇에서 구현할 수 있다. 로봇이 움직일 수 있
는 한정된 영역이 있다고 하고, 그림 7.8a와 같이 먹이 공급원과 집이 있
다고 하자. 어두운 부분으로 표시된 먹이 공급원은 로봇의 지면 센서로
손쉽게 감지할 수 있고, 로봇의 근접 센서는 벽을 감지하는 데 사용한다.
활동 7.7은 로봇이 추가 센서의 종류에 따라 집의 위치를 의미하는 두 가
지 방법을 보여준다.

환경을 흰색 종이로 덮고 로봇에 검은 펜을 달은 후 로봇이 움직일 때 선을 그려 페로몬이 어떻게 뿌려지는지 시뮬레이션해보자. 이때 지면 센서는 표시된 부분을 감지한다. 그림 7.9는 알고리듬을 실행했을 때 로봇의 거동을 보여준다. 활동 7.8에서 선이 빽빽하게 그려진 영역을 감지하는 로봇을 살펴보자.

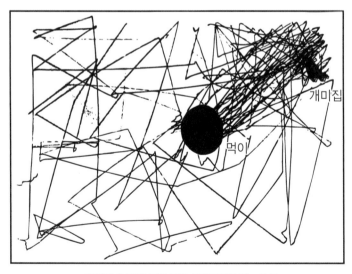

그림 7.9 개미 페로몬을 시뮬레이션하는 로봇

- 3.4.3절에서 센서가 한 지점만의 값을 감지하는 것이 아니라 최대 $1cm^2$와 같이 상대적으로 넓은 영역의 값을 읽는다는 것을 배웠다. 선의 두께에 따라 여러분이 사용하는 지면 센서의 반환값이 어떻게 바뀌는지 실험하라. 최적의 펜 굵기를 찾을 수 있는가? 펜이 너무 가늘면 경로가 감지되지 않을 것이고, 너무 두꺼우면 무작위로 움직였을 때 생긴 선도 먹이까지의 경로라고 혼동할 것이다.
- 먹이 공급원을 상대적으로 큰 완전히 검은색 영역으로 제작해 지면 센서로 값을 읽었을 때 센서값이 최소가 되도록 하라.
- 그림 7.9와 같이 먹이 공급원과 개미집 사이의 경로는 페로몬 농도가 높다. 선의 수를 다양하게 바꿔 먹이까지의 경로와 무작위 움직임을 구분하도록 하는 효과적인 임계값을 찾아라. 로봇의 움직임을 다양하게 하거나 경로상에서 앞뒤로 움직여 선을 더 진하게 만들 수 있는지 확인하라.

7.4 개미 움직임의 확률론적 모델

모델이란 시스템을 추상화한 것으로, 매개변수가 특정 현상에 어떤 영향을 미치는지 나타낸다. 예를 들어 모델은 새로운 도로나 신호등이 교통 패턴에 어떤 영향을 미칠지 예측하는 데 사용된다. 개미집에서 먹이까지의 경로가 어떻게 만들어지는지 이해하기 위해 7.4절에서는 개미의 움직임을 간략화한 모델을 소개한다.

개미 움직임의 기본적인 특징은 개미가 환경에 대한 지도가 없어 먹이 공급원을 찾기 위해 무작위로 움직여야 한다는 것이다. 따라서 개미 움직임을 확률론적으로 모델링해야 한다. 환경이 격자 셀cell로 이루어진 사각형이라고 하자. 그림 7.10은 6 × 8 = 48개의 셀로 나눈 환경을 나타낸다.

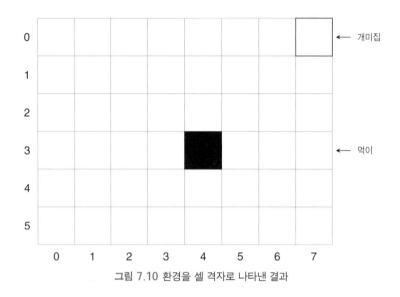

그림 7.10 환경을 셀 격자로 나타낸 결과

셀 격자의 좌표계

이 책에서 격자를 위한 셀 좌표는 (행, 열)로 표시한다. 수학의 행렬과 같이 행은 위에서 아래로 숫자를 매기고 열은 왼쪽에서 오른쪽으로 숫자를 매기지만, 컴퓨터공학의 배열 데이터처럼 숫사는 0부터 시작한다.

개미가 어떻게 움직이는지 모른다. 개미가 어느 곳이든 같은 확률로 움직인다고 가정하면 특정 셀에 개미가 있을 확률 p는 1을 셀의 개수로 나눈 값인 $p = 1/48 = 0.021$이다.

개미가 먹이가 있는 셀에 있을 확률은 다른 셀과 마찬가지로 p다. 앞서 설명한 개미의 움직임에 따르면, 개미가 먹이가 있는 셀에 도착해 셀이 먹이 공급원의 위치라고 파악하면 개미집으로 곧장 돌아간다. 그림 7.10 에서 먹이 공급원은 (3, 4) 셀에 있고, 해당 셀에 도착한 개미는 (2, 5) 셀과 (1, 6) 셀을 거쳐 (0, 7)에 있는 개미집으로 돌아와야 한다. 개미가 이 세 개의 셀 중 한 곳에 있을 확률은 얼마일까? 두 가지 가능성이 있다. 첫 번째는 개미가 무작위로 움직여 확률 p로 셀에 있는 경우고, 두 번째는

먹이가 있는 셀에 확률 p로 도착한 후 개미집으로 돌아오는 길에 확률 1
로 거쳐갈 수도 있다. 따라서 세 개의 셀 중 한 셀에 있을 확률은 $p + p \times$
$1 = p + p = 2p$다.[1] 따라서 로봇이 움직이며 선을 그린다면 대각선의 셀들
이 다른 셀보다 두 배 진하게 칠해질 것이다.

개미가 개미집에 도착하면 다시 인접한 이웃 셀을 무작위로 선택해 움
직인다. 일반적으로 한 셀에 여덟 개의 이웃 셀이 있으므로(위, 아래, 좌, 우
의 셀과 네 개의 대각선 셀) 이웃 셀 중 어느 곳에 있을 확률은 $p/8$이다. 하
지만 개미집은 이웃 셀이 세 개이므로 이웃 셀 중 하나로 이동할 확률은
$p/3$이다. 그림 7.11은 개미가 먹이 공급원을 찾은 후 집으로 돌아와 한
번 무작위 움직임을 했을 때 개미 위치의 확률을 나타낸다. 펜이 달린 로
봇으로 이 동작을 구현하면 높은 확률의 셀은 더 진하게 칠해질 것이다
(그림 7.12).

	0	1	2	3	4	5	6	7	
0	p	p	p	p	p	p	$p + \frac{1}{3}p$	$p + p$	← 개미집
1	p	p	p	p	p	p	$p + \frac{4}{3}p$	$p + \frac{1}{3}p$	
2	p	p	p	p	p	$p + p$	p	p	
3	p	p	p	p	■	p	p	p	← 먹이
4	p	p	p	p	p	p	p	p	
5	p	p	p	p	p	p	p	p	

그림 7.11 개미 위치의 확률

이 모델을 통해 어떤 결론을 내릴 수 있을까?

- 개미는 무작위로 움직이지만, 먹이 공급원을 찾은 뒤 집으로 돌아

---

1 확률을 업데이트한 후 부록 B.2절에서 설명하는 것과 같이 정규화를 해야 한다. 정규화의 다른 예시로 8.4
절을 참고하라.

오는 움직임이 개미가 대각선 셀들에 있을 확률을 다른 셀보다 높게 만든다.

- 개미가 지나가는 셀에 페로몬을 뿌리므로(검은색 표시) 먹이와 개미집 사이의 대각선 경로에 표시된 자국이 다른 셀보다 진해진다. 결국 이 경로의 표시가 충분히 진해져 로봇이 무작위로 먹이를 찾지 않아도 먹이 공급원으로 갈 수 있게 된다.

- 로봇이 집을 자주 방문하므로 집 바로 근처에 있는 셀들의 확률값은 균일 확률값과 먹이 경로의 확률값 사이가 될 것이다. 따라서 활동 7.8과 같은 방식으로 먹이까지의 경로를 확실히 따라가는 것이 중요하다.

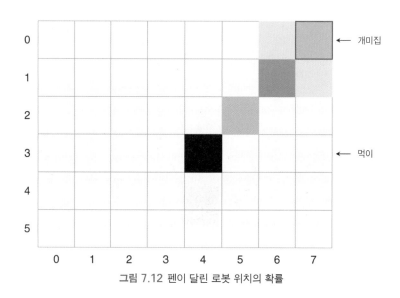

그림 7.12 펜이 달린 로봇 위치의 확률

7.5 경로 찾기 알고리듬의 유한 상태 기계

그림 7.13은 개미가 경로를 찾을 때의 유한 상태 기계를 나타낸다. 전이를 간략히 표시하기 위해 표 7.1의 약어를 사용했다. 이 유한 상태 기계의 각 상태에서 이뤄지는 자세한 동작은 다음과 같다.

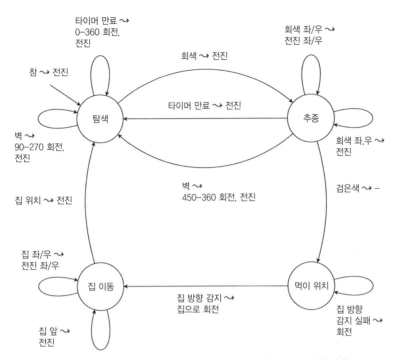

그림 7.13 먹이 공급원과 집 사이의 경로를 표시하는 유한 상태 기계.
약어에 대한 설명은 표 7.1을 참고하라.

표 7.1 유한 상태 기계 약어

약어	설명
전진	모터를 전진으로 설정
전진 좌/우	모터를 전진으로 설정 후 좌/우 회전
	전진과 전진 좌/우는 타이머 주기를 무작위로 설정함
벽	벽 감지
타이머 만료	타이머 주기 만료
회색 좌/우/좌, 우	좌/우/양쪽 센서에서 회색 감지
집 앞/좌/우	앞/좌/우에서 집 감지
검은색	검은색 감지
집 방향	먹이에서 집 방향 감지 또는 감지 실패
$\theta_1 - \theta_2$ 회전	$\theta_1 - \theta_2$ 범위에서 무작위 회전
회전	로봇(또는 센서) 회전

탐색: 탐색 상태에서 로봇은 어두운 지역을 무작위로 탐색한다. 이는 초기 상태고 참 ⤳ 전진 전이는 초기에 무조건 로봇이 전진하고 타이머가 무작위 주기로 설정된다는 것을 의미한다. 타이머가 만료되면(타이머 만료) 로봇이 무작위로 회전한 후 전진하고 타이머를 재설정한다. 로봇은 벽을 마주치거나 표면의 회색 표시를 발견할 때까지 이와 같이 무작위로 움직인다. 벽을 마주치면 로봇은 벽에서 멀어지도록 무작위 회전을 한다. 이때 센서가 정면에 있어 로봇의 옆이나 뒤쪽으로 회전한다고 가정한다. 로봇이 회색 표시를 발견하면 추종 상태로 전이한다.

추종: 그림 7.13에서는 추종 상태에서 다시 추종 상태로 돌아오는 위의 두 전이와 오른쪽 전이는 라인 팔로잉을 나타낸다(3.4절). 그 외에 세 가지 전이가 있는데, 회색 표시를 발견하지 못하고 타이머 만료가 일어나면 로봇이 더 이상 선을 따라가지 않고 탐색 상태로 돌아와야 한다. 로봇이 벽을 마주치면 회전해 멀어져야 하지만, 먼저 360° 회전해 근처에 회색 표시가 있는지 확인한다. 따라서 해당 전이의 행동은 450-360° 회전을 포함한다. 집이 벽 옆에 있으므로 해당 조건은 로봇이 집으로 돌아올 때도 참이 된다. 로봇이 빽빽한 표시(검은색)를 발견하면 먹이 공급원에 도착했다고 판단하고 먹이 위치 상태로 전이한다.

먹이 위치: 마침내 로봇이 먹이 공급원을 발견하면 집으로 돌아와야 한다. 활동 7.7에서 로봇이 집을 감지할 수 있다는 것을 살펴봤지만, 로봇의 센서가 집을 향하고 있지 않을 수 있다. 따라서 로봇이(또는 센서가) 집 방향을 찾을 때까지 회전해야 하고 회전한 후 집 이동 상태로 전이한다.

집 이동: 이 상태는 로봇이 집으로 전진하고 집 방향으로 움직이기 위해 필요한 경우 오른쪽이나 왼쪽으로 회전한다는 점에서 추종 상태와 비슷하다. 집에 도착하면 다시 탐색 상태로 돌아간다.

로봇으로 이 알고리듬을 실제로 실험한 그림 7.9를 다시 살펴보자. 집과 먹이 공급원에 선이 빽빽하게 그려져 있는 것을 볼 수 있지만, 집 근처에서 먹이 공급원 방향이 아닌 영역에도 상대적으로 선이 빽빽하게 그려져 있다. 이로 인해 로봇이 곧장 먹이 공급원으로 가지 않고 무작위로 탐색하게 될 수도 있다.

7.6 요약

장애물 회피 알고리듬은 고대부터 미로 찾기에 사용된 벽 따라가기 알고리듬을 사용한다. 벽 따라가기 알고리듬을 장애물 회피에 사용하면, 예를 들어 G 모양의 장애물에서 벽에 갇히게 되는 것과 같이 다양한 상황에서 알고리듬이 실패할 수 있다. 프레지 알고리듬은 이런 문제점을 해결한다.

개미떼는 자신의 위치를 알지 못하고 지도도 없는 상황에서 무작위 행동 중 먹이를 찾게 되는 행동을 반복해 개미집에서 먹이 공급원까지의 경로를 찾을 수 있다.

7.7 추가 자료

위키피디아에서 미로 페이지의 참고 문헌을 살펴보면 미로에 관한 많은 자료를 찾을 수 있다. 프레지 알고리듬은 당시 12살이었던 존 프레지John Pledge가 고안했고, 이 책에서 소개한 방식은 [1]의 4장에 기반했다. 페로몬을 따라가는 개미는 [2]에서 살펴볼 수 있다.

참고 문헌

1. Abelson, H., diSessa, A.: Turtle Geometry: The Computer as a Medium for Exploring Mathematics. MIT Press, Cambridge (1986)
2. Mayet, R., Roberz, J., Schmickl, T., Crailsheim, K.: Antbots: A feasible visual emulation of pheromone trails for swarm robots. In: Dorigo, M., Birattari, M., Di Caro, G.A., Doursat, R., Engelbrecht, A.P., Floreano, D., Gambardella, L.M., Groß, R., Şahin, E., Sayama, H., Stützle, T. (eds.) Proceedings of Swarm Intelligence: 7th International Conference, ANTS 2010, Brussels, Belgium, 8-10 Sep. 2010, pp. 84-94. Springer Berlin Heidelberg (2010)

8
로컬화

주행기록계로 이동하는 것은(5.4절) 오차에 취약하고 로봇의 실제 자세에 대한 추정값만을 알 수 있다. 게다가 로봇이 움직일수록 자세에 대한 추정값, 특히 방향의 오차가 커진다. 로봇의 주행기록계는 눈을 감고 걸으며 도착할 때까지 발걸음을 세는 것에 비유할 수 있다. 주행기록계를 이용해 걷는다면 멀리 걸을수록 현재 위치가 어디인지가 불확실해지게 된다. 발걸음을 세더라도 위치에 대한 불확실성을 줄이기 위해 때때로 눈을 떠야 한다. 로봇에게 발걸음을 세는 것과 때때로 눈을 뜨는 것은 무엇을 의미할까? 이는 짧은 거리를 움직일 때는 주행기록계로 충분하지만 먼 거리를 움직여야 할 때는 로봇이 랜드마크라고 하는 외부 기준으로부터 로봇의 상대 위치를 찾아야 한다는 것과 대응된다. 이를 로컬화^{localization} 라고 한다.

8.1절에서는 주행기록계와 로컬화의 관계에 익숙해지도록 구성한 활동으로 시작한다. 8.2절에서는 위치가 알려진 지점을 기준으로 각도와 거리를 측정해 지면 위에 있는 특정 지점의 위치를 구할 때 측량사가 사

용하는 고전적인 삼각측량 기법을 소개한다. 8.3절에서는 현재 로컬화에 널리 사용되는 GPS를 간략히 살펴본다. 건물과 정밀한 측위가 필요한 환경에서 GPS는 효과적이지 않은데, 이런 환경에서 작동하는 로봇에서는 8.4절과 8.5절에서 소개하는 확률론적 로컬화 기법을 사용한다.

8.1 랜드마크

로봇은 지면의 선이나 복도의 문과 같은 랜드마크를 감지해 로컬화에 사용할 수 있다. 컴퓨터나 로봇을 사용하지 않는 아래의 활동으로 주행기록계 오차를 보정할 때 랜드마크의 중요성을 확인해보자.

활동 8.1: 랜드마크 게임

- 방 안의 침대에서 복도를 지나 거실의 소파에 갔다가 돌아오는 경로와 같이 집 안에서 몇 개의 문을 지나야 하는 경로를 선택하라.
- 눈을 감고 다음과 같은 규칙을 지키며 경로를 따라가라.
  - 시작할 때 점수 30점으로 시작한다.
  - 가끔 1초 동안 눈을 뜰 수 있지만 1점을 잃게 된다.
  - 벽에 닿으면 10점을 잃게 된다.
- 경로를 완주했을 때 몇 점인가?
- 눈을 뜨지 않고 경로를 따라가는 것보다 자주 눈을 뜨는 것이 더 나은가?

8.2 위치가 알려진 물체로 위치 구하기

8.2절에서는 위치가 알려진 물체를 기준으로 각도와 거리를 측정해 로봇의 위치를 추정하는 두 가지 방법을 살펴본다. 첫 번째 방법은 로봇이 물체까지의 거리와 물체에서 북쪽까지의 상대 각도인 방위각을 측정할 수 있다고 가정하고, 두 번째 방법은 두 지점에서 물체까지의 각도를 측정할 수 있다고 가정한다. 두 방법 모두 물체에 대한 로봇의 상대 좌표계를 구하기 위해 삼각법을 이용한다. 물체의 절대 좌표계 (x_0, y_0)을 알면 로봇의 절대 좌표계도 손쉽게 구할 수 있다.

8.2.1 각도와 거리를 이용해 위치 구하기

그림 8.1은 물체와 로봇 사이가 이루는 기하학적 구조를 나타낸다. 그림에서 물체는 좌표계의 원점인 (x_0, y_0)에 있는 큰 점이다. 로봇의 방위각 θ는 북쪽과 로봇의 전진 방향 사이의 각도고 나침반으로 측정할 수 있다. 물체까지의 거리 s와 로봇의 전진 방향과 물체 사이의 각도 ϕ를 측정할 때는 레이저 스캐너를 사용한다. 로봇의 상대 위치 Δx와 Δy는 다음과 같이 간단한 삼각법으로 구할 수 있다.

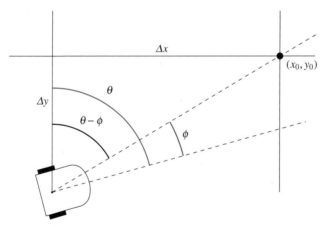

그림 8.1 각도와 거리를 이용해 위치 구하기

$$\Delta x = s \sin(\theta - \phi), \quad \Delta y = s \cos(\theta - \phi)$$

이와 같이 물체의 절대 위치 (x_0, y_0)으로부터 로봇의 위치를 구할 수 있다.

활동 8.2: 각도와 거리를 이용해 위치 구하기

- 알고리듬을 구현하라.

- 방위각을 구하기 위해 로봇을 책상의 모서리에 맞춰 두고 로봇이 향하고 있는 방향을 북쪽이라고 하자. 여러 개의 수평 센서를 사용하거나 한 개의 센서를 사용하고 센서나 로봇을 회전해 물체까지의 각도를 측정하라.

- 거리와 각도는 센서가 부착된 지점을 기준으로 측정되기 때문에 로봇의 중심이 아닐 수도 있다. 필요하다면 이를 보정하라.

8.2.2 삼각측량법을 이용해 위치 구하기

삼각측량법은 거리를 측정하기 어렵거나 불가능할 때 사용한다. 레이저를 사용하기 전에는 먼 거리를 정확히 측정하는 것이 불가능했으므로 삼각측량법을 측량에서 널리 사용했다. 삼각측량법은 삼각형의 두 각도와 두 각도 사이의 변의 길이를 알 때 다른 변들의 길이를 계산할 수 있다는 법칙을 이용한다. 다른 변들의 길이를 알면 물체로부터의 상대 위치를 구할 수 있다.

그림 8.2의 로봇은 c만큼 떨어진 두 지점에서 물체까지의 각도 α와 β를 측정한다. 두 지점이 가깝다면 줄자를 이용해 거리를 측정해도 된다. 혹은 덜 정확하겠지만, 한 지점에서 다른 지점으로 갈 때의 주행기록계를 이용해 거리를 측정할 수 있다. 측량할 때 두 지점의 위치를 안다고 하면 두 지점 사이의 거리를 계산할 수 있고 물체의 위치를 구할 때 사용할 수 있다.

길이 a와 b는 다음과 같이 사인 법칙을 이용해 계산할 수 있다.

$$\frac{a}{\sin \alpha'} = \frac{b}{\sin \beta'} = \frac{c}{\sin \gamma}$$

이때 $\alpha' = 90° - \alpha$, $\beta' = 90° - \beta$는 삼각형의 내각이다. 사인 법칙을 적용하려면 측정한 c와 γ가 필요한데, γ는 다음과 같다.

$$\gamma = 180° - \alpha' - \beta' = 180° - (90° - \alpha) - (90° - \beta) = \alpha + \beta$$

사인 법칙에 의해 다음과 같은 관계가 성립한다.

$$b = \frac{c \sin \beta'}{\sin \gamma} = \frac{c \sin(90° - \beta)}{\sin(\alpha + \beta)} = \frac{c \cos \beta}{\sin(\alpha + \beta)}$$

a도 위와 유사한 방법으로 구할 수 있다.

활동 8.3: 삼각측량법을 이용해 위치 구하기

- 삼각측량법을 구현하라.
- 한 지점에서 각도를 측정하고 로봇을 들어 각도를 측정할 다른 지점으로 옮긴 후 거리 c를 측정하라.
- 또는 로봇을 한 지점에서 다른 지점으로 이동하도록 하고 주행 기록계를 통해 c를 계산하라.

8.3 GPS

최근 GPSGlobal Positioning System[1]를 사용하며 위치를 구하는 것이 더 쉬워지고 정확해졌다. GPS는 지구를 도는 인공위성들을 이용한다. 각각의 인공위성은 우주에서의 자신의 정확한 위치와 내부 시간을 알고 있다. 이때 위치 정보는 지상국에서 인공위성으로 보내지고 내부 시간은 인공위성 안의 매우 정확한 원자 시계로 측정한다.

---

1 일반적인 명칭은 GNSS(Global Navigation Satellite System)이며, GPS는 미국에서 작동하는 시스템을 말한다. 비슷한 시스템이 유럽 연합(Galileo), 러시아(GLONASS), 중국(BeiDou)에도 있지만 이런 시스템을 흔히 GPS라 부르고, 이 책에서도 GPS라는 명칭을 사용하기로 한다.

GPS 수신기는 네 개의 인공위성에서 데이터를 수신해야 한다. 따라서 어느 위치에서나 적어도 네 개의 인공위성이 보이도록 많은 인공위성 (24~32개)이 필요하다. 인공위성에서 보낸 시간 정보를 이용하면 인공위성에서 수신기까지의 거리를 빛의 속도와 이동 시간을 곱해 계산할 수 있다. 또한 각 인공위성까지의 거리와 인공위성 위치로 수신기의 3차원 위치인 위도, 경도, 고도를 계산할 수 있다.

GPS는 정확할 뿐 아니라 스마트폰에 있는 작고 값싼 전자 부품 외에 별다른 추가 장비 없이 어느 곳에서나 이용할 수 있다는 장점이 있지만, 다음과 같은 두 가지 문제점을 나타낸다.

- 위치 오차가 대략 10m이므로 자동차가 교차로에서 어떤 도로에 있는지 알 수 있는 정도는 되지만, 주차 등과 같이 더 높은 정확도를 요구하는 작업을 하기에는 충분하지 않다.
- GPS 신호가 실내 내비게이션을 할 정도로 강하지 않고 밀집된 도시 환경에 취약하다.

상대성 이론과 GPS

알베르트 아인슈타인의 상대성 이론을 이미 수없이 들어봤겠지만, 아마 대부분의 사람들은 물리학자들만 관심 있는 어려운 이론이라고 생각할지도 모른다. 하지만 아인슈타인의 특수 상대성 이론은 GPS에서 사용된다. 상대성 이론에 따르면, 인공위성이 지구보다 상대적으로 빠르게 움직이기 때문에 인공위성의 시간은 지구의 시간보다 느리게 간다(하루에 7.2마이크로초). 일반 상대성 이론에 따르면, 지구의 중력이 지구 표면보다 멀리 떨어진 인공위성에서 더 작기 때문에 인공위성의 시간은 지구보다 빠르게 간다(하루에 45.9마이크로초). 따라서 이 두 효과는 상쇄되고, 시간 신호를 보낼 때는 보정 인자를 사용한다.

8.4 확률론적 로컬화

지도가 있는 알려진 환경에서 이동하는 로봇을 생각해보자. 아래의 지도는 다섯 개의 문(짙은 회색)과 세 개의 문이 없는 구역(옅은 회색)으로 이뤄진 벽을 나타낸다.

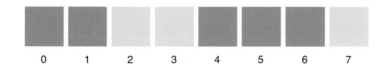

문과 벽이 바닥에 있고 로봇이 그 위를 움직이며 지면 센서로 밝기를 측정한다고 하자.

로봇이 수행할 작업은 4번 문과 같은 특정 문으로 들어가는 것이다. 하지만 로봇이 자신이 어디에 있는지 어떻게 알까? 시작 위치를 알면 주행기록계로 로봇의 현재 위치를 구할 수 있다. 예를 들어 로봇이 다음과 같이 벽의 왼쪽 끝에 있다고 하면 문 너비의 5배를 움직여야 한다는 사실을 알 것이고,

만약 로봇이 다음과 같은 위치에 있다고 하면 목표는 오른쪽에 있는 문이 된다.

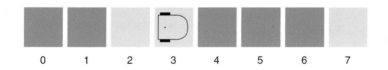

하지만 주행기록계의 오차로 인해 시간이 갈수록 로봇이 추정한 자신의 위치가 부정확해질 가능성이 크다. 8.4절에서는 센서와 로봇 움직임의 불확실성을 고려해 로봇의 확률론적 위치를 구하는 확률론적 마르코프 로컬화 알고리듬Markov localization algorithm의 1차원 형태를 살펴본다.

부록 B.1절에서는 조건부 확률과 베이즈 정리에 대한 짧은 튜토리얼과 불확실성을 계산하는 자세한 방법에 대한 예제를 제공한다.

8.4.1 확실성을 늘리는 센싱

앞서 살펴본 벽과 문이 있는 환경에 자신의 위치를 모른 채 놓인 로봇을 생각해보자. 로봇은 여덟 곳의 위치 각각에 자신이 어디에 있는지에 대한 확률을 부여한다. 처음에 로봇이 어디에 있는지 모르므로 각 위치에 있을 확률은 $b[i] = 1.0/8 = 0.125 \approx 0.13$이며, b는 믿음도 배열belief array이라고 한다.[2]

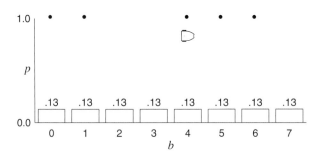

위의 도표에서 점은 문의 위치를 나타내고, 작은 로봇 아이콘은 오른쪽을 바라보고 있는 로봇의 실제 위치를 나타낸다.

로봇의 센서가 짙은 회색 영역을 감지했다고 하자. 이제 로봇이 다섯 개 중 하나의 문 앞에 있다는 것을 알기 때문에 불확실성이 줄어든다. 다음과 같이 믿음도 배열에서 각 문의 값은 0.2가 되고 벽의 값은 0.0이 된다.

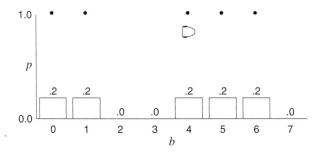

다음으로 로봇이 앞으로 움직여 다시 짙은 회색 영역을 감지했다고 하자. 이제 경우의 수는 로봇이 0에서 1로 움직인 경우, 4에서 5로 움직인

---

2 가시성을 위해 모든 확률을 소수 둘째 자리까지 표시하기로 한다.

경우, 5에서 6으로 움직인 경우밖에 없다. 만약 로봇의 원래 위치가 1이나 6이었다면, 오른쪽으로 움직인 후 짙은 회색을 감지하지 못할 것이므로 타당하지 않다. 따라서 이제 1, 4, 5번 위치의 확률은 다음과 같이 각각 0.33이 된다.

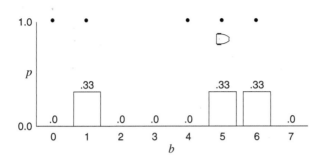

다음 단계에서 로봇이 문을 감지하면 로봇의 위치는 다음과 같이 확실히 6번이 된다.

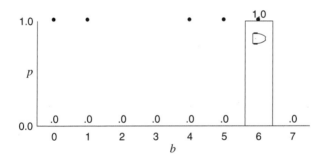

로봇이 문을 감지하지 못했다면 로봇의 위치는 다음과 같이 2번이나 7번이다.

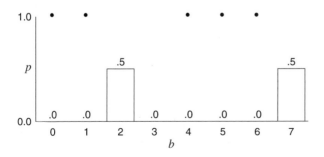

이와 같이 로봇은 믿음도 배열을 유지하며, 문의 유무를 감지하면 새 데이터의 정보를 통합한다. 시간이 갈수록 로봇이 실제로 어디에 위치했는지를 확실히 알게 되므로 불확실성이 줄어든다. 위의 예제에서는 최종적으로 로봇이 완전히 확실하게 6번 위치에 있다고 알게 되거나 불확실성이 줄어들어 2번 또는 7번 중 하나의 위치에 있다고 알게 된다.

8.4.2 센서 불확실성

센서 반환값은 문과 벽의 회색에서 반사된 빛의 세기를 나타낸다. 짙은 회색과 엹은 회색의 차이가 아주 크지 않으면, 로봇이 가끔 짙은 회색의 문을 엹은 회색의 벽이라고 감지하거나 그 반대로 감지할 수도 있다. 이는 주변 조명의 변화나 센서 자체의 오류로 인해 발생할 수 있다. 하지만 로봇은 이 두 가지 요인을 완전히 확실하게 구별할 수 없다.

위와 같은 측면을 감지 과정에 확률을 부여해 모델링한다. 로봇이 짙은 회색을 감지할 때 로봇이 올바르게 문을 감지할 확률이 0.9고 사실 문이지만 실수로 벽이라고 감지할 확률이 0.1이라고 하자. 반대로 로봇이 엹은 회색을 감지할 때 올바르게 벽을 감지할 확률이 0.9고 사실 벽이지만 실수로 문이라고 감시할 확률이 0.1이라고 하자.

표 8.1 센서에 불확실성이 있을 때의 로컬화(센서 = 센서 불확실성을 곱한 후의 값, 정규화 = 정규화 후의 값, 오른쪽 = 오른쪽으로 한 칸 움직인 후의 값)

위치 문 유무	0 •	1 •	2	3	4 •	5 •	6 •	7
초기값	0.13	0.13	0.13	0.13	0.13	0.13	0.13	0.13
센서	0.11	0.11	0.01	0.01	0.11	0.11	0.11	0.01
정규화	0.19	0.19	0.02	0.02	0.19	0.19	0.19	0.02
오른쪽	0.02	0.19	0.19	0.02	0.02	0.19	0.19	0.19
센서	0.02	0.17	0.02	0.00	0.02	0.17	0.17	0.02
정규화	0.03	0.29	0.03	0.00	0.03	0.29	0.29	0.03
오른쪽	0.03	0.03	0.29	0.03	0.00	0.03	0.29	0.29
센서	0.03	0.03	0.03	0.00	0.00	0.03	0.26	0.03
정규화	0.07	0.07	0.07	0.01	0.01	0.07	0.63	0.07

앞으로도 계산한 확률을 그래프로 나타내겠지만, 표 8.1을 보며 따라가는 것이 더 쉬울 수도 있다. 각 행은 로봇이 첫 번째 열의 행동을 수행한 후의 믿음도 배열을 나타낸다.

초기에 문이 있는 짙은 회색을 감지한 후 $0.125 \times 0.9 = 0.1125$의 확률로 문을 올바르게 감지했다는 것을 알게 된다. 하지만 실수로 $0.125 \times 0.1 = 0.0125$의 확률로 벽이 있다고 감지할 수도 있다. 정규화(부록 B.2절) 후 믿음도 배열은 다음 그래프와 같다.

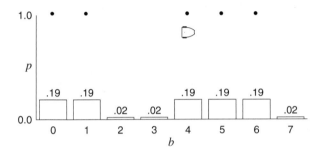

로봇이 오른쪽으로 한 칸 움직이면 어떻게 될까? 로봇이 움직임에 따라 믿음도 배열도 오른쪽으로 움직여야 한다. 예를 들어 로봇이 1번 위치에 있을 확률인 0.19가 로봇이 2번 위치에 있을 확률이 된다. 마찬가지로 로봇이 3번 위치에 있을 확률인 0.02가 로봇이 4번 위치에 있을 확률이 된다. 이제 로봇이 0번 위치에 있을 확률은 0이 되고, 확률 b_7은 b_8이 되며, 색인은 0-7에서 1-8이 된다. 하지만 계산과 도표를 간략화하기 위해 색인은 0-7을 그대로 사용하고 환경이 원형이라 가정해 b_8의 값을 b_0으로 사용한다. 로봇이 오른쪽으로 움직인 후 믿음도 배열은 다음과 같다.

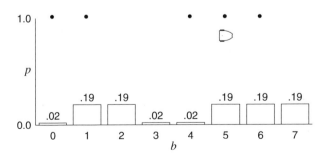

로봇이 다시 짙은 회색을 감지하면 1, 5, 6에 있을 확률이 증가한다. 확률을 계산한 후 정규화하면 다음과 같다.

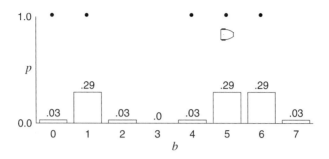

로봇이 다시 오른쪽으로 움직이면 아래와 같고

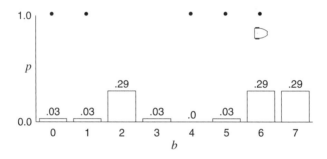

짙은 회색을 감지하게 된다. 따라서 믿음도 배열은 다음과 같이 업데이트된다.

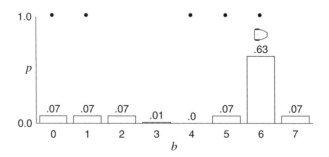

이를 통해 로봇이 거의 확실히 6번 위치에 있다는 것을 알 수 있게 된다.

8.5 움직임의 불확실성

센서 불확실성과 마찬가지로 로봇의 움직임에도 불확실성이 있다. 로봇에 오른쪽으로 한 칸 움직이도록 명령을 보내도 두 칸을 움직이거나 아주 조금 움직여 위치가 바뀌지 않을 수 있다. 이런 불확실성을 고려해 알고리듬을 변형해보자.

b를 믿음도 배열이라고 하자. 믿음도 배열은 다음과 같은 식을 사용해 업데이트된다.

$$b_i' = p_i \, b_i$$

이때 b_i'은 새로운 b_i 값이고 p_i는 문을 감지할 확률이다(예를 들면 $i = 0, 1, 4, 5, 6$일 때는 $p_i = 0.9$, $I = 2, 3, 7$일 때는 $p_i = 0.1$). 움직임이 확실하다면 로봇이 오른쪽으로 한 칸 움직이겠지만 움직임이 불확실하다면 다음 식은

$$b_i' = p_i \, (b_{i-2} \, q_2 + b_{i-1} \, q_1 + b_i \, q_0)$$

아래 도표와 같이 로봇이 실제로 $j = 0, 1, 2$로 움직일 확률 q_j를 반영한다.

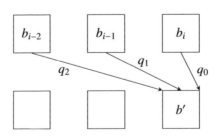

로봇이 올바르게 움직일 확률이 높으므로 합리적인 값은 $q_1 = 0.8$, $q_0 = q_2 = 0.1$이다. 표 8.2는 이와 같은 움직임의 불확실성과 이전 p_i 값을 통해 세 번 움직인 후의 믿음도 배열을 나타내고, 최종 확률값은 다음 도표에서 확인할 수 있다.

표 8.2 센서와 움직임에 불확실성이 있을 때의 로컬화(센서 = 센서 불확실성을 곱한 후의 값, 정규화 = 정규화 후의 값, 오른쪽 = 오른쪽으로 한 칸 움직인 후의 값)

위치 문 유무	0 •	1 •	2	3	4 •	5 •	6 •	7
초기값	0.13	0.13	0.13	0.13	0.13	0.13	0.13	0.13
센서	0.11	0.11	0.01	0.01	0.11	0.11	0.11	0.01
정규화	0.19	0.19	0.02	0.02	0.19	0.19	0.19	0.02
오른쪽	0.05	0.19	0.17	0.04	0.04	0.17	0.19	0.17
센서	0.05	0.17	0.02	0.00	0.03	0.15	0.17	0.02
정규화	0.08	0.27	0.03	0.01	0.06	0.25	0.28	0.03
오른쪽	0.06	0.12	0.23	0.05	0.01	0.07	0.23	0.25
센서	0.05	0.10	0.02	0.01	0.01	0.06	0.21	0.02
정규화	0.11	0.21	0.05	0.01	0.02	0.13	0.43	0.05

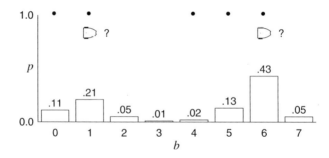

로봇이 6번 위치에 있을 확률이 높지만, 움직임에 불확실성이 없을 때의 확률인 0.63에 비해 0.43으로 확률이 낮아졌다. 또한 로봇이 1번 위치에 있을 확률이 0.21로 작지 않게 된다.

8.6 요약

주행기록계를 통해 로봇의 위치를 추정할 수 있다. 또한 측량 기술을 이용해 위치가 알려진 물체로부터의 상대 위치를 계산할 수 있다. GPS는 훌륭한 위치 데이터를 제공하지만, 아주 정확하지 않을 수 있고 인공위성의 신호를 수신할 때 간섭으로 인해 실내 사용이 제한된다. 로봇이 감지할 수 있고 미리 알고 있는 여러 물체와 환경에 대한 지도가 있다면 로컬화를 통해 확률이 높은 위치를 로봇의 현재 위치로 추정할 수 있지만, 센서나 로봇 움직임에 불확실성이 크다면 그 확률은 줄어들 것이다.

8.7 추가 자료

로보틱스에서 사용하는 확률론적 방법들은 [1]에서 깊이 살펴본다. GPS에 대한 풍부한 정보는 관련 사이트(http://www.gps.gov)에서 확인할 수 있다. [2]에서는 교육용 로봇 티미오를 이용한 확률론적 로컬화를 다룬다.

참고 문헌

1. Thrun, S., Burgard, W., Fox, D.: Probabilistic Robotics. MIT Press, Cambridge (2005)
2. Wang, S., Colas, F., Liu,M., Mondada, F., Magnenat, S.: Localization of inexpensive robots with low-bandwidth sensors. In: Distributed Autonomous Robotic Systems (DARS). IEEE (2016)

9
매핑

8장에서는 장애물의 위치에 대한 정보나 다른 정보를 기반으로 로봇이 장애물을 감지해 자신의 위치를 구할 수 있다는 것을 살펴봤다. 이런 정보는 보통 지도에서 얻는다. 공장과 같은 산업 환경에서는 기계의 위치가 고정돼 있으므로 지도를 만드는 것이 상대적으로 쉽다. 하지만 로봇 청소기의 경우에는 제조사가 모든 사용자의 집 지도(집의 구조를 보여주는 지도)를 준비할 수 없으므로 쉽지 않다. 또는 사용자가 집 지도를 만들어야 하고 가구를 옮길 때마다 다시 바꿔줘야 한다면 사용하기 너무 어려울 것이다. 따라서 해저와 같이 접근할 수 없는 곳의 지도를 미리 만들 수 없다는 사실은 너무나 당연하다.

해결책은 로봇이 자신이 놓인 환경의 지도를 만들도록 하는 것이다. 지도를 만들 때 로봇이 어디에 있는지 알기 위해 로컬화가 필요하지만, 로컬화를 위해서는 지도가 필요하고 다시 지도를 만들기 위해서는 로컬화가 필요하다. '닭이 먼저냐 달걀이 먼저냐' 하는 이런 문제를 해결하기 위해 로봇에서 슬램 알고리듬을 사용한다. 슬램을 하기 위해 로봇은 가본적 없는 환경에서도 유효하다고 알려진 정보를 사용하고 탐색을 하며 정보를 가다듬는다.

이는 사람이 과거에 지형 지도를 만들기 위해 거쳤던 과정과 비슷하다. 사람은 태양과 별을 관측해 자신의 위치를 파악하고 탐색을 하며 지도를 만들었다. 처음에는 로컬화를 위한 도구가 부족했다. 육분의sextant를 이용해 정오에 태양의 높이를 재면 위도를 측정하기는 상대적으로 쉽지만, 경도는 18세기 후반에 크로노미터chronometer라는 정확한 시계가 발명되기 전까지 정확히 측정할 수 없었다. 로컬화와 마찬가지로 지도도 땅과 해변뿐 아니라 호수, 숲, 산, (건물이나 도로와 같은) 인공 지물 등을 표시하며 발전했다.

9.1절과 9.2절에서는 컴퓨터에서 지도를 표시하는 방법을 소개한다. 9.3절에서는 경계 알고리듬frontier algorithm을 이용해 로봇으로 지도를 만드는 방법을 설명한다. 9.4절에서는 환경에 대한 부분적인 정보가 지도를 만들 때 어떻게 도움이 되는지 살펴본다. 마지막 세 개의 절에서는 슬램 알고리듬을 다룬다. 9.5절에서는 비교적 간단한 예제로 슬램 알고리듬을 소개한다. 9.6절에서는 슬램 알고리듬을 이용한 활동을 모아뒀고, 9.7절에서는 알고리듬을 형식화해 설명한다.

9.1 이산 지도와 연속 지도

여러분은 종이에 그려진 지도나 오늘날의 컴퓨터와 스마트폰에 표시되는 지도에 익숙할 것이다. 하지만 로봇에는 메모리에 저장할 시각적으로 나타내지 않은 지도가 필요하다. 지도를 저장할 때는 이산 지도(격자 지도라고도 한다)와 연속 지도라는 두 가지 방법을 사용할 수 있다.

그림 9.1a는 삼각형 물체가 있는 8×8 격자 지도를 나타낸다. 물체의 위치는 물체에 덮인 각 격자 셀의 좌표 배열로 저장된다. 그림에서 물체는 다음의 셀들로 구성된다.

$$(5, 3), (5, 4), (5, 5), (4, 5), (5, 6), (4, 6), (3, 6)$$

그림 9.1b는 동일한 물체의 연속 지도를 나타낸다. 물체의 위치를 저장하는 대신 다음과 같은 경계의 좌표가 저장된다.

$$A = (6, 3), \ B = (3, 7), \ C = (6, 7)$$

이산 지도는 아주 정확하지는 않아서 그림 9.1a의 물체를 삼각형으로 인식하기 어렵다. 정확도를 높이려면 16×16이나 256×256과 같은 더 촘촘한 격자를 사용해야 한다. 물론 격자의 수가 증가할수록 로봇의 메모리 크기도 커져야 한다. 게다가 격자 셀을 처리하려면 연산 능력이 더 좋은 컴퓨터를 사용해야 한다. 모바일 로봇은 무게, 가격, 배터리 용량과 같은 제한이 있으므로 아주 촘촘한 격자는 실용적이지 않다.

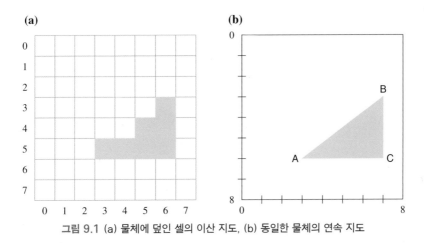

그림 9.1 (a) 물체에 덮인 셀의 이산 지도, (b) 동일한 물체의 연속 지도

환경 내의 물체가 적고 간단한 모양이라면 연속 지도가 더 정확할 뿐 아니라 효과적이다. 그림 9.1b에서 세 쌍의 숫자는 그림 9.1a의 이산 지도에 있는 일곱 쌍의 숫자보다 훨씬 정확하게 삼각형을 나타낸다. 게다가 해석 기하학으로 어떤 점이 물체 안에 있는지 없는지를 계산하기 쉽다. 하지만 물체가 많거나 모양이 복잡하면 연속 지도는 메모리적으로나 계산량 측면에서 더 이상 효과적이지 않다. 그림 9.1b에 나타낸 물체의 경계는 직선이지만, 경계가 고차원 곡선이라면 계산이 어려워진다. 서로 겹치지 않고 크기가 1인 32개의 물체가 있는 지도를 생각해보자. 이산 지도는 32개의 좌표가 필요하지만, 연속 지도는 각 물체마다 네 개 모서리

의 좌표를 저장해야 한다.

모바일 로봇에서는 8장에서와 같이 환경의 지도를 나타내기 위해 이산 지도를 흔히 사용한다.

9.2 격자 지도 셀의 정보

지형 지도는 환경을 나타낼 때 관습적인 표기를 사용한다. 색을 통해 초록색은 숲을, 파란색은 호수를, 빨간색은 고속도로를 나타낸다. 또한 기호를 사용해 다양한 크기의 점은 마을과 도시를 표시하고 선은 도로를 표시하며, 이때 선의 굵기와 색은 도로의 상태를 나타낸다. 로봇에서는 각 셀이 인코딩된 숫자를 저장하는 격자 지도를 사용한다.

가장 간단한 인코딩 방법은 각 셀에 한 비트를 할당하는 것이다. 1의 값은 물체가 해당 셀에 있다는 것을 의미하고, 0의 값은 셀이 비어 있다는 것을 의미한다. 그림 9.1a에서 회색은 1을 나타내고 흰색은 0을 나타낸다.

하지만 센서가 부정확하므로 셀 위에 물체가 있는지 확언하기 어렵다. 따라서 각 셀에 물체가 있을 확률을 부여하는 것이 바람직하다. 그림 9.2는 그림 9.1a에 확률을 추가한 것을 보여준다. 숫자가 없는 셀은 0의 확률을 갖는다고 가정한다.

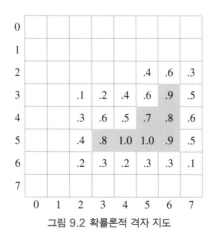

그림 9.2 확률론적 격자 지도

확률이 0.7보다 큰 셀이 그림 9.1a에서 물체와 겹치는 것을 볼 수 있다. 물론 0.5와 같은 다른 임계값을 사용할 수도 있으며, 이 경우 더 많은 셀이 물체와 겹친다고 판단할 것이다. 이 예제에서는 물체가 삼각형이라는 사실을 알고 있기 때문에 임계값을 0.5로 사용하면 물체를 실제보다 더 크게 판단하게 되며, 그보다 더 높은 0.7의 임계값을 사용할 때 더 정확한 것을 확인할 수 있다.

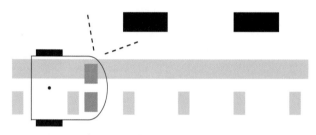

그림 9.3 검은색 사각형이 측정할 물체다.
회색 선을 따라 로봇이 움직이며, 회색 표시는 로컬화에 사용한다.

활동 9.1: 장애물에 대한 확률론적 지도

- 측면 센서로 감지할 수 있는 장애물 앞에 그려진 선에 로봇을 놓아라(그림 9.3). 활동 8.4와 같은 로컬화를 적용하면 이 정보로 로봇이 어디 있는지 알아낼 수 있다. 혹은 땅에 로봇이 읽을 수 있는 일반적인 선을 그려라. 장애물에 대한 확률론적 지도를 구축하라.
- 장애물이 추가되거나 없어질 때 확률이 어떻게 변하는가?

9.3 경계 알고리듬으로 탐색하며 지도 만들기

여러분의 집에 처음 놓인 로봇 청소기를 생각해보자. 분명 집 지도를 이용해 로봇이 미리 프로그래밍되지는 않았을 것이다. 대신 로봇은 자신만의 지도를 만들 때 사용하는 정보를 모으기 위해 환경을 탐색해야 한다.

환경을 탐색하는 몇 가지 방법이 있는데, 가장 간단한 방법은 무작위로 탐색하는 것이다. 하지만 로봇의 탐색을 이끌 지도의 일부가 있다면 탐색이 훨씬 효율적일 것이다.

9.3.1 점유 확률을 나타낸 격자 지도

그림 9.4의 지도는 각 셀의 값이 장애물이 해당 셀에 있을 확률인 장애물 확률을 나타내는 격자 지도다. 여기서 장애물은 벽이나 책상 또는 로봇이 해당 셀을 지나갈 수 없게 하는 모든 물체를 말한다. 그림의 물음표는 셀이 아직 탐색되지 않았다는 것을 나타낸다. 셀의 값을 모를 때는 장애물이 있을 수도 있고 없을 수도 있으므로, 장애물이 있을 확률이 0.5라고 가정할 수 있다. 탐색되지 않은 상태를 명확히 표시하기 위해 0.5 대신 물음표를 사용하도록 한다.

?	?	?	?	?	?	?	?	?	?	?	?	?	?	?	?
?	?	?	?	?	1	?	?	?	?	?	0.9	1	0.9	?	?
?	?	?	?	?	1	0.1	0.1	?	?	?	1	0.2	1	?	?
?	?	?	?	?	1	0.1	0.1	0.1	0.1	0.1	0.1	0.2	1	?	?
?	?	?	?	0.9	0.1	0.1	0.1	0.1	0.1	0.1	0.1	0.2	1	?	?
?	?	?	?	0.1	0.1	0.1	0.1	0.1	0.1	0.1	0.1	0.1	?	?	?
?	?	?	?	0.1	0.1	0.1	0.1	0.1	0.1	0.1	0.1	?	?	?	?
?	?	?	?	?	?	0.2	0.1	0.1	0.2	0.2	0.1	?	?	?	?
?	?	?	?	?	?	1	1	0.9	1	?	?	?	?	?	?
?	?	?	?	?	?	?	?	?	?	?	?	?	?	?	?
?	?	?	?	?	?	?	?	?	?	?	?	?	?	?	?

그림 9.4 점유 확률을 나타내는 격자 지도

지도의 가운데에는 장애물이 없고 열린 셀open cell이라 부르는 이 셀들의 점유 확률occupancy probability은 0.1이나 0.2로 낮다. 우측 상단, 좌측 상단, 중앙 하단에 세 개의 장애물이 있다. 장애물의 점유 확률은 0.9나 1.0과 같이 높고 회색으로 표시돼 있다. 경계 셀frontier cell은 열린 셀 중 한 면 이상이 미탐색된 셀과 인접한 셀을 말한다. 경계 셀의 집합을 경계frontier라 하고, 그림 9.4의 빨간선이 경계와 미탐색된 셀을 구분한다. 경계와 인접한 미탐색된 셀이 지도를 확장하기 위해 집중적으로 탐색해야 할 셀이다.

9.3.2 경계 알고리듬

경계 알고리듬은 경계를 탐색해 지도를 확장할 때 사용한다. 로봇이 가까운 경계 셀로 가서 인접한 셀에 장애물이 있는지 감지하고 지도를 업데이트한다.

그림 9.5의 격자 지도는 그림 9.4와 동일하고 현재 로봇이 있는 셀이 파란색으로 표시돼 있다. 로봇과 가장 가까운 경계 셀은 초기 위치에서 두 칸 위의 셀이고, 화살표는 로봇이 해당 셀로 움직였다는 것을 나타낸다. 그 후 로봇이 센서를 이용해 인접한 미탐색된 셀에 장애물이 있는지 감지한다(센서는 대각선을 포함한 여덟 개 인접 셀의 장애물을 감지할 수 있다). 좌측 상단의 셀에 1.0의 확률로 확실히 장애물이 있다고 하고, 상단과 우측의 셀에는 0.1의 확률로 장애물이 거의 확실히 없다고 하자. 그림 9.6은 새 정보를 통해 업데이트된 지도와 경계를 나타낸다.

?	?	?	?	?	?	?	?	?	?	?	?	?	?	?	?
?	?	?	?	?	1	?	?	?	?	?	0.9	1	0.9	?	?
?	?	?	?	?	1	0.1	0.1	?	?	?	1	0.2	1	?	?
?	?	?	?	?	1	0.1	0.1	0.1	0.1	0.1	0.1	0.2	1	?	?
?	?	?	?	?	0.9	0.1	0.1	0.1	0.1	0.1	0.1	0.2	1	?	?
?	?	?	?	?	0.1	0.1	0.1	0.1	0.1	0.1	0.1	0.1	?	?	?
?	?	?	?	?	0.1	0.1	0.1	0.1	0.1	0.1	0.1	0.1	?	?	?
?	?	?	?	?	?	?	0.2	0.1	0.1	0.2	0.2	0.1	?	?	?
?	?	?	?	?	?	1	1	0.9	1	?	?	?	?	?	?
?	?	?	?	?	?	?	?	?	?	?	?	?	?	?	?
?	?	?	?	?	?	?	?	?	?	?	?	?	?	?	?

■ 로봇 위치

그림 9.5 경계로 이동

그림 9.7은 알고리듬의 다음 반복iteration의 결과를 보여준다. 로봇이 가장 가까운 경계로 위로 한 칸 움직이고, 미탐색된 셀 중 인접한 두 셀에서

장애물을 감지해 지도를 업데이트한다. 우측 상단의 장애물은 이제 완전히 알고 있고 현재 로봇의 위치 근처에 경계 셀이 없게 된다.

?	?	?	?	?	?	?	?	?	?	?	?	?	?	?	?
?	?	?	?	?	1	?	?	?	?	?	0.9	1	0.9	?	?
?	?	?	?	?	1	0.1	0.1	1	0.1	0.1	1	0.2	1	?	?
?	?	?	?	?	1	0.1	0.1	0.1	0.1	0.1	0.1	0.2	1	?	?
?	?	?	?	?	0.9	0.1	0.1	0.1	0.1	0.1	0.1	0.2	1	?	?
?	?	?	?	?	0.1	0.1	0.1	0.1	0.1	0.1	0.1	0.1	?	?	?
?	?	?	?	?	0.1	0.1	0.1	0.1	0.1	0.1	0.1	0.1	?	?	?
?	?	?	?	?	?	?	0.2	0.1	0.1	0.2	0.2	0.1	?	?	?
?	?	?	?	?	?	?	1	1	0.9	1	?	?	?	?	?
?	?	?	?	?	?	?	?	?	?	?	?	?	?	?	?
?	?	?	?	?	?	?	?	?	?	?	?	?	?	?	?

■ 로봇 위치

그림 9.6 경계와 인접한 미탐색된 셀 업데이트

?	?	?	?	?	?	?	?	?	?	?	?	?	?	?	?
?	?	?	?	?	1	?	?	0.8	1	1	0.9	1	0.9	?	?
?	?	?	?	?	1	0.1	0.1	1	0.1	0.1	1	0.2	1	?	?
?	?	?	?	?	1	0.1	0.1	0.1	0.1	0.1	0.1	0.2	1	?	?
?	?	?	?	?	0.9	0.1	0.1	0.1	0.1	0.1	0.1	0.2	1	?	?
?	?	?	?	?	0.1	0.1	0.1	0.1	0.1	0.1	0.1	0.1	?	?	?
?	?	?	?	?	0.1	0.1	0.1	0.1	0.1	0.1	0.1	0.1	?	?	?
?	?	?	?	?	?	?	0.2	0.1	0.1	0.2	0.2	0.1	?	?	?
?	?	?	?	?	?	?	1	1	0.9	1	?	?	?	?	?
?	?	?	?	?	?	?	?	?	?	?	?	?	?	?	?
?	?	?	?	?	?	?	?	?	?	?	?	?	?	?	?

■ 로봇 위치

그림 9.7 경계 알고리듬의 두 번째 반복

그림 9.8은 그다음 반복의 결과를 보여준다. 로봇이 우측 상단의 장애물에 막혀 있으므로 장애물을 피해 가장 가까운 경계 셀로 이동한다.

그림 9.9는 로봇이 파란색 화살표의 경로로 모든 경계를 탐색한 후 완성된 지도다.

?	?	?	?	?	?	?	?	?	?	?	?	?	?	?	?
?	?	?	?	?	1	?	?	0.8	1	1	0.9	1	0.9	?	?
?	?	?	?	?	1	0.1	0.1	1	0.1	0.1	1	0.2	1	?	?
?	?	?	?	?	1	0.1	0.1	0.1	0.1	0.1	0.1	0.2	1	?	?
?	?	?	?	?	0.9	0.1	0.1	0.1	0.1	0.1	0.1	0.2	1	?	?
?	?	?	?	?	0.1	0.1	0.1	0.1	0.1	0.1	0.1	0.1	?	?	?
?	?	?	?	?	0.1	0.1	0.1	0.1	0.1	0.1	0.1	0.1	?	?	?
?	?	?	?	?	?	?	0.2	0.1	0.1	0.2	0.2	0.1	?	?	?
?	?	?	?	?	?	?	1	1	0.9	1	?	?	?	?	?
?	?	?	?	?	?	?	?	?	?	?	?	?	?	?	?
?	?	?	?	?	?	?	?	?	?	?	?	?	?	?	?

■ 로봇 위치

그림 9.8 장애물을 회피하며 로봇이 다음 경계로 이동

?	?	?	?	?	?	?	?	?	?	?	?	?	?	?	?
0.8	1	1	1	1	1	1	1	0.8	1	1	0.9	1	0.9	?	?
0.9	0.1	0.1	0.1	0.2	1	0.1	0.1	1	0.1	0.1	1	0.2	1	?	?
1	0.1	0.1	0.1	0.1	1	0.1	0.1	0.1	0.1	0.1	0.1	0.2	1	?	?
1	0.1	0.1	0.9	0.1	0.9	0.1	0.1	0.1	0.1	0.1	0.1	0.2	1	?	?
1	0.1	0.3	1	0.1	0.1	0.1	0.1	0.1	0.1	0.1	0.1	0.1	0.8	0.8	?
1	0.1	1	0.1	0.1	0.1	0.1	0.1	0.1	0.1	0.1	0.1	0.1	0.1	1	?
1	0.1	0.1	0.1	0.8	0.1	0.2	0.1	0.1	0.2	0.2	0.1	0.1	1	?
1	0.1	0.1	0.1	0.1	1	1	1	1	0.9	1	1	0.1	0.1	1	?
0.8	1	1	1	1	0.8	?	?	?	?	?	1	1	1	1	?
?	?	?	?	?	?	?	?	?	?	?	?	?	?	?	?

■ 로봇 위치

그림 9.9 경계 알고리듬으로 생성된 지도와 로봇이 탐색한 경로

알고리듬 9.1은 경계 알고리듬을 형식화한 것이다. 간략화하기 위해 단계마다 경계를 다시 계산한다. 더 정교한 알고리듬에서는 로봇과 인접한 셀들이 경계 셀로 상태가 바뀌었는지 검사한다.

위에서 경계 알고리듬을 적용한 예시는 두 개의 방이 문(그림 9.9의 왼쪽에서 여섯 번째 열)으로 연결돼 있고 다른 곳은 외부 환경으로 닫혀 있는 비교적 간단한 환경이다. 하지만 경계 알고리듬은 더 복잡한 환경에서도 작동한다.

경계 알고리듬은 여러 로봇으로 병렬로 실행할 수 있다. 각 로봇이 가장 가까운 경계를 나눠 탐색하고 지도가 일관적이도록 각자의 지도를 공유한다. 로봇들이 환경의 서로 다른 영역을 탐색하기 때문에 훨씬 효율적으로 지도를 생성하게 된다.

알고리듬 9.1: 경계 알고리듬

부동소수 배열 격자	// 격자 지도
셀 목록 경계 목록	// 경계 셀 목록
셀 로봇 셀	// 로봇이 있는 셀
셀 가장 가까운 셀	// 로봇과 가장 가까운 셀
셀 c	// 셀 색인
부동소수 하한 임계값	// 점유 확률의 하한 임계값

1: 루프
2:　　경계 목록 ← 비움
3:　　격자에서 알고 있는 모든 셀 c에 대해
4:　　　　격자(c) < 하한 임계값이고
5:　　　　　　c의 미탐색된 인접 셀이 존재하면
6:　　　　　　　　c를 경계 목록에 추가
7:　　　경계 목록이 비어 있으면 종료

8:　　가장 가까운 셀 ← 경계 목록 중 로봇과 가장 가까운 셀
9:　　로봇 셀 ← 가장 가까운 셀
10:　가장 가까운 셀의 모든 미탐색된 인접 셀 c에 대해
11:　　　c에 장애물이 있는지 감지
12:　　　격자(c)를 점유 확률로 표시

9.3.3 경계 알고리듬에서의 우선순위

경계 알고리듬에서 경계 셀들 중 어떤 셀을 탐색할지 정할 때는 거리 외에도 다른 기준을 사용할 수 있다. 그림 9.10을 살펴보자. (3, 3)에 있는 로봇은 파란색으로 표시돼 있다. 여섯 개의 장애물 셀과 다섯 개의 열린 셀이 있고, 열린 셀 중 빨간색으로 표시된 세 개의 셀 (1, 3), (2, 2), (3, 2)는 경계 셀이다(여기서 대각선의 셀은 인접하지 않다고 하자).

	0	1	2	3	4	5	6
0	?	?	?	?	?	?	?
1	?	?	?	[.1]	?	?	?
2	?	?	[.1]	.1	1	?	?
3	?	?	[.1]	(.1)	1	?	?
4	?	1	1	1	1	?	?
5	?	?	?	?	?	?	?
6	?	?	?	?	?	?	?

그림 9.10 미로에서의 탐색

알고리듬 9.1에서 로봇이 어디로 이동할지 판단하는 기준으로 경계 셀까지의 거리를 사용했다. 그림 9.10에서 로봇의 왼쪽에 있는 (3, 2) 셀은한 칸 떨어져 있고 다른 두 개의 경계 셀은 두 칸 떨어져 있으므로 가장가까운 셀이다. 하지만 경계 셀의 미탐색된 인접 셀의 수를 고려하는 다른 기준을 생각해볼 수 있다. 미탐색된 인접 셀이 더 많은 경계 셀을 먼저탐색하는 것이 더 효율적일 수 있으므로 다음과 같이 경계 셀의 우선순위를 정의한다.

$$p_{cell} = \frac{a_{cell}}{d_{cell}}$$

이때 a_{cell}은 미탐색된 인접 셀의 수고, d_{cell}은 로봇과의 거리다. 위로부터 계산한 세 개 경계 셀의 우선순위는 다음과 같다.

$$p_{(3,2)} = 1/1 = 1, \quad p_{(2,2)} = 2/2 = 1, \quad p_{(1,3)} = 3/2 = 1.5$$

따라서 (1, 3) 셀의 우선순위가 가장 높으므로 탐색을 (1, 3)에서부터시작한다.

활동 9.2: 경계 알고리듬

- 경계 알고리듬을 구현하라. 한 셀에서 다른 셀로 정확히 움직이는알고리듬과 장애물 근처를 움직이는 알고리듬이 필요할 것이다.

- 그림 9.9의 격자 지도에서 프로그램을 실행하라. 그림 9.9와 동일한 경로로 움직이는가? 그렇지 않다면 왜 그럴까?
- 그림 9.10의 격자 지도에서 프로그램을 실행하라.
- 알고리듬 9.1에 9.3.3절에서 소개한 우선순위를 적용하라. 로봇의 경로가 기존 프로그램에서 움직인 경로와 달라지는가?
- 경계 알고리듬을 여러분의 로봇에 구현하라. 구현에서 가장 어려운 점은 무엇인가?

9.4 환경 정보를 이용한 지도 제작

이제 환경을 어떻게 탐색하는지 알았으니 탐색을 하면서 어떻게 지도를 만들 수 있을지 생각해보자. 8장에서는 외부 랜드마크와 해당 랜드마크의 지도상 위치를 이용해 로봇이 자신의 위치를 구할 수 있다는 것을 확인했다. 랜드마크가 없다면, 시간에 따라 오차가 증가해(그림 5.6) 오차에 취약한 주행기록계나 관성 기록계만을 사용해야 한다. 그렇다면 로컬화에 큰 오차가 있을 때 어떻게 지도를 만들 수 있을까?

주행기록계의 성능이 나쁘더라도 환경 구조에 대한 정보가 있다면 더 나은 지도를 만들 수 있다. 로봇이 벽을 따라가며 방의 평면도를 만든다고 해보자. 왼쪽 바퀴와 오른쪽 바퀴의 실제 속도 차이로 인해 벽이 직선이 아니라고 판단하겠지만(그림 9.11a), 벽이 직선이고 서로 수직이라는 사실을 미리 알고 있다면 그림 9.11b와 같은 지도를 만들 수 있다. 로봇이 급격한 회전을 하게 되면 해당 지점이 두 벽이 만나는 $90°$의 모서리라는 것을 감지하고 지도에서 각도를 올바르게 표시하게 된다. 또한 벽의 길이를 측정할 때 오차가 발생할 수 있고, 이로 인해 그림 9.11b에서 첫 번째와 마지막 벽 사이의 틈이 생긴다. 그림 9.11b에서는 틈이 작아 중요하지 않을 수 있지만, 로봇이 큰 영역의 지도를 만든다면 로봇이 환경의 일부만을 볼 수 있으므로 지도에서 루프를 닫는 것이 어렵다.

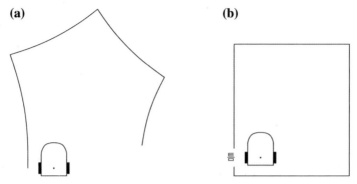

그림 9.11 (a) 주행기록계로 측정한 로봇 움직임,
(b) 벽의 구조에 대한 정보와 주행기록계를 함께 사용할 경우

앞뒤로 움직이며 잔디를 깎는 로봇을 생각해보자. 로봇은 그림 9.12와 같이 루프를 닫고 충전소로 돌아와야 한다. 주행기록계에서 속도와 방향의 작은 오차는 로봇 위치에 대한 큰 오차로 이어지므로 주행기록계만을 이용해 이를 구현하기는 불가능하다. 주행기록계만 이용하면 로봇이 잔디 전체를 깎고 충전소로 돌아올 확률이 낮기 때문에 루프를 닫기 위해 땅에 있는 신호 케이블과 같은 랜드마크를 사용해야 한다.

그림 9.12 잔디를 깎고 충전소로 돌아오는 잔디 깎는 로봇

환경의 일반적인 특성에 대한 정보를 측정하는 센서, 특히 장거리 센서를 사용하면 지도의 질을 크게 향상할 수 있다. 이때 일반적인 특성으로 땅 위의 선이나 절대 방향, 또는 다른 측정과 겹치는 특성을 사용할 수 있다. 그림 9.13과 같이 넓은 영역의 거리를 측정할 수 있는 거리 센서가 있다고 해보자. 이 센서는 넓은 영역을 측정하므로 한 위치에서 측정해 벽과 모서리를 감지할 수 있다. 또한 넓은 영역을 측정하면 로봇이 환

경을 이동하며 각 위치에서 측정한 지도에서 겹치는 부분을 감지할 수 있다. 각 지도를 비교해 로컬화를 수정하고 지도를 정확히 업데이트할 수 있으며, 이는 다음 절에서 설명할 슬램의 주제다.

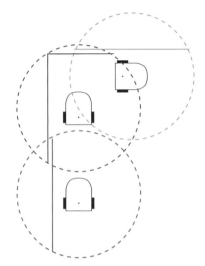

그림 9.13 겹치는 영역을 감지하는 장거리 센서

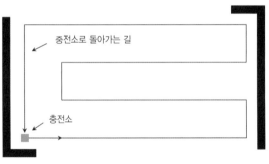

그림 9.14 랜드마크가 있는 잔디 깎는 로봇

활동 9.3: 잔디 깎는 로봇

- 주행기록계만을 이용해 경로를 따라 움직이는 잔디 깎는 로봇의 프로그램을 작성하라(그림 9.12). 프로그램을 반복해 실행하라. 로봇이 충전소로 돌아오는가? 그렇지 않다면 오차가 얼마나 큰

9.5 슬램 알고리듬의 예시

슬램SLAM, Simultaneous Localization And Mapping 알고리듬은 다소 복잡하므로 예시를 먼저 살펴보고 형식적인 표현은 나중에 살펴보자.

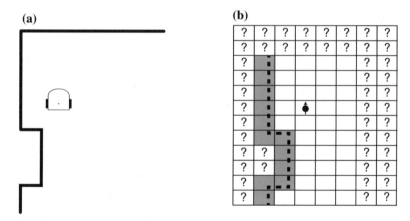

그림 9.15 (a) 방의 벽 근처에 있는 로봇, (b) 방의 지도

그림 9.15a는 방에서 위로 향하고 있는 로봇을 나타낸다. 로봇은 방의 모서리 근처에 있으며, 벽에서 로봇 왼쪽으로 건물 기둥으로 보이는 돌출부가 있다. 그림 9.15b는 방의 지도다. 큰 점은 로봇의 위치를 나타내고 화살표는 로봇의 방향을 나타낸다. 그리고 두꺼운 점선은 실제 벽을, 흰색 셀은 비어 있는 영역을, 회색 셀은 장애물을, 물음표가 있는 셀은 아직 미탐색된 영역을 의미한다. 이때 셀의 대부분 영역이 벽 뒤에 있으면 셀

이 장애물의 일부라고 판단한다. 예를 들어 벽의 돌출부에 있는 두 개의 수평 선분은 선분이 지나가는 셀의 경계에 가까이 있지만, 이 셀들의 대부분이 벽 뒤에 있으므로 장애물의 일부라고 생각한다.

슬램 알고리듬을 자세히 설명하기 위해 지도를 매우 간략화했다. 먼저 실제 적용할 때는 셀이 로봇보다 훨씬 작지만, 여기서는 셀이 로봇만큼 크다고 한다. 다음으로 실제 슬램 알고리듬에서는 탐색한 셀이 비어 있는지 아니면 장애물이 있는지를 확률론적으로 표시하지만(9.2절), 여기서는 흰색(비어 있음) 또는 회색(장애물)으로 명시한다.

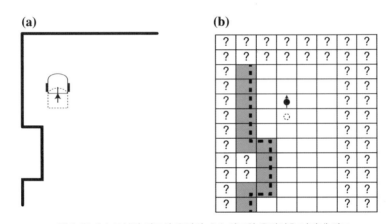

그림 9.16 (a) 로봇이 의도한 움직임, (b) 의도한 움직임을 나타낸 지도

그림 9.15a의 로봇이 그림 9.16a와 같이 새로운 위치로 직진하려 한다고 해보자. 그림 9.16b는 로봇이 의도한 대로 초기 위치에서 위로 한 셀 이동한 후의 지도다. 하지만 불행히도 오른쪽 바퀴가 마찰이 작은 영역을 지나가 로봇의 위치는 의도한 위치로 움직였지만 방향이 오른쪽으로 치우쳐졌다. 그림 9.17a는 로봇의 실제 위치를 나타내고, 그림 9.17b는 이 때의 지도를 나타낸다.

그림 9.18a(그림 9.16b와 동일)는 로봇이 의도한 대로 그림 9.15b에서 위로 한 셀 움직였을 때 로봇이 인식하는 것을 나타낸다. 이 위치에서 로봇은 장애물이 왼쪽에 있다는 것을 감지하고 그 앞에 있는 미탐색된 셀을 탐색할 수 있다.

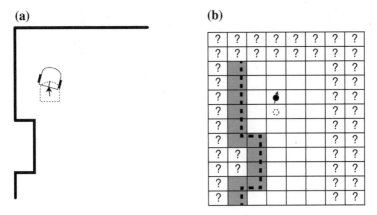

그림 9.17 (a) 로봇의 실제 움직임, (b) 실제 움직임을 나타낸 지도

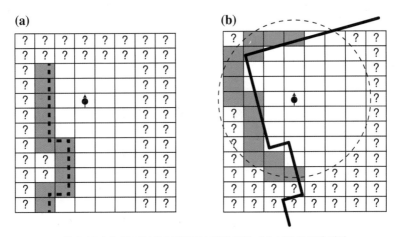

그림 9.18 (a) 의도한 대로 움직였을 때의 인식, (b) 실제 로봇의 인식

하지만 주행기록계의 오차로 인해 로봇이 실제 인식하는 것은 다르다. 그림 9.18b는 로봇이 인식한 벽을 셀 위에 겹쳐 나타내고 대부분 영역이 벽 뒤에 있다고 판단된 셀은 회색으로 표시돼 있다(사실인지 몇 개의 셀을 확인해보라). 로봇이 점선으로 표시된 원과 같이 셀 너비의 다섯 배 거리까지 벽을 감지할 수 있다고 하고, 모든 벽의 두께가 셀 하나라는 것을 알고 있다고 한다.

지도에서 알고 있는 부분과 부합해야 하는 센서 데이터와 현재 지도 사이에 분명 맞지 않는 부분이 있다. 따라서 로봇이 주행기록계로 측정한 위치에 있지 않다는 것을 알 수 있다. 그럼 어떻게 하면 맞지 않는 부분을 수정할 수 있을까? 주행기록계가 로봇의 자세(위치와 방향)를 합리적으로 측정한다고 가정하고, 한 자세에서 가능한 각각의 비교적 작은 오차에 대해 로봇이 현재 지도에서 어떻게 인식할지를 계산한 후 이를 센서 데이터로 계산한 실제 인식한 것과 비교하면 된다. 인식한 것이 가장 비슷한 자세가 로봇의 실제 자세로 선정되고, 이에 따라 현재 지도도 업데이트된다.

예시에서 로봇이 의도한 셀이나 인접한 네 개의 셀(왼쪽, 오른쪽, 위, 아래)에 있고 로봇의 방향이 올바르거나 오른쪽으로 살짝 돌아가 있거나(시계 방향으로 15°) 왼쪽으로 살짝 돌아가 있다고(반시계 방향으로 15°) 하자. 그림 9.19는 5 × 3 = 15개의 가능한 자세를 나타내고, 그림 9.20은 각 자세에 대해 현재 지도로부터 계산한 지도를 나타낸다(12×8 지도의 일부인 8×5만이 표시돼 있다).

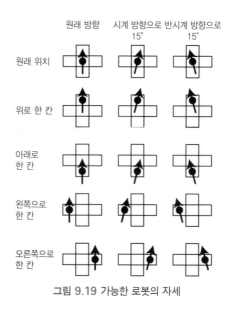

그림 9.19 가능한 로봇의 자세

다음 단계는 센서 측정값과 가장 비슷한 지도를 고르는 것이다. 먼저 8×5 지도에서 빈 셀에는 -1을, 장애물 셀에는 +1을, 다른 셀에는 0을 부여해 8×5 행렬로 바꾼다. 그림 9.21의 왼쪽 행렬은 현재 지도를 나타낸 것이고, 가운데 행렬은 올바른 위치에 있지만 방향이 시계 방향으로 15°

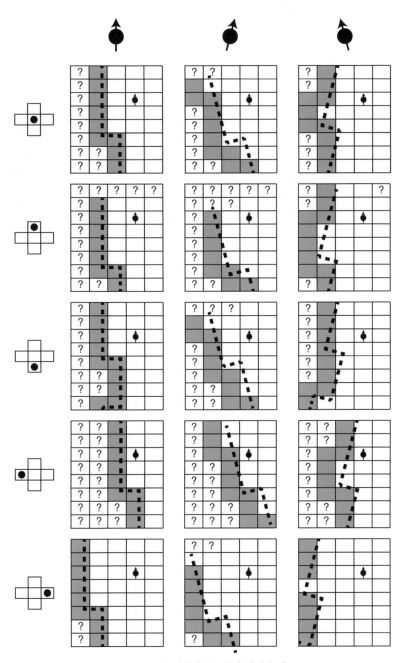

그림 9.20 각 자세에서 로봇이 인식한 지도

돌아간 로봇이 인식한 지도^{perception map}를 나타낸다(그림 9.20의 1행 2열의
자세).

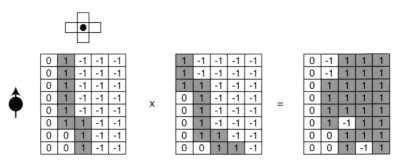

그림 9.21 두 지도 사이의 유사도 계산

지도를 비교하기 위해 두 지도에서 동일한 위치에 있는 셀끼리 곱한다.
$m(i, j)$를 현재 지도의 (i, j) 셀의 값이라 하고, $p(i, j)$를 센서로부터 얻은
지도의 (i, j) 셀의 값이라 하자. (i, j) 셀의 유사도 $S(i, j)$는 아래와 같고,

$$S(i, j) = m(i, j)\, p(i, j)$$

이는 다음과 같이 표현할 수 있다.

$S(i, j) = 1$ $(\, m(i, j) \neq 0,\ p(i, j) \neq 0,\ m(i, j) = p(i, j)$인 경우$)$
$S(i, j) = -1$ $(\, m(i, j) \neq 0,\ p(i, j) \neq 0,\ m(i, j) \neq p(i, j)$인 경우$)$
$S(i, j) = 0$ $(\, m(i, j) = 0$ 또는 $p(i, j) = 0$인 경우$)$

그림 9.21의 오른쪽 행렬은 왼쪽과 가운데 행렬을 위와 같이 계산한
결과다. 1이 많다는 것은 행렬이 비슷하다는 것을 의미하고, 따라서 인식
한 지도가 비슷하다고 할 수 있다. 정량적인 결과를 얻기 위해 m, p 쌍에
대한 유사도의 합을 다음과 같이 계산할 수 있다.

$$\mathcal{S} = \sum_{i=1}^{8} \sum_{j=1}^{5} S(i, j)$$

표 9.1은 그림 9.20의 모든 인식한 지도와 현재 지도 사이의 유사도 $\mathcal{S}$
를 나타낸다. 예상한 대로 로봇이 올바른 위치고 $15°$ 시계 방향으로 돌아
간 자세일 때의 지도에서 가장 높은 유사도를 확인할 수 있다.

표 9.1 센서로부터 얻은 지도와 현재 지도 사이의 유사도 S

	의도한 방향	시계 방향 15°	반시계 방향 15°
의도한 위치	22	**32**	20
위로 한 칸	23	25	16
아래로 한 칸	19	28	21
왼쪽으로 한 칸	6	7	18
오른쪽으로 한 칸	22	18	18

위와 같은 결과를 얻고 나면, 로봇 자세의 추정값을 수정하고 인식한 지도의 데이터를 이용해 로봇 메모리에 저장된 현재 지도를 업데이트한다(그림 9.22).

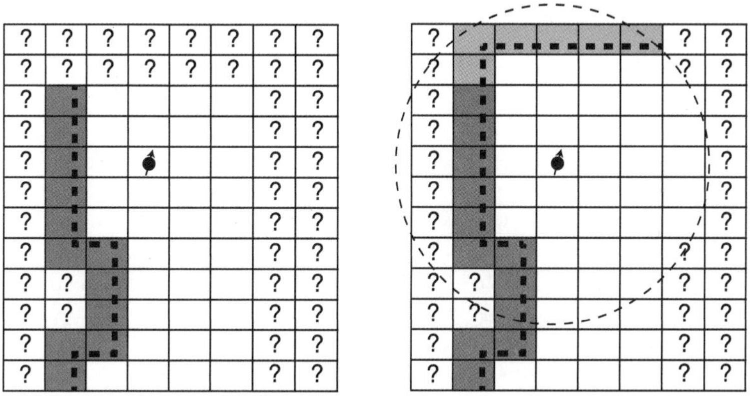

그림 9.22 인식한 지도의 데이터를 이용해 업데이트하기 전과 업데이트한 후의 지도

9.6 슬램 알고리듬 적용하기

아래의 두 활동에서는 슬램 알고리듬을 적용해본다. 활동 9.4는 슬램을 소프트웨어로 구현하며 알고리듬을 따라가도록 구성돼 있다. 활동 9.5는 교육용 로봇에서 구현할 수 있는 알고리듬의 주요한 부분을 다룬다.

그림 9.23과 같은 형태에서 두 활동을 진행한다. 로봇은 좌표계의 원점에 $((x, y), \theta) = (0, 0, 0°)$의 자세로 놓여 있다.[1] 주행기록계의 불확실

---

1 로봇의 방향을 0°로 놓는 것이 편하다.

성으로 인해 로봇이 (-1, 0), (1, 0), (0, -1), (0, 1)에 위치할 수 있고 방향은 -15°, 0°, -15°가 될 수 있어(점선 화살표로 표시된 것과 같이) 총 15개의 자세가 될 수 있다. (2, 2), (2, 0), (2, -2)의 세 개 회색 점은 현재 지도에서 알려진 장애물의 위치를 나타낸다. (공간을 절약하기 위해 점을 (2, 1), (2, 0), (2, -1)에 표시했다.) 여러 개의 수평 근접 센서로 장애물을 감지할 수 있지만, 이 활동에서는 세 개의 센서가 있다고 하자.

슬램 알고리듬에서 장애물에 대한 인식값은 거리 센서에서 반환된 값이다. 센서에 대한 모델을 따로 만들지 않고 이번 활동에서는 인식값이 센서에서 장애물까지의 거리와 방향이라고 한다.

활동 9.4: 계산한 인식값을 통한 로컬화

- 15개의 자세에서 각각 장애물에 대한 인식값을 계산하라. 예를 들어 로봇이 ((0.0, 1.0), -15°)의 자세에 있으면 세 장애물에 대한 인식값은 다음과 같다.

$$[(2.2, 41.6°), (2.2, -11.6°), (3.6, -41.3°)]$$

- 측정한 인식값과 15개의 자세에서 계산한 인식값 사이의 유사도를 구하라. 가장 유사한 자세를 로봇의 실제 자세로 선정하라. 예를 들어 측정한 인식값이 다음과 같을 때

$$[(2.0, 32.0°), (2.6, -20.0°), (3.0, -30.0°)]$$

인식값 차이의 절댓값을 모두 더해 유사도를 구하면 가장 비슷한 자세는 ((0.0, 1.0, -15.0°)가 된다.

- 다양한 유사도 함수로 실험하라.

- 위에서 로봇의 자세가 대략 ((0.0, 1.0, -15.0°)라고 계산했다. 새로운 장애물이 (3, 0)에 놓여 있다고 가정하자. 로봇의 자세에서 물체까지의 인식값 (d, θ)를 계산하고 새로운 장애물의 좌표 (x, y)를 계산하라. 새로운 장애물을 해당 좌표계로 나타낸 지도에 추가할 수 있다.

- 계산한 장애물의 좌표가 로봇의 자세가 의도한 대로 ((0, 0), 0°)일 때의 장애물의 위치인 (3, 0)과 크게 다른가?

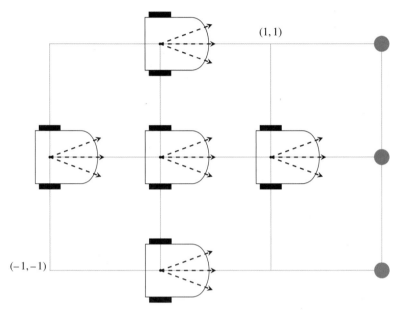

그림 9.23 슬램 알고리듬을 적용하는 형태

활동 9.5: 측정한 인식값을 통한 로컬화

- 그림 9.23과 같이 세 개의 물체를 놓아라.
- 세 개의 수평 근접 센서에서 반환되는 값을 저장하는 프로그램을 작성하라. 15개 자세로 로봇을 놓고 센서값을 저장하라. 이는 각 자세에서 세 개의 센서값을 기록한 인식값 데이터베이스를 만드는 것이다.
- 로봇을 15개 자세 중 하나의 자세에 놓고 센서값을 저장하라. 해당 센서값과 데이터베이스의 각 센서값 간의 유사도를 계산하라. 가장 비슷한 자세를 표시하라.
- 다양한 자세로 로봇을 놓고 각 자세에서 여러 번 실험하라. 구한 자세가 얼마나 정밀한가?

- 다양한 유사도 함수로 실험하라.

9.7 슬램 알고리듬 형식화

알고리듬 9.2는 센서 데이터로 얻은 인식한 지도와 가장 비슷한 인식한 지도가 만들어지는 로봇의 위치를 찾는 슬램 알고리듬이다. 이렇게 찾은 위치를 로봇이 자신의 위치라고 추정하고 해당 위치에서 인식한 지도로 지도를 업데이트한다.

알고리듬은 세 단계로 나뉜다. 먼저 첫 번째 단계에서는(2-4번째 줄) 로봇이 짧은 거리를 이동하고 변한 위치를 주행기록계로 계산한다. 또한 센서 데이터를 분석해 이 위치에서 인식한 지도를 얻는다.

주행기록계의 오차가 상대적으로 작다고 하면 로봇이 있을 만한 테스트 위치의 집합을 만들 수 있다. 두 번째 단계(5-8번째 줄)에서는 각 테스트 위치에서 지도를 예상해 계산하고 현재 지도와 비교한다. 그 후 가장 비슷한 지도를 저장한다.

세 번째 단계(9-11번째 줄)에서는 가장 비슷한 위치가 로봇의 새로운 위치가 되고, 현재 지도도 이에 맞춰 업데이트된다.

실제로는 센서로 인식한 지도가 센서의 범위에 따라 제한된다는 것을 감안해야 하므로 알고리듬이 좀 더 복잡하다. 센서 범위가 현재 지도를 모두 포함하지 못하거나 센서가 현재 지도 밖의 장애물과 빈 공간을 감지할 수 있으므로 겹치는 부분이 일부분일 수 있다. 따라서 인식한 지도 **p**의 크기가 예상한 지도 **e**보다 훨씬 작을 수 있고, 비교(**p**, **e**) 함수는 겹치는 영역만을 비교할 것이다. 게다가 현재 지도를 업데이트할 때, 기존에 지도에 없던 영역이 추가된다. 그림 9.22를 보면 현재 지도에서 센서 범위인 다섯 셀 반경 밖에 있는 셀들이 있고, 이 셀들은 업데이트되지 않을 것이다. 옅은 빨간색 셀은 물음표로 표시된 것과 같이 현재 지도에서 모르는 영역이지만, 인식한 지도에서는 장애물의 일부라는 것을 알게 된다.

이 정보를 이용해 현재 지도를 업데이트하고 새로운 현재 지도를 얻는다.

알고리듬 9.2: 슬램	
행렬 m ← 지도 일부	// 현재 지도
행렬 p	// 인식한 지도
행렬 e	// 예상한 지도
좌표 c ← 초기 위치	// 현재 위치
좌표 n	// 새로운 위치
좌표 배열 T	// 테스트 위치 집합
좌표 t	// 테스트 위치
좌표 b ← none	// 최적 위치

1: 루프
2:   짧은 거리 이동
3:   n ← 주행기록계(c)   // 주행기록계로 구한 새로운 위치
4:   p ← 센서 데이터 분석

5:   T 안의 모든 t에 대해   // T는 n 근처의 위치들
6:     e ← 예상 지도(m, t)   // 테스트 위치에서 예상 지도
7:     비교(p, e)가 b보다 좋으면
8:       b ← t   // 여태까지의 최적 테스트 위치

9:   n ← b   // 새로운 위치를 최적 위치로 대체
10: m ← 업데이트(m, p, n)   // 새로운 위치에 따라 지도 업데이트
11: c ← n   // 현재 위치를 새로운 위치로 업데이트

9.8 요약

불확실한 환경에서 로봇을 정확하게 움직이려면 환경에 대한 지도가 있어야 한다. 지도는 로봇 컴퓨터에 있어야 하고 셀로 이뤄진 격자 지도나 그래프로 표시한 연속 지도를 사용할 수 있다. 불확실한 환경에서 지도는 로봇이 작업을 시작하기 전에 구할 수 없는 경우가 많다. 경계 알고리듬

은 로봇이 주변을 탐색하며 지도를 만들 때 사용한다. 이때 환경이 사각형 방과 복도가 있는 건물 안이라는 등의 환경에 대한 지식이 있다면 더 정확한 지도를 만들 수 있다. 슬램 알고리듬은 반복적인 과정으로 로컬화의 오차를 수정해가며 지도를 동시에 만든다.

9.9 추가 자료

경로 계획, 모션 계획을 다룬 책은 [4, 5]와 [6]의 6장을 참고하길 바란다.

경계 알고리듬은 야마우치[Yamauchi][8]가 제안했고, 로봇이 경계 알고리듬을 이용해 장애물이 있는 사무실을 탐색할 수 있다는 것을 보였다.

슬램에 사용하는 알고리듬은 특히 베이즈 정리[Bayes rule]와 같은 확률을 사용한다. [7]에서는 로봇에 사용하는 확률론적 방법들을 다룬다.

[1, 2]에서는 듀란트 와이트[Durrant-Whyte]와 베일리[Bailey]가 제작한 두 부분으로 이뤄진 튜토리얼을 제공한다. 그래프 기반의 슬램에 대한 튜토리얼은 [3]에서 확인할 수 있다.

세바스찬 스런[Sebastian Thrun]의 온라인 강의 'Artificial Intelligence for Robotics'도 유익하다(https://classroom.udacity.com/courses/cs373).

참고 문헌

1. Bailey, T., Durrant-Whyte, H.: Simultaneous localization and mapping: part ii. IEEE Robot. Autom. Mag. 13(3), 108–117 (2006)
2. Durrant-Whyte, H., Bailey, T.: Simultaneous localization and mapping: part i. IEEE Robot. Autom. Mag. 13(2), 99–110 (2006)
3. Grisetti, G., Kümmerle, R., Stachniss, C., Burgard, W.: A tutorial on graph-based slam. IEEE Intell. Transp. Syst. Mag. 2(4), 31–43 (2010)
4. Latombe, J.C.: Robot Motion Planning. Springer, Berlin (1991)
5. LaValle, S.M.: Planning Algorithms. Cambridge University Press,

Cambridge (2006)

6. Siegwart, R., Nourbakhsh, I.R., Scaramuzza, D.: Introduction to Autonomous Mobile Robots, 2nd edn. MIT Press, Cambridge (2011)

7. Thrun, S., Burgard, W., Fox, D.: Probabilistic Robotics. MIT Press, Cambridge (2005)

8. Yamauchi, B.: A frontier-based approach for autonomous exploration. In: IEEE International Symposium on Computational Intelligence in Robotics and Automation, pp. 146–151 (1997)

10
지도를 이용한 내비게이션

사용자가 제공하거나 로봇이 제작한 지도를 이제 확보했으니 상위 단 알고리듬인 경로 계획을 살펴보자. 병원에서 약이나 다른 보급품을 창고에서 의사나 간호사가 있는 곳으로 옮기는 로봇을 생각해보자. 이런 작업을 할 때 A 지점에서 B 지점으로 가는 가장 좋은 방법은 무엇일까? 복도를 거쳐 목표로 가는 여러 길이 있을 수도 있지만, 수술실 근처의 복도를 지나가는 경로처럼 로봇이 갈 수 없는 짧은 경로도 있을 수 있다.

10장에서는 장애물의 위치를 표시한 환경의 지도가 있을 때 출발 위치 S에서 목표 위치 G까지 가는 최단 경로를 계획하는 세 가지 알고리듬을 살펴본다. 컴퓨터공학의 선구자 중 한 명인 에츠허르 데이크스트라 Edsger W. Dijkstra는 최단 경로 문제를 찾는 알고리듬을 제안했다. 10.1절에서는 격자 지도를 위한 알고리듬을 다루고, 10.2절에서는 연속 지도에서의 알고리듬을 다룬다. 10.3절에서는 휴리스틱heuristic 방법으로 데이크스트라 알고리듬을 발전시킨 A* 알고리듬을 소개한다. 마지막으로, 10.4절에서는 상위 단의 경로 계획 알고리듬과 하위 단의 장애물 회피 알고리듬을 결합하는 방법을 살펴본다.

10.1 격자 지도에서의 데이크스트라 알고리듬

데이크스트라는 노드^{node}와 에지^{edge}로 구성된 이산 그래프에 대한 알고리듬을 제안했다. 10.1절에서는 이를 변형해 셀로 이뤄진 격자 지도에서 알고리듬을 적용한다(그림 10.1a). 셀 S는 로봇이 시작하는 셀이고, 로봇은 목표 셀 G로 이동해야 한다. 장애물이 있는 셀은 검은색으로 표시돼 있다. 로봇은 현재 셀 c의 인접한 셀을 감지하고 인접한 셀로 이동할 수 있다. 간략화하기 위해 c의 인접한 셀은 대각선 셀을 제외한 상하좌우 네 개의 셀이라고 하자. 그림 10.1b는 S에서 G까지의 최단 경로를 나타낸다.

$$(4, 0) \rightarrow (4, 1) \rightarrow (3, 1) \rightarrow (2, 1) \rightarrow (2, 2) \rightarrow$$
$$(2, 3) \rightarrow (3, 3) \rightarrow (3, 4) \rightarrow (3, 5) \rightarrow (4, 5)$$

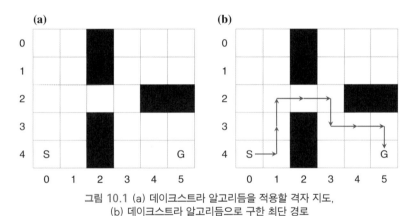

그림 10.1 (a) 데이크스트라 알고리듬을 적용할 격자 지도,
(b) 데이크스트라 알고리듬으로 구한 최단 경로

10.1절에서는 두 가지 형태의 알고리듬을 다룬다. 첫 번째는 한 셀에서 인접한 셀로 움직이는 비용이 일정한 환경이고, 두 번째는 셀마다 이동하는 비용이 달라 비용을 고려한 최단 경로가 반드시 기하학적 최단 경로와 동일하지 않은 환경이다.

10.1.1 비용이 일정한 경우의 데이크스트라 알고리듬

알고리듬 10.1은 격자 지도에서의 데이크스트라 알고리듬[Dijkstra algorithm]
을 나타낸다. 그림 10.2a에 나타낸 5×6 크기의 격자 지도에서 알고리듬
을 살펴보자. 지도에는 검은색 셀로 표시된 세 개의 장애물이 있다.

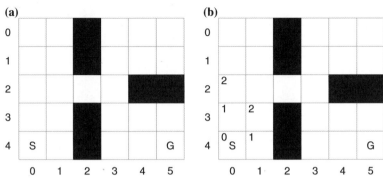

그림 10.2 (a) 데이크스트라 알고리듬을 적용할 격자 지도,
(b) 데이크스트라 알고리듬의 초기 두 번의 반복

알고리듬 10.1: 격자 지도에서의 데이크스트라 알고리듬

정수 n ← 0	// 출발 위치와의 거리
셀 배열 격자 ← 모두 미표시	// 격자 지도
셀 목록 경로 ← 비어 있음	// 최단 경로
셀 현재 셀	// 경로에서 현재 셀
셀 c	// 셀 색인
셀 S ← …	// 출발 셀
셀 G ← …	// 목표 셀

1: S를 n으로 표시
2: G가 표시돼 있지 않은 동안
3:    n ← n + 1
4:    격자에서 표시된 셀 옆에 있는 모든 미표시된 셀 c에 대해
5:        c를 n으로 표시
6: 현재 셀 ← G
7: 현재 셀을 경로에 추가
9: S가 경로에 있지 않은 동안

해당 알고리듬에서는 각 셀 c의 값을 출발 셀 S에서 c까지 가는 데 필요한 칸의 수로 점진적으로 표시한다. 그림 10.2에서 이렇게 필요한 칸의 수가 셀의 왼쪽 상단에 적혀 있다. 처음에 S에서 S로 가는 데 필요한 칸은 없으므로 셀 S의 값을 0으로 표시한다. 다음으로 S와 인접한 모든 셀은 S에서 한 칸 떨어져 있으므로 1로 표시하고, 다시 1로 표시된 셀의 모든 이웃 셀을 2로 표시한다. 그림 10.2b는 이와 같이 알고리듬의 두 번째 반복iteration을 한 후의 격자 지도를 보여준다.

알고리듬에서는 반복적으로 셀이 n으로 표시돼 있으면 미표시된 인접 셀을 $n+1$로 표시한다. 최종적으로 G가 표시되면 S에서 G까지의 최단 거리가 n이라는 것을 알 수 있다. 그림 10.3a는 다섯 번째 반복 후 격자 지도를 나타내고, 그림 10.3b는 아홉 번째 반복 후 최종적으로 목표 셀까지 표시된 최종 격자 지도를 나타낸다.

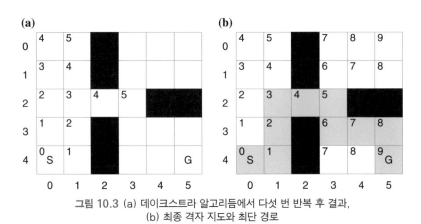

그림 10.3 (a) 데이크스트라 알고리듬에서 다섯 번 반복 후 결과,
(b) 최종 격자 지도와 최단 경로

최단 경로는 목표 셀 G에서 거꾸로 출발해 손쉽게 찾을 수 있다. 그림 10.3b에서 최단 경로는 회색으로 칠해진 셀로 구성되는 것을 볼 수 있다. (4, 5)의 목표 셀의 전 셀은 출발 셀에서 여덟 칸 떨어진 (4, 4)나 (3, 5) 중 하나일 것이다(이는 최단 경로가 두 개 이상인 것을 의미한다). 여기서는 임

의로 (3, 5)를 선택하자. n으로 표시된 모든 셀에 대해 $n-1$로 표시된 셀을 선택하고, 이를 0으로 표시된 출발 셀 S에 도착할 때까지 반복한다. 최종적으로 선택된 셀은 다음과 같다.

(4, 5), (3, 5), (3, 4), (3, 3), (2, 3), (2, 2), (2, 1), (3, 1), (4, 1), (4, 0)

목록을 거꾸로 하면 S에서 G까지의 최단 경로를 얻을 수 있다. 이 경로가 직관적으로 찾은 경로와 동일한지 확인해보라(그림 10.1b).

예제: 그림 10.4는 데이크스트라 알고리듬이 작동하는 좀 더 복잡한 예시를 보여준다. 격자 지도에는 16×16의 셀이 있으며, 목표 셀 G는 장애물로 둘러싸여 도달하기 어려운 곳에 있다. 좌측 상단의 그림은 세 번 반복후의 격자 지도를 나타내고, 우측 상단의 그림은 19번 반복 후의 지도를나타낸다. 그 후 양쪽 장애물 주변의 셀을 탐색해 최종적으로 25번 반복후 좌측 하단 그림과 같이 G를 찾고, 최단 경로는 우측 하단 그림과 같이회색으로 표시된 경로가 된다. 하지만 이런 환경에서는 데이크스트라 알고리듬이 아주 효과적이지 않은 것을 확인할 수 있다. 최단 경로는 25칸밖에 되지 않지만, 256 - 25 = 231개의 셀을 탐색했기 때문이다.

10.1.2 비용이 다양한 경우의 데이크스트라 알고리듬

알고리듬 10.1과 그림 10.4의 예시는 한 셀에서 옆의 셀로 이동하는 비용이 일정하다고 가정해 알고리듬 10.1의 세 번째 줄에서 인접 셀의 비용에 1씩 더해줬다. 또한 한 칸 이동할 때 각각 다른 비용이 발생하는 상황에서 적용할 수 있도록 데이크스트라 알고리듬을 변형할 수 있다. 모래로 덮여 있는 지역이 있어 해당 지역을 이동하는 것이 더 어려운 환경을생각해보자. 모든 인접한 셀의 비용에 1을 더하는 대신 모래와 인접한 셀의 비용에는 k씩 더하도록 알고리듬을 변형할 수 있다.

그림 10.5의 왼쪽 격자 지도에 모래로 덮여 있는 셀이 대각선으로 표시돼 있고 해당 영역에서 움직이는 비용은 1이 아닌 4다. 회색으로 표시된 최단 경로는 출발점에서 17칸이고 모래를 피해 이동하므로 비용도17이다.

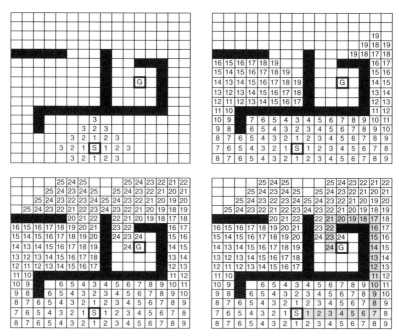

그림 10.4 격자 지도에서 데이크스트라 알고리듬을 이용한 경로 계획.
왼쪽 상단부터 알고리듬의 순차적인 네 단계를 나타낸다.

그림 10.5 셀마다 비용이 다양한 경우의 데이크스트라 알고리듬
(왼쪽: 비용 = 4, 오른쪽: 비용 = 2)

최단 경로는 셀마다 할당된 비용에 따라 달라진다. 그림 10.5의 오른쪽 그림은 모래에서 이동하는 비용이 2일 때의 최단 경로를 나타낸다. 이 경우의 비용은 모래에서 두 칸 움직였기 때문에 14지만, 경로의 길이는 12칸이다.

10.2 연속 지도에서의 데이크스트라 알고리듬

연속 지도는 일반적인 2차원 평면이다. 연속 지도에서 데이크스트라 알고리듬을 적용하는 한 가지 방법은 연속 지도의 위와 아래에서 장애물의 각 꼭지점에 닿도록 수직선을 그어 이산 그래프로 만드는 것이다. 이를 통해 환경을 유한 개의 구역으로 분할하게 되고 그래프에서 노드로 나타낼 수 있게 된다. 그림 10.6의 왼쪽 그림에서는 일곱 개의 수직선이 지도를 열 개 구역으로 나누며, 열 개의 구역은 그림 10.7에서 그래프로 나타나 있다. 그래프의 에지는 두 구역이 인접한 경우 연결돼 있다. 구역 A와 B의 경계가 인접할 때 구역 A에서 구역 B로 방향성이 있는 에지가 만들어진다. 예를 들어 구역 1과 3은 구역 2와 경계가 인접하므로 노드 2에서 노드 1과 3으로 에지가 향하게 된다.

출발점이 있는 2번 노드에서 목표점이 있는 10번 노드까지 가는 최단 경로는 무엇일까? 데이크스트라 알고리듬을 적용한 결과는 S → 2 → 3 → 6 → 9 → 10 → G가 된다. 하지만 해당 경로는 그래프에서 에지를 최소한으로 거치는 최단 경로지만, 실제 환경에서 최단 거리는 아니다. 이는 지도에서 각 구역마다 크기가 다름에도 모든 에지에 동일한 비용을 할

당했기 때문이다.

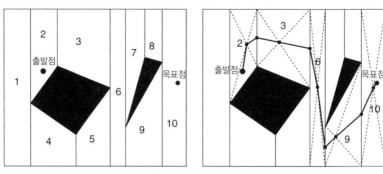

그림 10.6 수직선으로 분할한 연속 지도와 분할된 구역을 통과하는 경로

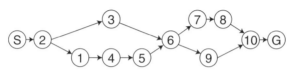

그림 10.7 분할한 연속 지도로 생성한 그래프

각 노드가 실제 환경에서는 넓은 구역을 나타내므로, 한 노드에서 다른 노드로 움직이는 것이 한 구역에서 다른 구역으로 움직이는 것으로 어떻게 치환되는지 알아야 한다. 그림 10.6의 오른쪽 그림은 한 가지 예시를 보여준다. 각 구역을 점선으로 표시된 두 대각선이 교차하는 중심으로 나타내고, 그래프에서 한 노드에서 다음 노드로 가는 것은 한 구역의 중심에서 옆 구역의 중심으로 가는 것을 의미한다. 이때 출발점과 목표점은 실제 위치 구역의 중심이 아닌 실제 위치로 나타낸다. 이 방법은 환경에 대한 추가적인 정보 없이 적용하기에 합리적이지만 장애물의 경계와 가까운 최적 경로를 제공하지 않는다.

그림 10.8은 연속 지도에서 경로 계획을 하는 다른 방법을 보여준다. 이 방법은 그래프의 노드가 장애물의 꼭지점을 나타내고 출발점과 목표점에 해당하는 노드가 있는 가시성 그래프visibility graph를 사용한다. 꼭지점 v_1에서 꼭지점 v_2가 보이면 노드 v_1에서 v_2로의 에지가 생성된다. 예를 들어 오른쪽 장애물의 꼭지점 E가 왼쪽 장애물의 꼭지점 C에서 보이므로 에지 $C \rightarrow E$가 존재한다. 그림 10.9는 이와 같이 노드와 에지를 정의해

만든 그래프다. 이 그래프는 출발점과 목표점 사이의 최단 경로가 될 수 있는 모든 경로를 나타낸다.

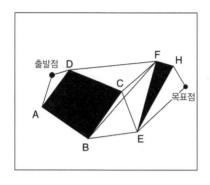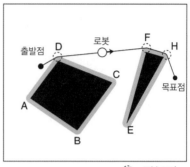

○ = 로봇 크기

그림 10.8 꼭지점과 꼭지점을 이은 선을 그린 연속 지도와 꼭지점을 지나는 경로

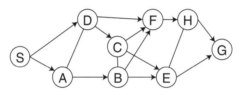

그림 10.9 분할된 연속 지도로 생성한 그래프

실제 환경에서 로봇이 손쉽게 한 꼭지점에서 다른 꼭지점으로 움직일 수 있기 때문에 그래프의 경로를 실제 환경에서의 경로로 치환할 수 있다. 예를 들어 A에서 B로 갈 때 직선보다 짧은 경로는 없으므로 그래프의 경로들은 최단 경로다. 데이크스트라 알고리듬을 사용하면 최단 경로는 S → D → F → H → G가 된다. 이 경우에는 가장 적은 수의 에지를 지나는 최단 경로가 실제 환경에서 거리상 최단 경로를 의미한다.

하지만 위와 같이 찾은 경로가 최단 경로라고 해도 실제 로봇은 로봇의 크기로 인해 로봇의 중심이 장애물의 경계를 따라 이동할 수 없으므로 이 경로를 따라갈 수 없다. 로봇은 장애물과 최소 거리를 유지해야 하고, 장애물의 크기를 로봇의 크기만큼 키워 이를 해결할 수 있다(그림 10.8의 오른쪽 그림). 이렇게 생성한 최종 경로는 최적이고 로봇이 따라 움직일 수 있다.

10.3 A* 알고리듬을 이용한 경로 계획

데이크스트라 알고리듬에서는 목표 셀을 모든 방향으로 찾는다. 이는 복잡한 환경에서는 효율적일 수 있지만, 목표 셀까지 직선으로 가는 경로처럼 경로가 간단한 경우 효율적이지 않다. 그림 10.4의 우측 상단 그림에서 가운데 장애물의 우측 상단 근처에 있는 (출발 셀에서) 거리가 19인 셀을 보자. 왼쪽으로 두 칸 옆에는 장애물에 가로막히지 않고 목표 셀로 갈 수 있는 21로 표시된 셀이 있다. 따라서 왼쪽 영역을 계속 탐색할 이유가 없지만, 데이크스트라 알고리듬은 왼쪽을 계속 탐색한다. 이 경우 만약 목표 셀과의 거리에 대한 정보를 안다면 더 효율적일 것이다.

A*(A 스타^A star) 알고리듬은 데이크스트라 알고리듬과 비슷하지만 추가적인 정보를 이용해 탐색하기 때문에 더 효율적일 때가 많다. A* 알고리듬은 출발 셀과의 거리뿐 아니라 선호하는 탐색 방향의 지표인 휴리스틱 함수^heuristic function를 고려한다. $g(x, y)$가 출발 셀과의 거리라고 할 때 데이크스트라 알고리듬은 가장 높은 $g(x, y)$로 표시된 셀에서부터 탐색을 확장한다. A* 알고리듬에서는 $g(x, y)$에 휴리스틱 함수 $h(x, y)$를 더해 비용 함수 $f(x, y)$를 계산한다.

$$f(x, y) = g(x, y) + h(x, y)$$

이 절에서는 휴리스틱 함수로 장애물을 고려하지 않은 목표 셀 G에서 셀 (x, y)까지의 거리를 사용해 A* 알고리듬을 살펴본다. 해당 휴리스틱 함수는 알고리듬 실행 전에 미리 계산할 수 있고 실행 중에 접근 가능하다. 그림 10.2a의 격자 지도에서 휴리스틱 함수는 그림 10.10a와 같다.

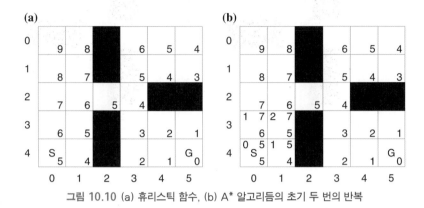

그림 10.10 (a) 휴리스틱 함수, (b) A* 알고리듬의 초기 두 번의 반복

그림에서는 f, g, h의 함수값을 각 셀의 서로 다른 꼭지점에 표시했다 ($\begin{smallmatrix} g & f \\ & h \end{smallmatrix}$). 그림 10.10b는 A* 알고리듬을 두 번 반복 후 격자 지도를 나타낸다. (3, 1) 셀은 S에 가깝고(칸의 수를 기준으로) (3, 0) 셀은 G에 가깝지만(휴리스틱을 기준으로) 비용 f는 7로 동일하다.

A* 알고리듬은 아직 확장되지 않은 셀들인 열린 셀에 대한 데이터 구조를 저장하고 업데이트해야 한다. 데이터는 (r, c, v)로 표기하는데, r과 c는 셀의 행과 열이고 v는 셀의 f 값을 나타낸다. 열린 셀이 확장될 때마다 해당 셀은 목록에서 사라지고 새로운 셀들이 추가된다. 이 목록은 낮은 값의 셀이 먼저 나오도록 정돈돼 있어 다음에 확장할 셀을 찾기 편하다. 그림 10.10b에 해당하는 앞에서 세 개의 리스트는 다음과 같다.

$$(4, 0, 5)$$
$$(4, 1, 5),\ (3, 0, 7)$$
$$(3, 0, 7),\ (3, 1, 7)$$

그림 10.11a는 여섯 번 반복 후 격자 지도의 결과를 나타낸다. 이는 셀들의 좌측 상단 꼭지점에 있는 g 값으로 확인할 수 있다. 이때 열린 셀의 리스트는 다음과 같다.

$$(3, 3, 9),\ (1, 0, 11),\ (1, 1, 11),\ (1, 3, 11)$$

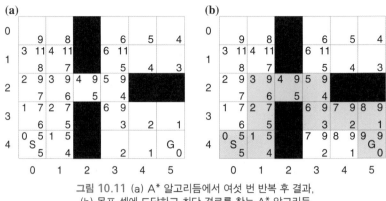

그림 10.11 (a) A* 알고리듬에서 여섯 번 반복 후 결과,
(b) 목표 셀에 도달하고 최단 경로를 찾는 A* 알고리듬

A* 알고리듬은 가장 낮은 f 값을 갖는 $(3, 3, 9)$ 셀을 확장한다. 목록에 있는 다른 셀들의 f 값은 11이므로 지금은 생각하지 말자. 알고리듬을 계속 실행하면(그림 10.11b) 목표 셀에 f 값 9로 도착해 최단 경로는 회색과 같다. 목표에 도착하기 전 목록은 다음과 같다.

$$(3, 5, 9), \ (4, 4, 9), \ (1, 0, 11), \ (1, 1, 11), \ (1, 3, 11)$$

이때 9의 값을 갖는 어떤 노드를 선택하든 상관없다. 두 경우 모두 목표 셀 $(4, 5, 9)$에 도달하기 때문이다.

지도의 우측 상단에 있는 모든 셀은 $(1, 3)$ 셀의 f 값이 11이기 때문에 해당 셀들의 f 값이 최솟값이 될 수 없으므로 탐색되지 않는다. 데이크스트라 알고리듬은 장애물이 아닌 24개 셀을 모두 탐색했지만 A* 알고리듬은 17개의 셀만 탐색한다.

A* 알고리듬의 더 복잡한 예시

그림 10.5의 격자 지도에 A* 알고리듬을 적용해보자. 격자 지도의 일부 셀에 모래가 있으므로 모래가 있는 셀에서 움직일 때 함수 g의 값이 다른 셀보다 높다. 그림 10.12의 좌측 상단 그림은 데이크스트라 알고리듬으로 계산한 함수 g를 나타내고, 우측 상단 그림은 장애물과 모래가 없을 때 목표점에서 각 셀까지의 거리인 휴리스틱 함수 h를 나타낸다. 나머지 그림은 목표점까지의 최단 경로를 찾는 알고리듬의 네 단계를 나타낸다.

g(x,y)

2	1	2	3	4	5	6	7	8	9	10
1	S	1	2	3	4	5	6	7	8	9
2	1	2	3	4	5	6	7	8	9	10
3	2	3	4	5	7	8	9	11	12	11
4	3	4	5	7	9	10	11	13	13	12
5	4	5	■	9	10	11	12	13		13
6	5	6	■	10	11	12	13			
7	6	7	■	11	12	13	G			
8	7	8	■	12	13					
9	8	9	■	13						
10	9	10	11	12	13					

+

h(x,y)

14	13	12	11	10	9	8	7	8	9	10
13	12	11	10	9	8	7	6	7	8	9
12	11	10	9	8	7	6	5	6	7	8
11	10	9	8	7	6	5	4	5	6	7
10	9	8	7	6	5	4	3	4	5	6
9	8	7	6	5	4	3	2	3	4	5
8	7	6	5	4	3	2	1	2	3	4
7	6	5	4	3	2	1	G	1	2	3
8	7	6	5	4	3	2	1	2	3	4
9	8	7	6	5	4	3	2	3	4	5
10	9	8	7	6	5	4	3	4	5	6

그림 10.12 A* 알고리듬(좌측 상단 그림: 목표점에 도달하기 위해 움직여야 하는 칸의 수. 우측 상단 그림: 휴리스틱 함수. 중앙, 하단 그림: 알고리듬의 네 단계)

좌측 중앙 그림에서 셀 S의 위쪽 셀과 왼쪽 셀의 f 값이 S의 아래 셀의 f 값보다 이미 높기 때문에 좌측 상단의 셀을 탐색하지 않아도 된다는 것을 확인할 수 있다. 우측 중앙 그림에서 첫 번째 모래 셀의 값이 13이므로 알고리듬에서는 비용이 12로 더 낮은 왼쪽의 셀을 확장한다. 좌측 하단 그림을 보면, 지도의 좌측 하단에서의 비용 16이 모래 지역을 탐색하고 빠져나왔을 때의 비용인 14보다 높기 때문에 지도의 좌측 하단을 더 이상 탐색하지 않는 것을 확인할 수 있다. 이 방법으로 목표 셀 G를 매우 빠르게 찾을 수 있고, 데이크스트라 알고리듬과 같이 낮은 g 값을 갖는 셀을 출발 셀에 도착할 때까지 거꾸로 추적해 최단 경로를 찾을 수 있다.

그림 10.4와 10.12를 비교해보면 A* 알고리듬은 데이크스트라 알고리듬이 탐색하는 셀의 71%만 탐색하는 것을 볼 수 있다. A* 알고리듬은 휴리스틱 함수를 추가적으로 계산해야 하지만 탐색하는 셀의 수가 적으므로 더 효율적이다. 게다가 휴리스틱 함수는 장애물이 아닌 탐색하는 지역에 따라서만 달라지므로 장애물이 바뀌어도 휴리스틱 함수를 다시 계산할 필요가 없다.

활동 10.3: A* 알고리듬

- 장애물이 없는 작은 지도에서 A* 알고리듬과 데이크스트라 알고리듬을 적용하라. 출발 셀을 지도의 중앙에 놓고 목표 셀을 임의의 셀로 설정하라. 두 알고리듬의 결과를 비교하고 설명하라. 결과가 목표 셀의 위치에 따라 달라지는가?
- 다른 휴리스틱 함수를 정의하고 10장의 예제에 적용해 기존 결과와 비교하라.

10.4 경로 추종과 장애물 회피

9장과 10장에서는 상위 단 경로 계획과 하위 단 장애물 회피라는 서로 다르지만 연관된 작업을 살펴봤다. 그럼 이 두 작업을 어떻게 합칠 수 있을까? 가장 간단한 방법은 하위 단 알고리듬을 우선시하는 것이다(그림 10.13). 분명 공항까지 최단 경로로 가는 것보다는 보행자를 치지 않거나 도로의 움푹 패인 곳을 피하는 것이 더 중요하다. 평상시에 로봇은 운전 상태에 있지만 장애물을 감지하면 장애물 회피 상태로 전환한다. 로봇이 장애물을 지나가고 나서야 경로 계획 상태로 돌아와 경로를 다시 계산한다.

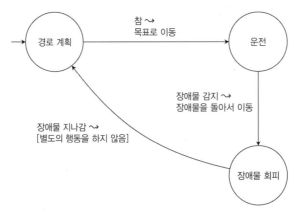

그림 10.13 경로 계획과 장애물 회피를 합친 유한 상태 기계

두 알고리듬을 합치는 방법은 환경에 따라 달라진다. 도로를 보수하는 것은 몇 주가 걸리므로 지도에 장애물을 추가하는 것이 합리적이다. 경로 계획 알고리듬에서 장애물을 고려하기 때문에 탐색한 경로가 장애물 회피 알고리듬으로 최후에 바꾼 경로보다 나을 확률이 높다. 다른 극단적인 예시로, 거리를 지나는 보행자와 같은 동적 장애물이 많을 때는 장애물 회피를 이용해 단순히 장애물이 사라질 때까지 멈추면 된다. 이 경우 경로 계획을 다시 하지 않고 원래 경로를 그대로 사용하면 된다.

활동 10.4: 경로 계획과 장애물 회피 합치기

- 선 위에 장애물이 있어도 로봇이 올바르게 작동하도록 라인 팔로잉 알고리듬을 변형하라. 10장에서 살펴본 몇 가지 방법을 시도해보라.
- 다른 로봇이 선이 있는 구역에서 무작위로 움직여도 로봇이 올바르게 작동하도록 라인 팔로잉 알고리듬을 변형하라. 로봇이 서로 부딪히지 않도록 하라.

10.5 요약

경로 계획은 출발 위치에서 목표 위치까지의 최단 경로를 찾는 모바일 로
봇의 상위 단 동작이다. 경로 계획은 장애물이 표시된 지도를 사용한다.
데이크스트라 알고리듬은 지금까지 탐색한 어떠한 셀까지의 최단 경로를
찾는다. A* 알고리듬은 목표 셀로의 방향을 나타내는 휴리스틱 함수를 이
용해 탐색하는 셀의 수를 줄인다.

경로 계획은 격자 지도와 같은 그래프를 사용하지만 연속 지도에서도
장애물의 그래프를 만들어 적용할 수 있다. 또한 경로를 계획할 때 각 셀
마다 다른 비용을 고려할 수 있다.

하위 단 장애물 회피는 상위 단 경로 계획과 통합해 사용해야 한다.

10.6 추가 자료

데이크스트라 알고리듬은 [1, 24.3절]과 같이 자료구조와 알고리듬을 다
루는 모든 교과서에 나와 있다. A* 알고리듬과 같은 탐색 알고리듬은 인
공지능의 주요 주제다[2, 3.5절].

참고 문헌

1. Cormen, T.H., Leiserson, C.E., Rivest, R.L., Stein, C.: Introduction to Algorithms, 3rd edn. MIT Press, Cambridge (2009)
2. Russell, S., Norvig, P.: Artificial Intelligence: A Modern Approach, 3rd edn. Pearson, Boston (2009)

11
퍼지 논리 제어

6장의 제어 알고리듬에서는 로봇의 거동을 제어하기 위한 신호를 정확한 수학적 계산을 통해 구했다. 로봇을 제어하기 위한 또 다른 방법은 규칙에 기반한 퍼지 논리fuzzy logic 제어 알고리듬을 사용하는 것이다. 크루즈 제어 시스템에서는 다음과 같은 규칙을 포함할 수 있다.

- 앞에 있는 차가 멀리 있거나 뒤에 있는 차가 가까우면 속도를 높인다.
- 앞에 있는 차가 가까우면 속도를 낮춘다.

위의 논리는 속도를 정확한 수학적 정의를 통해 값을 정하지 않고 높인다거나 낮춘다는 부정확한 언어적 설명으로 표현하는 것처럼 규칙을 언어적 변수로 표현하기 때문에 '퍼지fuzzy(모호하다)'라고 한다.

퍼지 논리 제어는 다음과 같은 세 단계를 순차적으로 실행한다.

퍼지화: 센서값을 멀다, 가까워진다, 가깝다와 같은 전제premise라는 언어적 변수로 변환한다. 각 전제는 해당 변수가 참이라는 믿음도belief 확률인 확실

성을 포함한다.

규칙 적용: 규칙의 집합은 제어 알고리듬을 나타낸다. 전제의 집합이 주어질 때 결론consequent이 도출된다. 결론 또한 아주 빠르다, 빠르다, 크루즈cruise(일정한 속도로 나아가다), 느리다, 멈추다와 같은 언어적 변수다.

역퍼지화: 결론들을 모아 모터에 가하는 전력과 같이 로봇의 특정 부분을 제어하는 값인 정확한crisp 출력을 생성한다.

이제 로봇이 물체에 접근해 물체와 아주 가까울 때 멈추는 작업에서 퍼지 제어의 세 단계를 어떻게 적용하는지 살펴보자.

11.1 퍼지화

물체에 접근할 때 수평 근접 센서의 값은 0에서 100으로 증가한다. 센서에서 반환된 값은 해당 값을 언어적 변수로 바꿔 퍼지화한다. 그림 11.1은 센서값을 멀다, 가까워진다, 가깝다라는 언어적 변수의 확실성으로 변환하는 세 개의 그래프를 나타낸다. x축은 센서값이고, y축은 언어적 변수가 참일 확실성을 나타내는 각 변수의 전제를 의미한다.

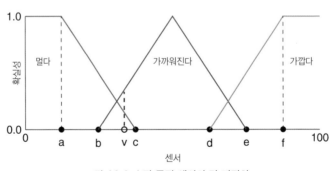

그림 11.1 수평 근접 센서의 값 퍼지화

x축에 표시된 (a) 멀다_하한, (b) 가까워진다_하한, (c) 멀다_상한, (d) 가깝다_하한 (e) 가까워진다_상한, (f) 가깝다_상한은 임계값을 나타낸다. 센서값이 멀다_하한보다 작으면 물체가 멀리 떨어져 있다고 확신하고 확실성이

1이 된다. 만약 센서값이 가까워진다_하한과 멀다_상한 사이면 물체가 멀리 있다고 다소 확신하지만, 물체가 가까워지고 있다고도 확신하게 된다. 퍼지(모호함)는 겹치는 영역으로 인해 발생한다. 예를 들어 값이 (b)와 (c) 사이에 있으면 물체가 멀리 떨어져 있는지, 아니면 가까워지고 있는지 완전히 확신할 수 없다. 센서값이 v로 약 33일 때 물체가 멀리 떨어져 있을 확실성은 약 0.15고 가까워지고 있을 확실성은 약 0.25다.

11.2 규칙 적용

세 가지 전제인 멀다, 가까워진다, 가깝다에 대한 확실성은 다음과 같은 규칙을 이용해 다섯 개의 결론을 계산하는 데 사용된다.

1. 멀면 아주 빠르게 움직인다.
2. 멀고 가까워지고 있으면 빠르게 움직인다.
3. 가까워지고 있으면 크루즈 제어를 한다.
4. 가까워지고 있고 가까우면 느리게 움직인다.
5. 가까우면 정지한다.

규칙 1, 3, 5로 발생하는 결론의 확실성은 그에 따른 전제의 확실성과 동일하다. 규칙 2와 4와 같이 전제가 두 개면, 결론의 확실성은 두 전제의 확실성 중 작은 값으로 계산한다. 두 전제 모두 반드시 적용해야 하므로 확실성이 작은 전제보다 결론의 확실성을 확신할 수 없다. 그림 11.1의 v에서는 규칙 2가 적용되고 결론에 대한 확실성은 최솟값(0.15, 0.25) = 0.15다.

두 전제를 합치는 다른 방법으로는 다음과 같이 결합분포를 사용할 수 있다.

$$p(A \cap B) = P(A) \cdot P(B)$$

센서값이 v일 때 결론에 대한 확실성은 0.15 × 0.25 = 0.0375가 되고 최솟값으로 구한 값보다 훨씬 작아진다.

11.3 역퍼지화

다음 단계는 결론의 확실성을 고려해 결론들을 통합하는 것이다. 그림 11.2는 다섯 개의 결론에 따른 모터 출력을 나타낸다. 예를 들어 출력이 크루즈라고 아주 확신하면 그래프의 가운데와 같이 모터 세기를 50으로 설정해야 하지만, 그보다 덜 확신한다면 모터 세기를 줄이거나 늘려야 한다.

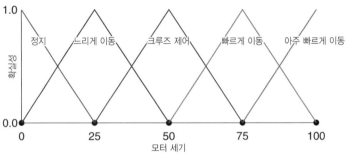

그림 11.2 정확한 모터 세기를 얻기 위한 역퍼지화

결론이 크루즈일 확실성이 0.4로 계산됐다고 하자. 그럼 확실성이 0.4보다 클 수 없기 때문에 확실성은 그림 11.3의 사다리꼴이 되고 그림 11.2의 가운데 삼각형은 더 이상 쓸모없게 된다.

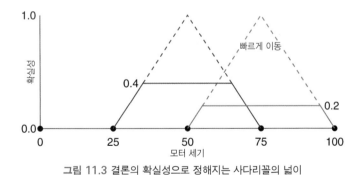

그림 11.3 결론의 확실성으로 정해지는 사다리꼴의 넓이

w와 h를 삼각형의 너비와 높이라고 하면 높이 h'으로 잘린 사다리꼴의 넓이는 다음과 같이 구할 수 있다.

$$wh'\left(1 - \frac{h'}{2h}\right)$$

이때 한 개 이상의 결론의 확실성이 0보다 클 수 있다. 예를 들어 그림 11.3은 크루즈일 확실성이 0.4고 빠르게 이동하는 결론의 확실성이 0.2일 때의 두 사다리꼴을 나타낸다. $w = 50$, $h = 1$, $h'_c = 0.4$(크루즈), $h'_f = 0.2$(빠르게 이동)일 때 두 사다리꼴의 넓이 a_c(크루즈), a_f(빠르게 이동)는 다음과 같다.

$$a_c = 50 \times 0.4 \left(1 - \tfrac{0.4}{2}\right) = 16$$
$$a_f = 50 \times 0.2 \left(1 - \tfrac{0.2}{2}\right) = 9$$

모터 세기의 정확한 값을 구하기 위해 두 사다리꼴의 넓이를 각 사다리꼴의 밑변의 중심만큼 가중치를 곱한 뒤 합한 값을 두 넓이의 합으로 나눈 무게 중심을 다음과 같이 구한다.

$$\frac{16 \times 50 + 9 \times 75}{16 + 9} = 59$$

이 값은 빠르게 이동할 때의 모터 세기보다는 크루즈할 때의 모터 세기에 가깝다. 이는 크루즈에 대한 확실성이 빠르게 이동하는 확실성보다 크기 때문이다.

활동 11.1: 퍼지 논리

- 로봇이 물체에 접근하기 위한 퍼지 논리 제어기를 구현하라.
- 근접 센서의 대략적인 임계값을 정하고, 정확한 모터 속도를 구하기 위해 역퍼지화에 사용하는 대략적인 모터 세기를 정하라.
- 활동 6.3에서 구현한 비례 제어 알고리듬과 결과를 비교하라.

11.4 요약

퍼지 논리 제어는 6장에서 다룬 전통적인 수학적 제어 알고리듬 대신 사용할 수 있다. 퍼지 논리 제어의 장점은 정의하기 어려울 수 있는 로봇의 거동을 수학적으로 정확히 나타내지 않아도 된다는 것이다. 11장의 예시에서는 속도에 대한 퍼지 정의를 살펴봤지만, 색깔(빨간색 그늘이 언제 주황색이 되는지)이나 온도(따뜻한 방이 언제 더워지는지)에도 적용할 수 있다. 퍼지 논리의 단점은 퍼지 논리 제어의 거동이 전통적인 제어 알고리듬보다는 명확하지 않다는 것이다.

11.5 추가 자료

퍼지 논리의 시초는 로트피 자데Lotfi Zadeh[3]의 연구며, 퍼지 논리를 제어에 적용하는 방법은 [2]에서 확인할 수 있다. 퍼지 논리는 [1, 3.8절]과 같이 이미지 처리에서도 사용된다.

참고 문헌

1. Gonzalez, R.C., Woods, R.E.: Digital Image Processing, 3rd edn. Pearson, Boston (2008)
2. Passino, K.M., Yurkovich, S.: Fuzzy Control. Addison-Wesley, Reading (1998)
3. Zadeh, L.A.: Fuzzy sets. Inf. Control 8(3), 338–353 (1965)

12
이미지 처리

자율주행 자동차의 거리 센서는 자동차 전방 100m 거리에 있는 물체를 감지할 수 있다. 여러분은 앞에 있는 자동차와 안전 거리를 유지하면서 운전하는가? 보행자가 갑자기 도로에 뛰어든 상황을 경험해본 적이 있는가? 여태까지 살펴본 로봇 알고리듬은 거리나 각도, 반사율과 같은 물리적 특성을 측정해 사용했다. 하지만 더 복잡한 작업을 위해서는, 특히 로봇이 익숙하지 않은 환경에서 자동으로 작동해야 하는 경우 주변 환경에 대한 자세한 정보를 얻어야 한다.

사람에게 주변 환경을 인식하는 가장 쉬운 방법은 시각을 이용하는 것이다. 우리는 시각을 당연하게 여겨 사람의 시각 시스템(눈과 뇌)이 얼마나 복잡한지를 깨닫지 못한다. 실제로 뇌의 30%가 시각에 사용된다. 우리는 움직이는 자동차와 도로를 건너는 보행자를 즉각적으로 구별해 빠르게 반응할 수 있다.

카메라를 이용해 자동으로 이미지를 기록하게 된 것은 200년 가까이 됐지만, 이미지를 해석하는 것은 사람이 해야 하는 작업이었다. 하지만 컴퓨터의 발전으로 이미지를 처리하고 해석하는 것이 가능해졌다. 디지털 이미지는 인공위성에서 얻는 날씨 지도, 의료 이미지(엑스레이X-ray, CT, MRI, 초음파 사진), 스마트폰으로 찍는 사진과 같이 주변에서 쉽게 찾아볼 수 있다. 디지털 이미지 처리는 컴퓨터공학에서 가장 활발히 연구되는 분야지만, 이미지 처리 시스템은 아직 사람의 시각 시스템 수준으로는 발전하지 못했다.

12장에서는 디지털 이미지 처리 알고리듬을 간단하게 살펴보고 로봇 시스템에서 어떻게 사용되는지 알아본다. 12.1절과 12.2절에서는 이미지 시스템과 디지털 이미지 처리를 소개한다. 12.3절에서 12.6절까지는 디지털 필터와 히스토그램 조작을 통한 이미지 향상enhancement, 윤곽선 검출edge detection 같은 영상 분할segmentation, 특성 인식(모서리와 얼룩 검출, 여러 특성 발견) 등의 다양한 이미지 처리 알고리듬을 설명한다.

비용과 연산 능력의 제한으로 교육용 로봇에서는 거의 카메라를 사용하지 않으므로 이미지 처리 알고리듬을 배우려면 여러분의 개인 컴퓨터와 디지털 카메라로 찍은 이미지를 통해 알고리듬을 구현해야 한다. 하지만 12장의 몇몇 활동은 교육용 로봇에서 구현할 수 있는 이미지 처리 알고리듬을 포함하고 있다. 로봇을 이미지의 한 차원으로 움직이고 지면 센서로 샘플을 읽으면, 12장에서 소개하는 알고리듬을 단순화해 처리할 수 있는 1차원 픽셀 배열이 된다.

12.1 이미지 획득

12.1절에서는 이미지 시스템을 설계할 때 고려할 점을 살펴본다.

광학

카메라 광학 시스템은 센서에 빛을 모으는 렌즈로 구성된다. 넓은 렌즈는 더 많은 빛을 모을 수 있어 어두운 환경에서 작동하는 시스템에서 중요하다. 초점 거리는 렌즈와 센서 사이 거리에 따라 달라지고, 길수록 확대율이 커진다. 이것이 전문 사진가가 긴 렌즈가 달린 무거운 카메라를 갖고 다니는 이유다. 스마트폰 제조사는 휴대폰이 얇고 예쁘길 원하지만, 그렇게 만들면 카메라의 초점 거리가 제한되는 딜레마가 있다. 대부분의 로봇 애플리케이션에서는 긴 초점 거리를 위해 필요한 크기와 무게만큼 확대율이 의미 있지 않다.

해상도

예전에는 작은 은색 입자들인 감광 유제로 덮인 플라스틱에 빛을 쏴 화학 반응을 발생시켜 이미지를 필름에 담았다. 이론상 각 입자가 독립적으로 반응하기 때문에 해상도가 매우 높다. 디지털 이미지에서는 빛이 전자 결합 소자CCD, Charge Coupled Device와 같은 반도체에 담긴다. 디지털 카메라에는 사각형 배열에 정해진 수의 부품이 들어 있는 칩이 있다. 각 부품은 독립적으로 빛의 세기를 측정하고, 이렇게 측정된 값들을 픽셀이라고 한다. 한 개의 칩에 단위 면적당 픽셀이 더 많을수록 해상도가 높다고 한다. 현재는 스마트폰에 있는 값싼 카메라로 찍은 이미지도 수백만 픽셀로 이뤄져 있다.

높은 해상도 이미지의 문제점은 이미지를 저장할 때 메모리 공간을 많이 차지한다는 것이다. 1920×1080 픽셀의 고해상도 컴퓨터 화면에서 각 픽셀이 0-255의 세기를 저장하기 위해 8비트를 사용한다고 하자. 그럼 한 장의 이미지당 약 2MB(메가바이트)의 메모리가 필요하다. 임베디드 컴퓨터는 이와 같은 이미지를 분석할 수 있지만, 모바일 로봇은 초당 몇 장의 이미지를 저장해야 할 수도 있다.

메모리의 크기보다 중요한 것은 이미지를 분석하는 데 필요한 연산 능력이다. 이미지 처리 알고리듬에서는 컴퓨터가 각 픽셀에 대해 연산을 수행해야 한다. 이는 천문학자가 우주 망원경에서 지구로 보내는 이미지를 처리할 때는 문제가 되지 않지만, 아주 짧은 시간 안에 결정을 내려야 하는 자율주행 자동차의 경우에는 문제가 될 수 있다.

색

사람의 시각 시스템은 가시광선이라고 하는 범위의 파장을 구별할 수 있다. 우리는 파장이 다른 빛을 다른 색으로 인식한다. 파장이 긴 빛은 빨간색이라 하고, 파장이 짧은 빛은 보라색이라 한다. 사람은 빨간색, 주황색, 노란색, 초록색, 청록색, 파란색, 보라색 등 몇 개의 빛에만 이름을 붙였지만, 사람의 눈은 수백만 개의 색을 구별할 수 있다. 색은 우리가 물체를 인식하는 데 사용하는 주요한 수단 중 하나다.

센서는 가시광선보다 파장이 긴 적외선과 파장이 짧은 자외선을 측정할 수 있다. 적외선 이미지는 사람이나 자동차와 같은 뜨거운 물체가 밝은 적외선 빛으로 측정되기 때문에 로봇에서 중요하다.

색을 사용할 때의 문제점은 이미지를 저장하고 처리하는 데 세 배의 비용이 든다는 것이다. 모든 색은 삼원색인 빨간색, 초록색, 파란색(RGB)을 다양하게 섞어 나타낼 수 있다. 따라서 색 이미지는 각 픽셀당 3바이트가 필요하다. 해상도가 1920×1080인 이미지는 저장하는 데 6MB 이상의 메모리가 필요하고, 이미지를 처리하는 데는 적어도 세 배의 시간이 든다.

12.2 디지털 이미지 처리 개요

로봇의 광학 시스템은 이미지를 픽셀로 이뤄진 사각형 배열로 저장하지만, 로봇의 작업은 예를 들어 문을 통과해 방으로 들어가거나 선반에서 물체를 들거나 자동차 앞에 보행자가 지나가면 멈추는 것과 같이 환경 안의 물체로 표현된다. 그럼 어떻게 픽셀에서 물체를 인식할 수 있을까?

첫 단계는 이미지 향상이다. 이미지에는 광학적으로 전기적인 잡음이 있다. 게다가 빛에 따라 이미지가 너무 어둡거나 흐릴 수 있고, 실수로 돌아갈 수 있으며, 초점이 맞지 않을 수 있다. 이런 문제는 이미지 안에 담긴 내용물과 무관해 초점이 맞지 않은 이미지의 대상이 고양이거나 아이인 경우와 상관없이 모두 해당된다. 이미지 향상은 주로 각 픽셀의 의미

를 고려하지 않고 픽셀의 값을 바꿔 이뤄진다.[1]

이미지 향상은 이미지를 향상시킨다는 공식적인 정의가 없기 때문에 어렵다. 흐린 부분이 카메라 렌즈의 먼지일 수도 있고 알려지지 않은 은하계일 수도 있다. 12.3절에서는 이미지를 향상시키는 두 가지 방법을 소개한다. 필터링은 잡음이 있는 픽셀을 주변 픽셀의 평균값으로 대체해 잡음을 제거하고, 히스토그램 조작은 이미지의 밝기와 대비를 변형한다.

물체는 선과 곡선, 면으로 구분된다. 문은 짧은 한쪽 변이 없는 세 개의 직선 변으로 이뤄진다. 신호등에서는 빛이 나는 세 개의 원판이 위아래로 나란히 세워져 있다. 문이나 신호등을 인식하기 전에 이미지 처리 알고리듬에서 어떤 픽셀이 선이나 윤곽선을 나타내는지 알아야 한다. 이런 알고리듬은 어떤 픽셀이 이미지의 어떤 부분을 나타내는지 판단해야 하므로 영상 분할segmentation이나 특성 추출feature extraction이라고 한다.

윤곽선, 선, 곡선이 일정하다면 영상 분할이 쉽겠지만 실제 이미지에서는 일정하지 않다. 모서리가 임의의 각도로 기울어져 있을 수도 있고, 일부 픽셀이 그림자로 가려지거나 심지어 없을 수도 있다. 아마도 사람이 알아보기는 쉽지만 컴퓨터가 자동으로 인식하기는 어렵도록 글자를 일부러 왜곡한 캡차CAPTCHA, Completely Automated Public Turing test to tell Computers and Humans Apart를 이미 알고 있을 것이다. 이미지 향상 알고리듬은 예를 들어 빠진 픽셀을 채워 이미지 분할을 더 쉽게 만들지만 인위적인 분할을 만들기도 한다. 12.4절에서는 이미지 분할 기술 중 하나인 이미지의 윤곽선을 탐지하는 필터를 소개한다.

이미지 처리의 마지막 단계는 물체를 인식하는 것이다. 12.5절에서 모서리를 검출하는 두 가지 알고리듬을 살펴본다. 첫 번째 알고리듬은 두 윤곽선이 교차하는 부분을 찾는 것이고, 두 번째 알고리듬은 밝기가 비슷한 이웃의 수를 세는 것이다. 12.6절에서는 영역 내의 픽셀 밝기가 비슷하지만 선이나 곡선과 같은 일반적인 특성으로 둘러싸이지 않은 얼룩blob을 검출하는 방법을 알아본다. 마지막으로, 활동 12.6에서는 서로 임의의

---

1 이 책에서는 픽셀에만 적용하는 공간 처리 알고리듬만 다룬다. 주파수 처리 알고리듬이라는 다른 방법이 있지만, 여기에서 다루지 않는 수학 지식이 필요하다.

거리만큼 떨어진 두 윤곽선으로 정의되는 문과 같이 두 개 이상의 특성으로 정의되는 물체를 인식하는 방법을 살펴본다.

12.3 이미지 향상

그림 12.1a는 밝기가 가로축으로 일정하고 위에서 아래로 점차 밝아지는 사각형 이미지다. 이미지는 그림 12.2a와 같이 6×10의 사각형 픽셀 배열로 나타냈고, 각 픽셀의 값은 밝기를 나타내는 0에서 100 사이의 값이다. 그림 12.1b를 보면 밝기가 주변의 밝기와 비슷하지 않은 세 개의 점으로 인해 이미지가 부드럽지 않다. 그림 12.2b의 픽셀 배열과 그림 12.2a의 픽셀 배열을 비교해보면 $(2, 3)$, $(3, 6)$, $(4, 4)$ 픽셀의 밝기가 다른 것을 확인할 수 있다. 이는 잡음의 영향이며 물체의 실제 특성이 아닐 가능성이 크다.

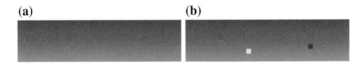

그림 12.1 (a) 잡음이 없는 이미지, (b) 잡음이 있는 이미지

(a)

	0	1	2	3	4	5	6	7	8	9
0	10	10	10	10	10	10	10	10	10	10
1	20	20	20	20	20	20	20	20	20	20
2	30	30	30	30	30	30	30	30	30	30
3	40	40	40	40	40	40	40	40	40	40
4	50	50	50	50	50	50	50	50	50	50
5	60	60	60	60	60	60	60	60	60	60

(b)

	0	1	2	3	4	5	6	7	8	9
0	10	10	10	10	10	10	10	10	10	10
1	20	20	20	20	20	20	20	20	20	20
2	30	30	30	**20**	30	30	30	30	30	30
3	40	40	40	40	40	40	**10**	40	40	40
4	50	50	50	50	**90**	50	50	50	50	50
5	60	60	60	60	60	60	60	60	60	60

그림 12.2 (a) 잡음이 없는 픽셀 배열, (b) 잡음이 있는 픽셀 배열

잡음이 물체에서 발생했는지, 카메라 렌즈의 먼지로 인한 것인지, 센서의 불균일성 때문인지, 혹은 전자 부품의 잡음인지는 사실 중요하지 않다. 픽셀에 잡음이 발생했는지, 실제로 물체의 특성인지 알 수 없기 때문에 잡음을 완전히 없애는 것은 불가능하지만 잡음이 눈에 띄지 않도록 이미지를 향상해보자.

12.3.1 공간 필터

그림 12.2b의 픽셀 배열에서 4행을 보자.

$$50, 50, 50, 50, 90, 50, 50, 50, 50, 50$$

그림 12.3a는 위 픽셀들의 빛의 세기를 그래프로 나타낸 것이다. 이 중 한 픽셀의 값이 주변 값과 너무 다르기 때문에 해당 픽셀은 이상할 확률이 높고, 프로그램을 이용해 이 픽셀의 밝기를 이 픽셀과 주변 픽셀들의 평균으로 바꿔 주변과 비슷하게 만들 수 있다. 위 픽셀들의 대부분은 $(50 + 50 + 50)/3 = 50$으로 값이 바뀌지 않지만, 잡음이 있는 픽셀과 주변 픽셀의 평균을 구하면 $(50 + 90 + 50)/3 \approx 60$으로 값이 바뀐다(그림 12.3b). 평균을 사용하면 두 개의 픽셀이 잘못된 값을 갖게 되지만, 잡음의 크기가 감소하므로 이미지가 전반적으로 향상된다.

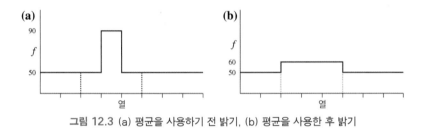

그림 12.3 (a) 평균을 사용하기 전 밝기, (b) 평균을 사용한 후 밝기

픽셀들의 평균을 구하는 것은 연속적인 밝기 함수를 적분하는 대신 이산화하는 것이다. 적분은 함수의 국소적 변화를 부드럽게 한다. 그림 12.3a와 12.3b의 점선은 세 개의 연속된 픽셀을 나타내고 둘러싼 영역의 넓이가 대략 비슷한 것을 볼 수 있다.

평균은 이미지의 각 픽셀에 공간 필터를 적용해 구할 수 있다.[2] 2차원 픽셀 배열에서는 필터가 3×3 배열이고 필터의 각 성분은 해당 픽셀과 주변의 픽셀에 곱해지는 가중치를 나타낸다. 각 픽셀은 대각선 픽셀 포함 여부에 따라 네 개 또는 여덟 개의 주변 픽셀이 있다. 이 책에서는 대각선 픽셀을 포함하도록 하자.

---

2 함수 g를 함수 f의 모든 점에 적용하는 것을 수학적 표현으로 (이산) 합성곱(convolution)이라고 한다. 연속 함수의 경우 덧셈 대신 적분을 이용해 평균을 구한다.

박스 필터^{box filter}는 다음과 같다.

$$\begin{bmatrix} 1 & 1 & 1 \\ 1 & 1 & 1 \\ 1 & 1 & 1 \end{bmatrix}$$

픽셀들에 필터를 곱한 값을 합하고 합한 값을 9로 나눠 다시 밝기 값을 구한다.

필터를 픽셀 (r, c)에 적용하는 것은 다음과 같이 명시할 수 있다.

$$g(r, c) = (\\ f(r-1, c-1) + f(r-1, c) + f(r-1, c+1) + \\ f(r, c-1) \quad + f(r, c) \quad + f(r, c+1) \quad + \\ f(r+1, c-1) + f(r+1, c) + f(r+1, c+1) \\ ) / 9$$

박스 필터를 그림 12.2b의 잡음이 있는 이미지에 적용한 결과는 그림 12.4a와 같다. 이제 밝기 값이 일정하지는 않지만, 잡음이 있던 픽셀을 제외하면 원본과 상당히 비슷하다. 밑에서 두 번째 행을 보면 잡음 90이 없어지고 해당 행의 모든 픽셀 값이 46에서 54로 비슷한 것을 확인할 수 있다.

(a)

	0	1	2	3	4	5	6	7	8	9
0	10	10	10	10	10	10	10	10	10	10
1	20	20	18	18	18	20	20	20	20	20
2	30	30	28	28	28	26	26	26	30	30
3	40	40	38	43	43	41	36	36	40	40
4	50	50	50	54	54	51	46	46	50	50
5	60	60	60	60	60	60	60	60	60	60

(b)

	0	1	2	3	4	5	6	7	8	9
0	10	10	10	10	10	10	10	10	10	10
1	20	20	19	19	19	20	20	20	20	20
2	30	30	29	25	29	28	28	28	30	30
3	40	40	39	41	41	40	25	38	40	40
4	50	50	50	52	70	50	48	48	50	50
5	60	60	60	60	60	60	60	60	60	60

그림 12.4 (a) 박스 필터를 이용한 이미지 평활화, (b) 가중 필터를 이용한 이미지 평활화

박스 필터는 필터를 적용하는 모든 픽셀에 동일한 가중치를 부여하지만, 가중 필터^{weighted filter}는 픽셀마다 다른 가중치를 부여한다. 다음 필터는 주변 픽셀보다 필터를 적용하는 픽셀에 훨씬 큰 가중치를 사용한다.

$$\begin{bmatrix} 1 & 1 & 1 \\ 1 & 8 & 1 \\ 1 & 1 & 1 \end{bmatrix}$$

위의 필터는 픽셀의 값이 거의 올바르다고 생각하지만 그래도 주변 픽

셀의 영향을 고려하고 싶을 때 사용하면 좋다. 위의 필터를 적용할 때는 합한 결과를 밝기로 바꾸기 위해 16으로 나눠야 한다. 그림 12.4b는 가중 필터를 적용한 결과를 나타낸다. 밑에서 두 번째 행을 다시 보면, 주변 픽셀보다 필터를 적용하는 픽셀에 더 큰 가중치가 적용되므로 값이 90에서 70으로밖에 감소하지 않았다.

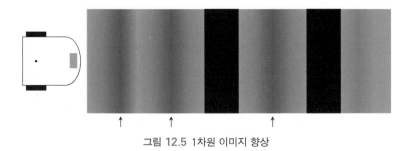

그림 12.5 1차원 이미지 향상

활동 12.1: 이미지 향상: 평활화

- 그림 12.5와 같이 회색조 패턴으로 종이를 출력하라. 패턴에는 감지하고자 하는 두 개의 검은색 선과 선으로 잘못 인식될 수 있는 세 개의 짙은 회색 영역(화살표로 표시된)이 있다.
- 로봇이 지면 센서의 출력을 읽으며 패턴의 왼쪽에서 오른쪽으로 움직이도록 프로그램을 작성하라. 센서의 출력을 확인해 로봇이 검은색 선과 짙은 회색 영역을 구분할 수 있도록 임계값을 설정하라. 프로그램을 수정해 프로그램을 다시 실행할 때는 검은색 선과 짙은 회색 영역을 감지하면 빛이나 소리로 표시하도록 하라.
- 프로그램을 수정해 샘플의 값을 샘플과 그 주변 밝기의 평균으로 사용하라. 이제 로봇은 검은색 선은 감지하고 회색 영역은 감지하지 못해야 한다.
- 평균을 구할 때 가중치를 다르게 해서 실험하라.
- 여러 샘플링 주기로 실험하라. 아주 짧은 주기로 지면 센서의 값을 읽으면 어떻게 되는가?

12.3.2 히스토그램 조작

그림 12.6a는 픽셀이 검은색이거나 흰색인 이진 이미지의 픽셀이다.[3] 이
미지에는 검은색 배경에 3×5의 흰 사각형이 있다. 그림 12.6b는 같은
이미지에 무작위의 큰 잡음이 추가된 것을 나타낸다. 이미지를 보면 사각
형을 알아볼 수는 있지만, 알아보기가 어렵고 이미지를 평활화smoothing하
는 것이 도움이 되지 않는다.

(a)

	0	1	2	3	4	5	6	7	8	9
0	10	10	10	10	10	10	10	10	10	10
1	10	10	10	10	10	10	10	10	10	10
2	10	10	10	**90**	**90**	**90**	**90**	**90**	10	10
3	10	10	10	**90**	**90**	**90**	**90**	**90**	10	10
4	10	10	10	**90**	**90**	**90**	**90**	**90**	10	10
5	10	10	10	10	10	10	10	10	10	10

(b)

	0	1	2	3	4	5	6	7	8	9
0	19	17	37	19	26	11	46	27	37	10
1	11	24	17	30	14	43	29	22	34	46
2	31	37	38	63	72	86	65	64	27	47
3	33	38	49	73	63	66	59	76	40	10
4	47	13	44	90	86	56	63	65	18	44
5	10	34	29	14	35	31	26	42	15	25

그림 12.6 (a) 잡음이 없는 이진 이미지, (b) 잡음이 있는 이진 이미지

그럼 밝기에 따른 히스토그램을 만들어보자(그림 12.7). 히스토그램은
밝기가 특정 범위 안에 있는 픽셀의 수를 저장하는 빈bin으로 이뤄져 있
다. 그림 12.7의 히스토그램에는 0-9, 10-19, …, 91-99 밝기 범위의
열 개 빈이 있다. 흰색 사각형이 배경에 비해 상대적으로 작다고 가정하
면 히스토그램에서 상대적으로 어두운 픽셀들과 상대적으로 밝은 픽셀들
로 나눠지는 것을 볼 수 있다. 50이나 60 정도의 임계값을 사용하면 잡
음이 있는 경우에도 사각형과 배경을 구별할 수 있다. 실제로 임계값을
50으로 선정하면 원본 이미지를 복원할 수 있고, 60으로 선정하면 사각
형 15개 픽셀 중 13개 픽셀을 복원할 수 있다.

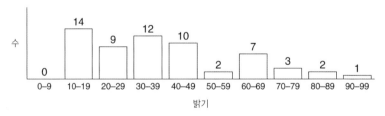

그림 12.7 잡음이 있는 이미지의 히스토그램

---

3 흔히 사용하는 0과 100 대신 배열을 명확히 나타내기 위해 검은색을 10으로, 흰색을 90으로 표현했다.

히스토그램 조작의 장점은 큰 이미지에서도 계산하기가 효율적이라는 것이다. 다음과 같이 각 픽셀마다 밝기를 빈의 수로 나눠 빈의 색인을 찾으면 된다.

픽셀 p마다

　　빈 색인 ← 밝기(p) / 빈의 수

　　빈[빈 색인] ← 빈[빈 색인] + 1

위의 연산을 각 픽셀마다 아홉 번의 곱셈과 여덟 번의 덧셈, 한 번의 나눗셈을 하는 3×3 크기의 공간 필터와 비교하면 연산이 더 효율적인 것을 확인할 수 있다. 게다가 필요한 메모리도 작다. 그림 12.7에 히스토그램 전체를 나타내기 위해 예시에서는 열 개의 빈만을 사용했지만, 8비트 회색조 히스토그램을 사용하는 경우에도 256개 빈만 있으면 된다.

히스토그램을 보고 임계값을 찾는 것은 쉽고, 이미지에서 배경이 물체로 덮인 비율을 대략 아는 경우에는 임계값을 자동으로 정할 수 있다.

여기서 다룬 간단한 임계값을 통한 히스토그램 조작 외에도 히스토그램 조작 알고리듬은 복잡한 이미지 향상을 할 수 있다. 구체적으로는 이미지의 밝기나 대비를 조절해 이미지를 향상할 수 있다.

활동 12.2: 이미지 향상: 히스토그램 조작

- 활동 12.1의 프로그램에서 샘플의 히스토그램을 계산하라.
- 샘플의 수가 증가하면 히스토그램이 어떻게 바뀌는가?
- 히스토그램을 보고 검은색과 배경을 구별하도록 임계값을 정하라.
- 빈에 있는 샘플 수의 합이 전체 샘플 수의 특정 비율(예를 들면 1/3)이 될 때까지 더하고, 마지막 빈을 임계값으로 사용하라.

12.4 윤곽선 검출

의학 이미지 처리 시스템에는 이미지의 밝기나 대비, 잡음 제거 등을 위한 정교한 이미지 향상 알고리듬이 필요하다. 하지만 이미지를 향상하고 나면, 이미지의 어떤 선과 음영이 몸의 장기에 해당하고 장기가 정상인지 아닌지에 대한 지식이 있는 전문가가 이미지를 분석한다. 자율 로봇에는 분석을 할 사람이 없으므로 로봇이 건물의 문이나 공장의 상자, 도로의 차를 구별해야 한다. 첫 단계는 선, 윤곽선, 면과 같은 특성이나 성분을 추출하는 것이다.

그림 12.8a의 6×6 픽셀 배열을 보자. 각 행의 밝기는 일정하지만 2행과 3행 사이에서 밝기가 급격하게 바뀐다. 따라서 이는 위의 어두운 영역과 밑의 밝은 영역 사이의 윤곽선을 나타낸다. 평균을 내면 밝기 변화가 부드러워지고 윤곽선에서의 급격한 변화가 없어지게 된다.

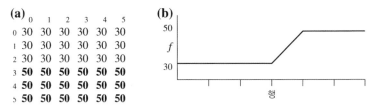

그림 12.8 (a) 윤곽선이 있는 이미지, (b) 윤곽선의 밝기

평균이 밝기의 급격한 변화를 없애는 적분 연산이므로, 미분 연산은 윤곽선을 의미하는 급격한 변화를 감지하는 연산이라는 것을 유추할 수 있다. 그림 12.8b는 그림 12.8a의 행에 따른 밝기를 이산값 대신 선으로 표시한 것이다. 이미지의 밝기는 첫 세 행에서는 바뀌지 않고 갑자기 바뀐 후 높은 값을 유지한다. 그림 12.9a와 같이 함수 f를 1차 미분한 f'은 f가 일정할 때 0, f가 증가할 때 양수, f가 감소할 때 음수다. 윤곽선은 이미지 밝기의 1차 미분이 급격하게 증가하거나 감소하는 곳을 찾아 감지할 수 있다.

실제로는 2차 미분을 사용하는 것이 실용적으로 더 좋다. 그림 12.9b는 그림 12.9a의 f'을 미분한 f''이다. 양수로 뾰족하게 올라오고 뒤이어

음수로 뾰족하게 내려가는 것은 밝기가 어두웠다가 밝아지는 것을 나타낸다. 만약 밝았다가 어두워지면, 음수로 뾰족하게 내려간 후 양수로 뾰족하게 올라오게 된다.

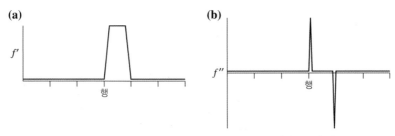

그림 12.9 (a) 윤곽선 밝기의 1차 미분, (b) 윤곽선 밝기의 2차 미분

여러 가지 디지털 미분 연산자가 있지만, 그중 간단하면서도 효과적인 것은 소벨sobel 필터다. 소벨 필터는 다음과 같이 두 가지가 있는데, 하나는 수평 윤곽선을 검출하는 필터고(왼쪽 행렬) 다른 하나는 수직 윤곽선을 검출하는 필터다(오른쪽 행렬).

$$\begin{bmatrix} -1 & -2 & -1 \\ 0 & 0 & 0 \\ 1 & 2 & 1 \end{bmatrix} \qquad \begin{bmatrix} -1 & 0 & 1 \\ -2 & 0 & 2 \\ -1 & 0 & 1 \end{bmatrix}$$

미분 필터의 특징은 행렬 성분의 합이 0이 돼야 한다는 것이다. 그 이유는 주변 픽셀과 밝기가 동일한 픽셀에 연산자를 적용할 때 그 결과가 0이 돼야 하기 때문이다. 그림 12.8b와 12.9a에서 밝기가 일정한 곳에서는 미분이 0인 것을 다시 확인해보자.

소벨 필터를 그림 12.8a의 픽셀 배열에 적용하면, 수평 윤곽선이 있지만(그림 12.10a) 수직 윤곽선은 없는 것을(그림 12.10b) 확실히 알 수 있다.

소벨 필터는 윤곽선을 검출할 수 있을 뿐 아니라 윤곽선의 각도도 계산할 수 있으므로 매우 유용하다. 그림 12.11은 좌측 상단에서 우측 하단까지 가로지르는 윤곽선이 있는 이미지를 나타낸다. 그림 12.12a와 12.12b는 두 소벨 필터를 적용한 결과고, 이 배열의 크기와 부호를 이용하면 [3]의 4.3.1절에서 설명하는 방법으로 윤곽선의 각도를 계산할 수 있다.

(a)

	0	1	2	3	4	5
0	0	0	0	0	0	0
1	0	0	0	0	0	0
2	0	80	80	80	80	0
3	0	80	80	80	80	0
4	0	0	0	0	0	0
5	0	0	0	0	0	0

(b)

	0	1	2	3	4	5
0	0	0	0	0	0	0
1	0	0	0	0	0	0
2	0	0	0	0	0	0
3	0	0	0	0	0	0
4	0	0	0	0	0	0
5	0	0	0	0	0	0

그림 12.10 (a) 소벨 필터로 검출한 수평 윤곽선, (b) 소벨 필터로 검출한 수직 윤곽선

	0	1	2	3	4	5
0	30	30	30	30	30	30
1	**50**	30	30	30	30	30
2	**50**	50	30	30	30	30
3	**50**	**50**	50	30	30	30
4	**50**	**50**	**50**	50	30	30
5	**50**	**50**	**50**	**50**	50	30

그림 12.11 대각 윤곽선

(a)

	0	1	2	3	4	5
0	0	0	0	0	0	0
1	0	**60**	20	0	0	0
2	0	**60**	**60**	20	0	0
3	0	20	**60**	**60**	20	0
4	0	0	20	**60**	**60**	0
5	0	0	0	0	0	0

(b)

	0	1	2	3	4	5
0	0	0	0	0	0	0
1	0	**−60**	−20	0	0	0
2	0	**−60**	**−60**	−20	0	0
3	0	−20	**−60**	**−60**	−20	0
4	0	0	−20	**−60**	**−60**	0
5	0	0	0	0	0	0

그림 12.12 (a) 수평 소벨 필터를 대각 윤곽선에 적용한 결과,
(b) 수직 소벨 필터를 대각 윤곽선에 적용한 결과

활동 12.3: 윤곽선 검출

- 그림 12.13과 같이 급격한 윤곽선이 있는 패턴을 출력하라.
- 활동 12.1의 프로그램을 이용해 로봇이 패턴의 왼쪽에서 오른쪽으로 움직일 때 지면 센서 샘플을 모으고 저장하도록 하라. 수집한 샘플에 미분 필터를 적용하라.
- 다음에 로봇이 패턴을 지나갈 때는 미분값이 0 근처가 아닌지 알 수 있다.
- 로봇이 패턴의 오른쪽에서 왼쪽으로 움직이면 어떻게 되는가?
- 필터를 적용한 결과를 픽셀을 저장한 배열이 아닌 별도의 배열에 저장해야 한다. 왜 그럴까?

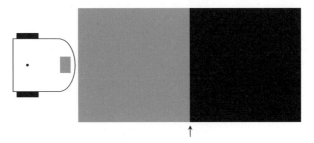

그림 12.13 윤곽선 검출 활동

12.5 모서리 검출

그림 12.14a와 같이 회색 바탕의 검은색 사각형은 단순히 윤곽선으로만 이뤄져 있지 않으며, 수직 윤곽선이 수평 윤곽선과 만나 두 개의 모서리 가 생긴다. 12.5절에서는 이미지에서 모서리를 검출하는 두 가지 알고리 듬을 살펴본다. 간략화하기 위해 모서리가 사각형 이미지와 나란하다고 가정하자.

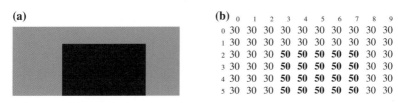

그림 12.14 (a) 이미지의 모서리, (b) 모서리의 픽셀 배열

이제 이미지에서 윤곽선을 검출하는 방법을 알고 있으며, 모서리는 수 직 윤곽선과 수평 윤곽선의 교차점으로 정의된다. 그림 12.14b는 그림 12.14a 이미지를 6×10 픽셀 배열로 나타낸 것이다. 여기에 소벨 윤곽선 검출기를 적용하면 두 개의 수직 윤곽선(그림 12.15a)과 한 개의 수평 윤 곽선(그림 12.15b)을 찾을 수 있다.

(a)	0	1	2	3	4	5	6	7	8	9
0	0	0	0	0	0	0	0	0	0	0
1	0	0	20	20	0	0	0	−20	−20	0
2	0	0	60	60	0	0	0	−60	−60	0
3	0	0	80	80	0	0	0	−80	−80	0
4	0	0	80	80	0	0	0	−80	−80	0
5	0	0	0	0	0	0	0	0	0	0

(b)	0	1	2	3	4	5	6	7	8	9
0	0	0	0	0	0	0	0	0	0	0
1	0	0	20	60	80	80	80	60	20	0
2	0	0	20	60	80	80	80	60	20	0
3	0	0	0	0	0	0	0	0	0	0
4	0	0	0	0	0	0	0	0	0	0
5	0	0	0	0	0	0	0	0	0	0

그림 12.15 (a) 수직 윤곽선, (b) 수평 윤곽선

교차점은 소벨 필터를 적용한 두 결과 배열의 절댓값의 합이 임계값을 넘어가는 픽셀로 정의한다. 임계값이 30이면, (2, 3) 픽셀과 (2, 7) 픽셀에서 두 윤곽선이 교차하고 이 픽셀을 모서리라고 판단한다.

픽셀 값이 균일한 곳에서는 주변 픽셀을 분석해 윤곽선과 모서리를 검출해야 한다. 픽셀 값이 균일한 곳에서는 주변 픽셀의 밝기가 거의 비슷하다. 윤곽선에서는 한 방향으로는 밝기가 아주 다르지만 다른 방향으로는 비슷하다. 반면, 모서리에서는 밝기가 주변 픽셀과 비슷하지 않다. 따라서 모서리를 검출하려면 밝기가 비슷한 주변 픽셀의 수를 세고 해당 값이 가장 적은 픽셀을 모서리라고 판단할 수 있다. 그림 12.16은 그림 12.14b의 각 픽셀에서 밝기가 비슷한 주변 픽셀의 수를 나타낸 것이다. 예상한 대로 (2, 3)과 (2, 7)의 모서리 픽셀에서 밝기가 비슷한 주변 픽셀 수가 가장 적은 것을 확인할 수 있다.

	0	1	2	3	4	5	6	7	8	9
0	0	0	0	0	0	0	0	0	0	0
1	0	8	7	6	5	5	5	6	7	0
2	0	8	6	3	5	5	5	3	6	0
3	0	8	5	5	8	8	8	5	5	0
4	0	8	5	5	8	8	8	5	5	0
5	0	0	0	0	0	0	0	0	0	0

그림 12.16 비슷한 주변 픽셀

활동 12.4: 모서리 탐지

- 두 개의 지면 센서가 있는 로봇을 이용해 윤곽선 교차 방법으로 모서리를 검출하라. 로봇은 그림 12.14a 이미지의 밑에서 위로 움직인다. 로봇이 검은색 사각형 위에 있을 때는 모서리를 검출하지 못하지만, 한쪽 센서가 검은색 사각형 위에 있고 다른 쪽

센서가 회색 배경 위에 있으면 모서리를 감지할 수 있다.

- 주변 픽셀 분석 방법으로 모서리를 검출하라. 마찬가지로 현재 샘플의 왼쪽, 오른쪽 센서값과 전 샘플의 왼쪽, 오른쪽 센서값을 분석하라. 네 개의 샘플 중 한 개만 검은색이면 모서리라고 판단한다.

12.6 얼룩 검출

그림 12.17a는 낮은 밝기의 배경에 높은 밝기로 12개의 픽셀이 원형으로 얼룩진 것을 나타낸다. 얼룩은 사각형과 같이 명확히 정의된 경계가 없다. 밑에서 두 번째 행에는 원형 얼룩의 일부가 아닌 높은 밝기를 나타내는 두 개의 별도 픽셀이 있다. 그림 12.17b는 임의의 잡음을 추가한 픽셀을 나타낸다. 목표는 잡음이 있을 때 미리 정한 밝기 임계값을 사용하지 않고 얼룩만을 찾는 것이다. 밝기에 상관없이 얼룩을 찾아내는 것은 로봇이 환경에서 빛의 상태에 영향을 받지 않고 작업을 수행하기 위해 중요하다.

(a)

	0	1	2	3	4	5	6	7	8	9
0	30	30	30	30	30	30	30	30	30	30
1	30	30	30	30	**80**	**80**	30	30	30	30
2	30	30	30	**80**	**80**	**80**	**80**	30	30	30
3	30	30	30	**80**	**80**	**80**	**80**	30	30	30
4	**80**	30	30	30	**80**	**80**	30	30	30	**80**
5	30	30	30	30	30	30	30	30	30	30

(b)

	0	1	2	3	4	5	6	7	8	9
0	46	42	40	50	46	44	40	33	30	34
1	32	46	46	46	**67**	**73**	39	47	39	30
2	33	40	40	**73**	**68**	**63**	**73**	44	42	31
3	35	41	50	**67**	**60**	**71**	**60**	37	30	49
4	**68**	46	32	44	**61**	**77**	48	42	45	**62**
5	39	37	38	34	33	40	35	37	34	32

그림 12.17 (a) 얼룩, (b) 잡음이 섞인 얼룩

미리 정해놓은 임계값 없이 잡음을 배제하기 위해 이미지의 평균 밝기로부터 계산된 임계값을 사용한다. 얼룩을 서로 분리하기 위해 먼저 임계값보다 밝기가 밝은 픽셀을 하나 찾고 인접한 픽셀에서 임계값보다 밝기가 밝은 픽셀을 추가해 얼룩을 키워나간다. 잡음이 있는 이미지인 그림 12.17b의 평균 밝기는 54다. 얼룩은 아마 배경에서 비교적 좁은 범위에

있을 것이므로, 60과 같이 평균보다 좀 더 높은 임계값을 사용하는 것이 좋다.

그림 12.18a는 임계값보다 밝기가 어두운 픽셀의 값을 0으로 설정한 결과다. 결과를 보면 얼룩은 검출했지만 마지막에서 두 번째 행의 두 픽셀 또한 포함돼 있다. 알고리듬 12.1은 한 얼룩을 다른 얼룩과 분리하는 알고리듬이다. 먼저 이미지의 좌측 상단에서 시작해 0이 아닌 픽셀을 찾는다. 이는 밝기가 67인 $p_1 = (1, 4)$ 픽셀이다. 그 후 $p_2 = (1, 5)$, $p_3 = (2, 3)$, $p_4 = (2, 4)$, $p_5 = (2, 5)$와 같이 p_1의 인접한 픽셀 중 밝기가 0이 아닌 픽셀을 추가해 얼룩을 키워나간다. 픽셀이 더 이상 추가되지 않을 때까지 p_i의 인접 픽셀 중 0이 아닌 픽셀을 얼룩에 추가한다. 최종 결과는 $(4, 0)$과 $(4, 9)$의 두 픽셀을 뺀 12개의 픽셀로 이뤄진 얼룩이 된다.

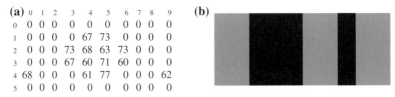

그림 12.18 (a) 임계값을 적용한 결과, (b) 검출해야 하는 얼룩

하지만 해당 알고리듬은 처음으로 찾은 0이 아닌 픽셀이 얼룩의 일부이므로 올바르게 작동한다. 예를 들어 $(1, 1)$에 별도의 0이 아닌 픽셀이 있었다면, 이 픽셀이 얼룩이라고 감지됐을 것이다. 만약 얼룩의 최소 크기에 대한 추측이 있다면, 알고리듬으로 검출한 얼룩이 얼룩의 최소 크기보다 큰지 확인하면 된다.

알고리듬 12.1: 얼룩 검출

정수 임계값

픽셀 p

집합 미탐색된 픽셀 ← 비어 있음

집합 얼룩 ← 비어 있음

1: 임계값을 평균 밝기로 설정

2: 임계값 이하의 픽셀을 0으로 설정

3: 0이 아닌 픽셀을 찾고 미탐색된 픽셀 집합에 추가

4: 미탐색된 픽셀이 비어 있지 않은 동안

5:     p ← 미탐색된 픽셀 중 하나

6:     p를 얼룩에 추가

7:     p를 미탐색된 픽셀에서 제거

8:     p의 인접 픽셀 중 0이 아닌 픽셀을 미탐색된 픽셀에 추가

알고리듬 12.1은 이미지 밝기 정도에 민감하지 않아 잡음이 있는 이미지의 모든 픽셀 값에서 일정하게 20을 빼고(그림 12.17b) 다시 실행해도 잘 작동하며, 여전히 얼룩에 속하는 동일한 픽셀을 감지하는 것을 확인할 수 있다.

활동 12.5: 얼룩 검출

- 로봇이 그림 12.18b의 패턴 위를 왼쪽에서 오른쪽으로 움직이며 지면 센서의 값을 모으는 프로그램을 작성하라.
- 평균 밝기를 계산해 임계값으로 설정하라.
- 두 번째 실행에서 로봇이 임계값 이하의 검은색 사각형 샘플을 처음 감지하면 사각형 위를 움직이는 동안 빛이나 소리로 알림을 제공하라.
- 로봇은 두 번째 검은색 사각형을 그림의 일부로 간주하고 알림을 울리지 않아야 한다.

(a)   **(b)**

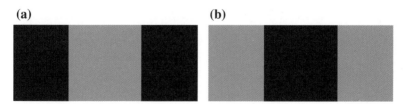

그림 12.19 (a) 문 인식, (b) 문이 아님

- 그림 12.19a에서 회색 사각형은 검은색 사각형 벽에 있는 문을 나타낸다. 그림 12.19b는 두 개의 회색 문 사이에 있는 어두운 벽을 나타낸다. 활동 12.3의 프로그램을 실행하면 두 패턴에서 모두 두 개의 윤곽선이 검출되는 것을 확인할 수 있다. 두 패턴을 구별할 수 있도록 프로그램을 변형하라.

12.7 요약

사람을 비롯한 대부분의 동물에게 시각은 가장 중요한 센서고, 뇌의 큰 부분이 시각 신호를 해석하는 데 사용된다. 로봇이 계속 변하는 환경에서 고도화된 작업을 수행할 때도 시각을 사용할 수 있다. 디지털 카메라 기술이 매우 발전함에 따라 카메라에서 로봇 컴퓨터로 높은 해상도의 픽셀 배열을 전송할 수 있으며, 디지털 이미지 프로세싱 알고리듬은 이런 이미지를 향상시키고 해석하는 데 사용한다.

이미지 향상 알고리듬은 잡음을 제거하거나 대비contrast를 향상하고, 이미지에 있는 물체에 따라 달라지지 않는 다른 연산을 수행한다. 이미지 향상 알고리듬에서는 각 픽셀의 밝기를 인접한 픽셀의 밝기에 따라 바꾸는 공간 필터를 이용한다. 또한 히스토그램 조작은 이미지 전반의 밝기 분포를 이용해 픽셀의 값을 바꾼다.

이미지 향상 알고리듬에 이어 검출 알고리듬은 이미지에서 물체를 검출한다. 검출 알고리듬은 윤곽선이나 모서리와 같은 간단한 모양을 감지하는 것부터 이미지에 있는 물체를 검출하는 것까지를 포함한다.

12.8 추가 자료

곤잘레스Gonzalez와 우즈Woods의 [1]은 디지털 이미지 처리에 대한 전반적인 내용과 기초 수학 관련 내용을 다룬다. 러스Russ의 [2]는 이미지 처리에서 기준이 되는 책이다. 셀리스키Szeliski의 [4]는 이미지 처리를 넘어 3D 모델 이미지를 만드는 데 중점을 두는 컴퓨터 비전 책이다. 로봇에서 이미지 처리 적용 사례는 [3]의 4장을 참고하길 바란다.

참고 문헌

1. Gonzalez, R.C., Woods, R.E.: Digital Image Processing, 3rd edn. Pearson, Boston (2008)
2. Russ, J.C.: The Image Processing Handbook, 6th edn. CRC Press, Boca Raton (2011)
3. Siegwart, R., Nourbakhsh, I.R., Scaramuzza, D.: Introduction to Autonomous Mobile Robots, 2nd edn. MIT Press, Cambridge (2011)
4. Szeliski, R.: Computer Vision: Algorithms and Applications. Springer, Berlin (2011)

13
인공 신경망

3장에서는 발렌티노 브라이텐베르크의 연구에서 파생한 반응성 동작을 알아봤다. 간단한 브라이텐베르크 차량은 살아있는 유기체의 생물학적 신경망이 제어되는 방식과 비슷하다. 신경망이란 몸을 따라 신호를 전달하는 신경과 뇌를 포함하는 유기체의 신경계를 말한다. 신경망을 디지털화하는 것은 인공지능 분야에서 활발한 연구 분야다. 인공 신경망ANN, Artificial Neural Network은 생물학적 신경망을 구성하는 뉴런neuron을 모방한 많은 수의 간단하고 추상화된 요소들을 이용해 복잡한 동작을 할 수 있다. 13장에서는 로봇의 동작을 제어할 때 인공 신경망을 어떻게 사용하는지 설명한다.

13.1절에서 생물학적 신경계를 간략히 살펴본 뒤 13.2절에서 인공 신경망이 무엇인지 정의하고, 13.3절에서는 인공 신경망을 이용해 브라이텐베르크 차량의 동작을 구현할 수 있는지 알아본다. 13.4절에서는 다양한 신경망 구조를 살펴본다. 인공 신경망의 가장 중요한 특성은 동작을 상황에 맞게 바꿀 수 있도록 하는 학습 능력이다. 13.5절에서는 헤비안

Hebbian 규칙을 통해 인공 신경망을 학습시키는 방법을 간략히 알아본다.

13.1 생물학적 신경계

유기체의 신경계는 몸 안에서 정보를 전달하고 처리하는 뉴런이라는 세포로 이뤄져 있다. 각 뉴런은 간단한 연산을 하지만, 이런 연산들의 조합이 복잡한 행동을 할 수 있게 한다. 대부분의 뉴런은 뇌에 있지만 뇌로 신호를 보내고 받는 신경에도 있다. 인간과 같은 척추 동물에는 많은 수의 뉴런이 몸 전체로 신호를 효율적으로 보내는 척수에 위치한다. 생물에는 매우 많은 수의 뉴런이 있는데, 사람의 뇌에는 1,000억 개의 뉴런이 있고 쥐의 뇌에도 약 710억 개의 뉴런이 있다[2].

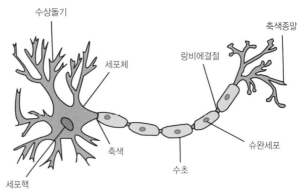

그림 13.1 뉴런의 구조(출처: https://commons.wikimedia.org/wiki/File: Neuron.svg, Dhp1080이 제작한 SVG(Scalable Vector Graphic) 파일 [저작자표시-동일조건변경허락 3.0(http://creativecommons.org /licenses/by-sa/3.0) 또는 위키미디어 공용에 의한 자유 문서 사용 허가서 (https://en.wikipedia.org/wiki/en:GNU_Free_Documentation_License)])

그림 13.1을 통해 뉴런의 구조를 살펴볼 수 있다. 뉴런은 세포핵이 있는 몸체와 뉴런과 뉴런을 잇는 긴 섬유인 축색이 있다. 뉴런의 몸체에는 수상돌기라고 하는 돌기가 있고, 다른 뉴런의 축색이 시냅스synapse를 통해 수상돌기와 연결된다. 뉴런은 잘 알려진 생화학적 과정으로 작동하지만, 생화학적 과정은 한 뉴런에서 다른 뉴런으로 전달되는 펄스pulse로 추

상화할 수 있다. 입력 펄스는 시냅스를 통해 수상돌기로 전달되고 수상돌기에서 뉴런의 몸체로 전달돼 펄스를 처리하며, 그 후 축색을 통해 출력 펄스를 전달한다. 뉴런의 몸체에서 일어나는 처리 과정은 입력 펄스에서 출력 펄스의 함수로 추상화할 수 있고 시냅스는 신호 전달을 조절한다. 시냅스는 상황에 따라 다르게 작동하며 유기체가 기억하고 학습할 수 있도록 하는 주요한 요소다.

13.2 인공 신경망

인공 뉴런은 생물학적 뉴런을 수학적으로 모델링한 것이다(그림 13.2a, 13.2b. 인공 신경망 도표의 기호는 표 13.1을 참고하라). 뉴런의 몸체는 입력 신호의 가중합을 계산하고 이를 출력 함수에 대입하는 두 가지 연산을 수행하는 노드다. 입력 신호들은 합해지기 전에 가중치와 곱해지고 출력 함수를 적용하는데, 이는 시냅스를 모델링한 것이다. 출력 함수는 대체로 비선형으로 (1) 뉴런의 출력을 이산 값으로 바꾸거나(불을 켜거나 끄기) (2) 출력의 범위를 제한하거나(모터의 세기를 -100에서 100 사이로 제한) (3) 출력을 정규화하는 것(음향 기기의 볼륨을 0(음 소거)에서 1(최대)로 설정)을 예로 들 수 있다.

  인공 뉴런은 아날로그 모델로 입력, 출력, 가중치, 함수가 부동소수점이 될 수 있다. 먼저 비현실적인 예시지만 우리에게 익숙한 디지털 논리 게이트logic gate의 맥락에서 인공 뉴런이 어떻게 작동하는지 살펴보자.

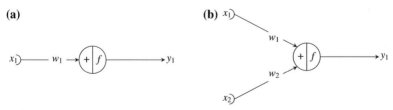

그림 13.2 (a) 한 개의 입력이 한 개의 뉴런으로 입력되는 인공 신경망,
(b) 두 개의 입력이 한 개의 뉴런으로 입력되는 인공 신경망

표 13.1 인공 신경망 도표 기호

기호	의미
f	뉴런 출력 함수
+	입력의 합
x_i	입력
y_i	출력
w_i	입력 가중치
1	상수 1

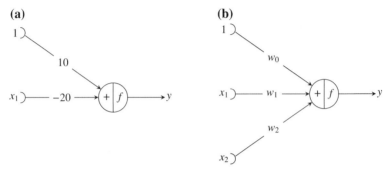

(a)

(b)

그림 13.3 (a) not 논리 게이트로 작동하는 인공 뉴런,
(b) and와 or 게이트로 작동하는 인공 뉴런

그림 13.3a는 두 개의 입력 x_1과 1, 한 개의 출력 y로 이뤄진 인공 뉴런을 나타낸다. 입력 1은 입력이 외부 센서에 연결돼 있지 않지만 1을 일정하게 반환하는 것을 의미한다. 입력 x_1은 0이나 1이라 가정하고 함수 f는 다음과 같다.

$$f(x) = 0 \quad (x < 0\text{인 경우})$$
$$f(x) = 1 \quad (x \geq 0\text{인 경우})$$

아래의 활동에서 주어진 가중치로 뉴런이 not 논리 게이트로 작동하는 것을 확인해보자.

활동 13.1: 논리 게이트로 작동하는 인공 뉴런

- 그림 13.3b는 입력 x_2가 추가된 인공 뉴런이다. 가중치 w_0, w_1, w_2의 값을 정해 x_1이나 x_2가(또는 둘 다) 1일 때만 y가 1이 되도록

하라. 이는 or 논리 게이트를 나타낸다.

- 가중치 w_0, w_1, w_2의 값을 정해 x_1과 x_2가 모두 1일 때만 y가 1이 되도록 하라. 이는 and 논리 게이트를 나타낸다.

- 로봇에 인공 뉴런이 논리 게이트로 작동하도록 구현하라. 두 센서를 이용해 하나는 x_1로, 다른 하나는 x_2로 사용하라. (필요하다면 함수 f를 적용한) 출력 y가 0일 때는 한 동작을, 1일 때는 다른 동작을 보여 (예를 들어) 불을 켜거나 끄고 로봇을 움직이거나 멈추도록 하라.

다음 활동에서는 인공 뉴런에서 어떻게 아날로그 처리를 하는지 살펴보자.

활동 13.2: 아날로그 인공 뉴런

- 그림 13.2a의 인공 뉴런이 다음과 같은 동작을 하도록 구현하라. 뉴런의 입력은 로봇 앞에 부착된 근접 센서의 값이다. 출력은 다음 두 선택지 중 하나 또는 둘 다가 되도록 한다. (1) 로봇에 있는 전구의 밝기나 로봇 스피커의 볼륨 (2) 로봇이 센서로 감지한 물체에서 멀어지도록 하는 좌우 모터의 세기

- 출력은 입력에 비례한다. 물체가 가까울수록 밝기나 볼륨이 세지거나 로봇이 물체에서 빨리 멀어진다.

- 그림 13.2b와 같이 두 개의 근접 센서를 사용해 입력이 두 개가 되도록 변형하라. 가중치 w_1과 w_2에 다른 값을 할당해 둘 중 더 큰 가중치와 연결된 센서가 출력에 더 큰 영향을 미치도록 하라.

13.3 인공 신경망으로 브라이텐베르크 차량 구현하기

그림 13.4는 간단한 신경망으로 동작을 구현한 브라이텐베르크 차량을 보여준다. 먼저 인공 신경망을 자세히 살펴보고 몇 가지 활동에서 알고리 듬을 설계한 후 구현해보자.

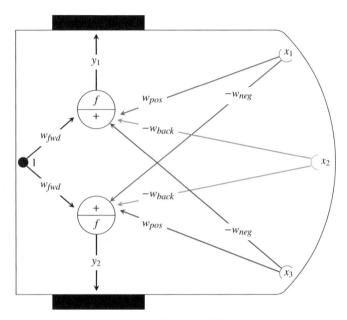

그림 13.4 장애물 회피를 위한 신경망

설명(장애물 회피):

로봇에는 앞을 향하고 있는 세 개의 센서가 있다.

- 장애물을 발견할 때까지 로봇은 전진한다.
- 가운데 센서에서 장애물을 감지하면 천천히 후진한다.
- 왼쪽 센서에서 장애물을 감지하면 오른쪽으로 회전한다.
- 오른쪽 센서에서 장애물을 감지하면 왼쪽으로 회전한다.

그림 13.4는 두 뉴런의 출력이 바퀴 모터의 세기를 제어하는 로봇이 고, 표 13.2는 그림에서 사용하는 기호를 나타낸다.

표 13.2 그림 13.4의 기호

기호	의미
w_{fwd}	전진 가중치
w_{back}	후진 가중치
w_{pos}	양수 바퀴 회전 가중치
w_{neg}	음수 바퀴 회전 가중치

각 뉴런에는 네 개의 입력이 있고, 함수 f는 최대 전진 및 후진 속도를 제한하기 위해 비선형이어야 한다. 로봇 뒤쪽의 큰 점은 w_{fwd}로 가중되는 상수 입력 1을 의미한다. 이는 센서 신호가 없을 때 로봇이 전진할 수 있도록 한다. 센서 입력이 없을 때도 출력 모터 세기가 합리적인 값이 되도록 가중치를 찾아야 한다. 또한 상수 입력이 센서 입력과 비슷하도록 가중치를 설정해야 한다.

센서의 x_1, x_2, x_3 값은 물체가 없을 때 0이고 물체에 접근하면 양수로 커진다. 가운데 센서는 양쪽 뉴런에 음수 가중치 $-w_{back}$으로 연결돼 물체를 감지하면 로봇이 뒤로 가도록 한다. w_{back}은 로봇이 천천히 뒤로 갈 정도로 설정해야 한다.

왼쪽과 오른쪽 센서는 가까운 쪽 바퀴를 제어하기 위한 양수 가중치와 먼 쪽 바퀴를 제어하기 위한 음수 가중치로 뉴런과 연결된다. 이는 로봇이 장애물에서 먼 곳으로 회전하도록 한다.

아래의 활동에서 가중치의 상대적 크기가 어떤 영향을 미치는지 생각해보자.

활동 13.3: 장애물 회피 인공 신경망 설계

- w_{fwd}와 w_{back} 사이에 어떤 관계가 성립해야 하는가?
- w_{fwd}와 w_{pos} 그리고 w_{fwd}와 w_{neg} 사이에 어떤 관계가 성립해야 하는가?
- w_{back}과 w_{pos} 그리고 w_{back}과 w_{neg} 사이에 어떤 관계가 성립해야 하는가?
- w_{pos}와 w_{neg} 사이에 어떤 관계가 성립해야 하는가?

- 장애물이 왼쪽과 가운데 센서에서 동시에 감지되면 어떻게 되는가?

아래 활동에서는 원하는 동작을 보이는 가중치와 함수로 실험을 해야 한다. 가중치의 값을 쉽게 바꿀 수 있도록 배열과 같은 데이터 구조를 사용하라.

활동 13.4: 장애물 회피 인공 신경망 구현

- 그림 13.4의 인공 신경망을 이용해 장애물 회피 프로그램을 작성하라.

활동 13.5: 장애물로 다가가는 인공 신경망

- 인공 신경망을 이용해 장애물로 다가가는 프로그램을 작성하라.
  - 로봇은 전진한다.
  - 가운데 센서에서 로봇이 장애물과 매우 가깝다고 감지하면 멈춘다.
  - 왼쪽 센서에서 장애물을 감지하면 왼쪽으로 회전한다.
  - 오른쪽 센서에서 장애물을 감지하면 오른쪽으로 회전한다.

13.4 인공 신경망 구조

13.3절의 예시는 두 개의 뉴런이 각각 여러 개의 입력을 받고 한 개의 출력을 만들어 한 층을 이루는 구조다. 이는 인공 신경망의 아주 간단한 구조 중 하나며, 다른 구조로는 더 복잡한 알고리듬을 구현할 수 있다(그림 13.5). 요즘은 수천 개에서 수백만 개에 이르는 뉴런이 여러 층으로 구성된 인공 신경망이 딥러닝에 사용된다. 13.4절에서는 몇 가지 인공 신경망

구조를 간단히 살펴본다.

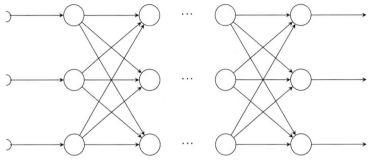

그림 13.5 딥러닝에 사용하는 신경망

13.4.1 다층 구조

그림 13.6a는 여러 층의 뉴런으로 구성된 인공 신경망을 나타낸다. 여러 층의 구조는 한 층을 사용할 때보다 더 복잡한 연산을 구현할 수 있다. 예를 들어, 한 층으로는 한 개의 센서만이 장애물을 감지할 때는 전진하고 여러 장애물이 장애물을 감지하면 후진하는 로봇을 구현할 수 없다. 센서와 모터를 연결하는 한 개의 층은 단조함수만을 나타낼 수 있으므로 센서 입력이 증가할 때 모터가 빨라지고 센서 입력이 감소할 때 모터가 느려지기 때문이다. 출력과 연결된 뉴런의 층은 출력층^{output layer}이라 하고 내부의 층은 은닉층^{hidden layer}이라 한다.

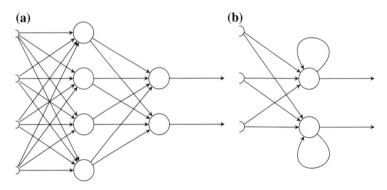

그림 13.6 (a) 다층 인공 신경망, (b) 메모리가 있는 인공 신경망

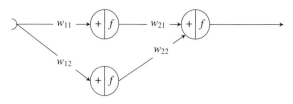

그림 13.7 두 층으로 구성된 인공 신경망

활동 13.6: 다층 인공 신경망

- 이번 활동의 목표는 한 층의 인공 신경망이 할 수 없는 연산을 어떻게 다층 인공 신경망이 수행하는지를 이해하는 것이다. 입력 x_i의 범위는 −2.0에서 2.0, 가중치 w_i의 범위는 −1.0에서 1.0 이라 하고 함수 f는 출력의 범위를 −1.0에서 1.0으로 제한한다고 하자.

- $w_i = −0.5$고 한 개의 뉴런으로 구성된 인공 신경망(그림 13.2a)에서 입력이 x_i = −2.0, −1.8, ⋯, 0.0, ⋯, 1.8, 2.0으로 0.2씩 증가할 때 출력 y_1을 계산하라. 결과를 그래프로 그려라.

- w_1의 값을 바꿔가며 반복하라. 입력과 출력은 어떤 관계가 있는가?

- 그림 13.7과 같이 가중치가 $w_{11} = 1$, $w_{12} = 0.5$, $w_{21} = 1$, $w_{22} = −1$인 두 개의 층으로 구성된 인공 신경망을 생각해보자. 은닉층 뉴런(왼쪽 뉴런)과 출력층 뉴런(오른쪽 뉴런)의 출력을 계산하고 그래프를 그려라. 한 개의 층만으로 구성된 인공 신경망과 결과가 동일한가?

활동 13.7: 장애물 회피를 위한 다층 신경망

- 다음과 같은 동작을 인공 신경망으로 설계하라. 로봇 전면부에 두 개의 센서가 있고 두 센서 중 한 센서에서 물체를 감지했을 때는 로봇이 물체를 피하기 위해 회전한다. 하지만 두 센서에서 모두 장애물을 감지하면 로봇이 후진한다.

13.4.2 메모리

인공 신경망에는 출력 뉴런에서 같은 층의 입력 뉴런으로 순환 연결 recurrent connection이 있을 수 있다. 순환 연결은 메모리를 구현할 때 사용된다. 장애물을 회피하는 브라이텐베르크 차량을 생각해보자(그림 13.4). 로봇은 장애물이 센서에 감지될 때만 회전하고 감지되지 않을 때는 회전을 멈춘다. 이때 순환 연결을 추가하면 로봇이 계속 회전하도록 메모리를 만들 수 있다. 각 센서가 뉴런에 0.75의 입력을 주면 비선형 출력 함수에 의해 출력이 1.0으로 포화된다. 센서가 더 이상 장애물을 감지하지 않으면 입력이 0이 되지만, 순환 연결이 입력 1.0을 추가하므로 출력은 여전히 1.0이 된다.

활동 13.8: 메모리가 있는 인공 신경망

- 그림 13.6b에서 신경망의 출력 함수가 0과 1로 포화된다고 하자. 입력과 대부분의 가중치도 0과 1 사이이다. 그림에서 순환 연결의 가중치가 1보다 크면 어떻게 되는가? 또는 0과 1 사이면 어떻게 되는가?
- 그림 13.4의 신경망에 있는 두 개의 출력 뉴런에 순환 연결을 추가하도록 변형하라. 로봇이 장애물 회피를 할 때 어떤 영향을 미치는가?

13.4.3 공간 필터

카메라는 여러 개의 인접한 센서(픽셀당 하나)로 구성된 인식 장비며, 센서 값을 첫 번째 층에 여러 뉴런이 있는 인공 신경망의 입력으로 사용할 수 있다(그림 13.8). 이때 인접한 픽셀은 인접한 뉴런의 입력이 된다. 신경망을 이용해 이미지에서 주변 픽셀과의 밝기 차이 같은 지역적 특징을 찾을 수 있고, 이런 지역적 특징은 이미지에서 윤곽선을 검출하는 작업에 사용할 수 있다. 층의 수는 한 층 또는 그 이상이 될 수도 있다. 이런 구조는

장애물 회피로 작동하는 층의 입력 전에 필터로 사용할 수 있으므로 공간
필터라고 한다.

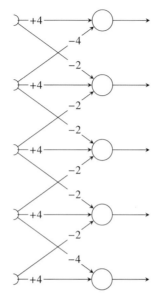

그림 13.8 공간 필터로 작동하는 인공 신경망

예제: 그림 13.8의 인공 신경망은 얇은 물체와 두꺼운 물체를 구별할 수
있다. 예를 들어 의자의 다리와 벽 모두 물체지만, 의자의 다리는 회전을
몇 번 하면 피할 수 있는 반면에 벽은 피할 수 없으므로 돌아서 가거나
벽을 따라가야 한다.

의자의 다리가 가운데 센서에서 60의 값으로 감지됐지만, 다리가 가늘
어서 다른 센서의 값은 0이라고 하자. 이때 인공 신경망의 출력(위에서 아
래로)은 다음과 같다.

$$(0 \times 4) + (0 \times -4) = 0$$
$$(0 \times -2) + (0 \times 4) + (60 \times -2) = -120$$
$$(0 \times -2) + (60 \times 4) + (0 \times -2) = +400$$
$$(60 \times -2) + (0 \times 4) + (0 \times -2) = -120$$
$$(0 \times 4) + (0 \times -4) = 0$$

로봇이 벽에 가까워지면, 모든 센서는 예를 들어 45, 50, 40, 55, 50

과 같이 비슷한 값을 출력할 것이다. 이때 인공 신경망의 출력은 다음과 같다.

$$(45 \times 4) + (50 \times -4) = -20$$
$$(45 \times -2) + (50 \times 4) + (40 \times -2) = +30$$
$$(50 \times -2) + (40 \times 4) + (55 \times -2) = -50$$
$$(40 \times -2) + (55 \times 4) + (50 \times -2) = +40$$
$$(55 \times -4) + (50 \times 4) = -20$$

벽을 감지할 때 센서의 평균인 48이 의자 다리를 감지할 때의 값인 60과 비슷하지만, 인공 신경망의 출력은 확연히 다르다. 의자의 경우 400으로 튀는 값이 있고 그 주변 값이 큰 음수지만, 벽의 경우 값이 -50에서 40으로 상대적으로 평탄하다. 따라서 인공 신경망을 이용해 물체가 얇은지 두꺼운지 확실히 알 수 있다.

활동 13.9: 공간 필터로 작동하는 인공 신경망

- 그림 13.8의 공간 필터로 작동하는 인공 신경망을 구현하라.
- 인공 신경망의 입력은 로봇의 앞을 향하고 있는 다섯 개 근접 센서의 값이다. 한 개의 센서만 물체를 감지하면 로봇은 물체를 마주하기 위해 회전한다. 가운데 센서가 물체를 감지하면 로봇이 전진한다.
- 다섯 개의 센서가 모두 물체를 감지하면 벽이라 하고 다음과 같은 세 가지 동작을 구현하라.

  ○ 로봇이 정지한다.
  ○ 로봇이 전진한다.
  ○ 로봇이 후진한다.

  인공 신경망에는 만약의 조건if-statement이 없고 뉴런을 추가하거나 입력과 연결된 가중치만을 바꿀 수 있는 것을 유념하라. 두 개의 층으로 비슷한 동작을 구현했던 활동 13.7의 내용을 다시 확인하라.

- 위의 동작을 구현하려면 입력이 첫 번째 층의 출력인 두 개의 뉴런을 추가해야 한다. 첫 번째 뉴런의 출력은 왼쪽 모터 세기를 담당하고, 두 번째 뉴런의 출력은 오른쪽 모터 세기를 담당한다.
- 물체가 인접한 두 센서에서 감지되면 어떻게 되는가?

13.5 학습

13.4절에서 본 작은 신경망에서도 가중치를 직접 설정하는 것은 어렵다. 생물학적 유기체의 시냅스에는 학습을 할 수 있도록 하는 가소성^{plasticity}이 존재하며, 인공 신경망의 장점은 모든 것을 정해야 하는 다른 일반적인 알고리듬과 달리 학습할 수 있다는 데 있다. 인공 신경망에서 학습하는 여러 가지 방법이 있지만, 13.5절에서는 그중 간단한 방법을 소개하고 장애물 회피에 어떻게 적용할 수 있는지 알아본다.

13.5.1 학습 알고리듬의 분류

학습 알고리듬에는 크게 세 가지가 있다.

- **지도 학습**은 입력이 주어졌을 때 출력이 무엇인지 아는 경우에 적용할 수 있다. 목표 출력과 실제 출력의 오차가 가중치를 수정하고 오차가 줄어들도록 한다. 하지만 이미 인공 신경망의 출력이 무엇인지 안다면 왜 신경망을 학습시켜야 할까? 한 가지 이유는 신경망이 학습되지 않은 상황에서도 출력을 제공할 수 있도록 하기 위해서다. 가중치가 조절되지 않아 신경망이 이미 알고 있는 입력에서만 올바르게 작동하면 다른 입력에서는 다소 부정확할 수 있다. 신경망을 학습시키는 두 번째 이유는 학습을 간단하게 하기 위해서다. 출력 y_i를 특정 입력 x_i마다 연결하는 것보다 인공 신경망에 다양한 상황을 제공하고 각 상황에서 어떤 출력이 정답인지 알려

주는 것이 더 쉽다.

- **강화 학습**에서는 사람이 각 상황에서 정확한 출력을 인공 신경망에 제공하지는 않는다. 대신 인공 신경망이 계산한 출력이 좋은지 나쁜지 알려준다. 강화 학습은 올바른 행동과 그렇지 않은 행동을 쉽게 구별할 수 있지만 각 상황에서 정확한 출력이 무엇인지는 중요하지 않은 경우에 유용하다. 다음 절에서는 장애물 회피를 강화 학습을 통해 수행하는 것을 살펴본다. 장애물 회피에서는 로봇이 장애물을 회피하기만 하면 되고 모터 세기가 얼마인지는 사실 중요하지 않다.

- **비지도 학습**은 외부 피드백 없이 학습하고 네트워크가 많은 수의 입력으로 학습한다. 비지도 학습은 특정 목표를 달성하는 데는 적합하지 않고 네트워크에 미가공 데이터가 주어졌을 때 데이터의 경향을 찾는 분류 문제에 사용된다. 14장에서는 비지도 학습으로 학습하는 것을 다룬다.

13.5.2 헤비안 규칙을 이용한 인공 신경망 학습

헤비안 규칙Hebbian rule은 인공 신경망을 학습시키는 간단한 방법이다. 이는 강화 학습의 한 가지 형식으로, 뉴런을 연결하는 가중치를 수정해나간다. 헤비안 규칙은 신경망이 좋은 행동을 보이면 해당 결과를 강화한다. 예를 들어 신경망이 좋은 행동을 보일 때 연결된 두 뉴런의 출력이 비슷하면 두 뉴런을 연결하는 가중치를 크게 하고 출력이 다르면 가중치를 작게 한다. 만약 로봇이 잘못된 행동을 한다면 연결된 비슷한 뉴런의 가중치를 작게 하거나 아무것도 하지 않는다.

뉴런 k와 j를 연결하는 가중치의 변화는 다음과 같이 나타낼 수 있다.

$$\Delta w_{kj} = \alpha \, y_k \, x_j$$

이때 w_{kj}는 뉴런 k와 j를 연결하는 가중치고 Δw_{kj}는 w_{kj}의 변화, y_k는 뉴런 k의 출력, x_j는 뉴런 j의 입력이며 α는 학습 속도를 결정하는 상수다.

헤비안 규칙은 다음과 같은 두 조건이 성립할 때 적용할 수 있다.

- 로봇이 환경에서 탐색을 하다가 다양한 상황을 마주칠 때 각 상황의 입력에 대해 신경망이 출력을 계산할 수 있다.
- 어떤 행동이 좋은지 혹은 나쁜지에 대한 정보를 받을 수 있다.

로봇의 행동은 사람이 보고 피드백해 평가하거나 자동화 시스템으로 평가한다. 예를 들어, 로봇이 장애물을 피하도록 학습시킬 때 외부 카메라를 이용해 로봇을 관찰하고 행동을 평가할 수 있다. 로봇이 장애물에 접근하면 행동이 나쁘다고 평가하고, 로봇이 장애물에서 멀어지면 좋다고 평가한다. 이때 평가하는 것이 로봇의 상태(장애물에 가깝거나 먼)가 아닌 로봇의 행동(장애물에 접근하거나 피하는)이라는 점이 중요하다. 그 이유는 센서로 측정한 상태에 기반해 신경망의 연결이 행동을 생성하기 때문이다.

장애물 회피 학습

로봇이 장애물을 회피하도록 학습하길 원한다고 하자. 한 가지 방법은 로봇이 환경 안에서 무작위로 움직인 뒤 장애물을 성공적으로 피하면 한 버튼을 누르고, 장애물과 충돌하면 다른 버튼을 누르는 것이다. 하지만 이 방법의 문제점은 로봇이 완전히 긍정적인 행동(장애물 회피)이나 부정적인 행동(장애물과 충돌)을 보이기까지 아주 오래 걸릴 수 있다는 것이다.

다른 방법은 이미 알고 있는 몇 가지 상황과 그에 맞는 올바른 동작을 로봇에 제공하는 것이다. 예를 들어 (1) 장애물을 왼쪽에서 발견하면 오른쪽으로 회전하는 것은 올바르고 (2) 장애물을 오른쪽에서 발견하면 왼쪽으로 회전하는 것은 올바르고 (3) 장애물을 앞에서 발견하면 후진하는 것은 올바르고 (4) 장애물을 앞에서 발견하면 전진하는 것은 올바르지 않다는 등의 상황과 동작을 제공하는 것이다.

이는 지도 학습처럼 보이지만, 로봇으로 제공하는 피드백이 올바른 행동과 연결된 가중치를 강화하는 데만 사용되므로 지도 학습이 아니다. 지도 학습은 목표 출력과 실제 출력(이 경우에는 모터 출력) 사이의 오차를 정량화하고 이 오차를 이용해 정확한 출력이 나오도록 가중치를 수정한다. 반면 강화 학습에서의 피드백은 행동이 좋은지 나쁜지에 대한 이진^{binary}

평가다.

장애물 회피 알고리듬

이제 장애물 회피 문제에 헤비안 규칙을 적용해보자. 그림 13.9의 로봇은
그림 13.4와 비슷하지만 근접 센서가 로봇 후면부에 부착돼 있다. 또한
헤비안 규칙을 표현하기 더 적합하도록 가중치에 대한 표현을 수정했다.
특히 음의 부호를 따로 표시하지 않고 가중치에 포함했다.

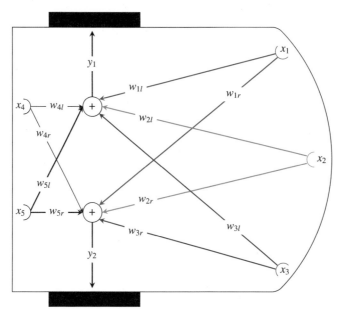

그림 13.9 헤비안 규칙을 통해 학습하는 인공 신경망

　장애물 회피 알고리듬은 몇 가지 과정이 동시에 이뤄지며, 여기서는 이
를 세 가지 알고리듬으로 나눠 소개한다. 알고리듬 13.1은 센서에서 입
력을 읽어 모터 출력을 계산하는 인공 신경망을 나타낸다. 입력과 출력의
수는 그림 13.9와 같다. 알고리듬 13.2에서는 사람이 로봇의 동작을 평
가하는 방법을 나타내고, 알고리듬 13.3에서는 학습을 위한 헤비안 규칙
을 계산하는 과정을 보여준다.

　알고리듬 13.1에서 타이머의 주기는 100ms로 설정된다. 운영체제가

타이머를 감소시키고, 타이머가 만료되면 출력 y_1과 y_2가 식 13.3과 같이 계산된다. 출력에 따라 왼쪽과 오른쪽 모터의 세기를 설정하고 타이머를 다시 설정한다.

알고리듬 13.1: 장애물 회피 인공 신경망

정수 주기 ← ⋯   // 타이머 주기(ms)

정수 타이머 ← 주기

부동소수 배열[5]   **x**

부동소수 배열[2]   **y**

부동소수 배열[2, 5]   **W**

1: 타이머가 만료되면
2:   **x** ← 센서값
3:   **y** ← **W x**
4:   왼쪽 모터 세기 ← **y**[1]
5:   오른쪽 모터 세기 ← **y**[2]
6:   타이머 ← 주기

다음과 같이 다섯 개의 센서가 입력 변수에 값을 할당한다.

$$x_1 \leftarrow 전면\ 좌측\ 센서$$
$$x_2 \leftarrow 전면\ 중앙\ 센서$$
$$x_3 \leftarrow 전면\ 우측\ 센서$$
$$x_4 \leftarrow 후면\ 좌측\ 센서$$
$$x_5 \leftarrow 후면\ 우측\ 센서$$

센서값은 0(장애물이 없을 때)에서 100(장애물이 아주 가까울 때)이라 하고, 모터 세기는 −100(최대 후진 세기)에서 100(최대 전진 세기)이라 하자. 계산한 결과가 예를 들어 −100보다 작거나 100보다 커서 범위를 넘어가면 −100이나 100과 같이 범위의 경계값을 자른다.[1] 차동 구동 로봇의 경우 y_1(왼쪽 모터 세기)을 100으로 설정하고 y_2(오른쪽 모터 세기)를 −100으로 설정하면 오른쪽으로 돌고, 반대로 설정하면 왼쪽으로 돈다.

---

1 알고리듬 13.1에서 가중치가 부동소수이므로 모든 변수를 부동소수로 선언했다. 센서 입력과 모터 출력을 정수형으로 한다면 형 변환이 필요하다.

알고리듬 13.1에서는 표현의 간결성을 위해 다음과 같이 입력을 한 개의 열로 구성된 벡터로 표현한다.

$$\mathbf{x} = \begin{bmatrix} x_1 \\ x_2 \\ x_3 \\ x_4 \\ x_5 \end{bmatrix}$$

그림 13.9를 다시 보면 출력은 다음과 같이 계산된다.

$$y_1 \leftarrow w_{1l}x_1 + w_{2l}x_2 + w_{3l}x_3 + w_{4l}x_4 + w_{5l}x_5 \tag{13.1}$$

$$y_2 \leftarrow w_{1r}x_1 + w_{2r}x_2 + w_{3r}x_3 + w_{4r}x_4 + w_{5r}x_5 \tag{13.2}$$

이를 벡터 형식으로 나타내면 다음과 같다.

$$\mathbf{y} = \begin{bmatrix} y_2 \\ y_2 \end{bmatrix} = \begin{bmatrix} w_{1l} & w_{2l} & w_{3l} & w_{4l} & w_{5l} \\ w_{1r} & w_{2r} & w_{3r} & w_{4r} & w_{5r} \end{bmatrix} \begin{bmatrix} x_1 \\ x_2 \\ x_3 \\ x_4 \\ x_5 \end{bmatrix} = \mathbf{W}\,\mathbf{x} \tag{13.3}$$

피드백은 신경망이 학습하도록 가중치를 수정하는 데 사용된다(알고리듬 13.2, 13.3). 로봇이나 원격 제어 환경에 앞, 뒤, 좌, 우 각각에 대해 네 개의 버튼이 있다고 가정하자. 로봇이 특정 행동을 해야 하는 상황이라는 것을 로봇에 알려줄 때는 각 버튼을 누른다. 예를 들어 좌측 센서가 장애물을 감지하면 로봇이 오른쪽으로 회전해야 한다. 이를 구현하기 위해 알고리듬 13.2는 각 버튼을 누르면 실행되는 과정을 나타내고, 각 버튼의 이벤트와 동작은 빗금(/)으로 분리된다.

알고리듬 13.2: 로봇 동작에 대한 피드백

1: 버튼 {앞 / 뒤/ 좌 / 우}가 눌리면
2: $y_1 \leftarrow \{100 \,/ -100 \,/ -100 \,/ 100\}$
3: $y_2 \leftarrow \{100 \,/ -100 \,/ 100 \,/ -100\}$

다음 단계는 가중치를 헤비안 규칙에 따라 업데이트하는 것이다(알고리

듬 13.3).

알고리듬 13.3: 헤비안 규칙 적용

1:　**x** ← 센서값
2:　{1, 2, 3, 4, 5}의 j에 대해
3:　　$w_{jl} \leftarrow w_{jl} + \alpha y_1 x_j$
4:　　$w_{jr} \leftarrow w_{jr} + \alpha y_2 x_j$

예제: 초기 가중치가 모두 0이라고 하자. 이때 식 13.1과 13.2로 계산한 출력은 0이고 로봇은 움직이지 않는다.

이제 장애물이 왼쪽 센서 앞에 있어 $x_1 = 100$이고 $x_2 = x_3 = x_4 = x_5 = 0$이라 하자. 피드백이 없으면 가중치가 아직 0이므로 아무 일도 일어나지 않을 것이다. 오른쪽 버튼을 누르면(로봇에게 올바른 동작이 오른쪽으로 회전하는 것이라고 알려주는 과정), 출력은 오른쪽으로 회전하기 위해 $y_1 = 100$, $y_2 = -100$이 되고 가중치는 다음과 같이 변한다(학습률 $\alpha = 0.0001$일 때).

$$w_{1l} \leftarrow 0 + (0.0001 \times 100 \times 100) = 10$$
$$w_{1r} \leftarrow 0 + (0.0001 \times -100 \times 100) = -10$$

이후 장애물이 왼쪽 센서에서 감지되면 출력은 0이 아니고 다음과 같다.

$$y_1 \leftarrow (10 \times 100) + 0 + 0 + 0 + 0 = 1000$$
$$y_2 \leftarrow (-10 \times 100) + 0 + 0 + 0 + 0 = -1000$$

출력 값을 100과 -100으로 제한해 자르면 로봇이 오른쪽으로 회전하게 된다.

학습률 α는 $y_k x_j$가 w_{kj}의 크기에 미치는 영향을 결정한다. 학습률이 크면 영향이 커지고 학습이 빨라진다. 학습이 빠르면 항상 좋다고 생각할 수도 있지만, 학습이 너무 빠르면 과거의 좋은 상황을 잊어버리거나 나쁜 상황에 집중하는 것과 같이 잘못된 방향으로 가중치가 변할 수 있다. 따라서 최적으로 학습되도록 학습률을 조절해야 한다.

13.6 요약

자율 로봇은 불확실성이 큰 환경에서 작동해야 한다. 따라서 로봇의 행동
을 생성하는 알고리듬을 정확히 정해놓기 어렵다. 반면 인공 신경망은 로
봇이 새로운 상황에 직면할 때 알고리듬을 수정하고 개선해 불확실한 환
경에서 필요한 동작을 학습할 수 있다. 인공 신경망의 구조는 학습을 쉽
게 하도록 한다. 인공 신경망은 뉴런이라는 여러 개의 간단한 요소로 이
뤄져 있고 학습은 뉴런을 연결하는 가중치를 수정해 진행된다.

  학습은 지도 학습, 강화 학습, 비지도 학습으로 이뤄질 수 있다. 강화
학습은 로봇이 수행하는 행동을 사람이 정량화할 필요 없이 좋은지 나쁜
지만 평가하면 되므로 로봇의 동작을 학습할 때 적합하다. 헤비안 규칙에
서는 한 뉴런의 출력을 해당 뉴런과 연결된 입력과 곱해 연결된 가중치를
수정한다. 이 결과는 가중치의 변화를 결정하는 학습률과 곱해진다.

13.7 추가 자료

헤이킨Haykin의 [1]과 로자스Rojas의 [4]는 인공 신경망을 전반적으로 다룬
책이다. 데이비드 크리젤David Krisel의 [3]은 무료로 다운로드할 수 있는 온
라인 튜토리얼을 제공한다.

참고 문헌

1. Haykin, S.O.: Neural Networks and Learning Machines, 3rd edn. Pearson, Boston (2008)
2. Herculano-Houzel, S.: The human brain in numbers: a linearly scaled-up primate brain. Front. Hum. Neurosci. 3, 31 (2009)
3. Kriesel, D.: A Brief Introduction to Neural Networks. http://www.dkriesel.com/en/science/neural_networks (2007)
4. Rojas, R.: Neural Networks: A Systematic Introduction. Springer, Berlin (1996)

14
머신러닝

노란색 물체를 인식하고 잡는 로봇을 생각해보자(그림 14.1). 노란색 물체를 인식하기 위해 카메라를 사용할 수도 있지만, 물체가 태양광 아래나 어두운 방 또는 전시장과 같이 다양한 환경에 있을 수 있다. 게다가 예를 들어 노란색과 레몬의 노란색 또는 주황색의 경계가 모호해 노란색이 무엇인지 정확히 정의하기는 어렵다. 따라서 로봇에 자세한 정의를 제공하는 것보다는 로봇이 작업하는 환경에 맞출 수 있도록 로봇이 작업을 수행하며 색 인식을 학습하는 것이 낫다. 특히 14장에서는 미리 자세한 사항들을 정하지 않고 학습을 통해 작업을 수행할 수 있는 분류classification 알고리듬을 살펴보자.

분류 알고리듬은 컴퓨터공학과 통계 분야에 속하는 머신러닝에서 주요 주제며, 패턴을 인식하고 명시적인 프로그래밍 없이 결과를 예측한다. 분류 알고리듬은 수집한 가공되지 않은 데이터에서 학습을 통해 규칙을 추출한다. 그 후 추출한 규칙을 사용해 새로운 물체를 분류하고 물체의 종류에 따라 적합한 행동을 취한다. 색을 인식하는 작업에서는 다양한 색의 물체를 로봇에게 보여주고 어떤 것이 노란색이고 노란색이 아닌지를 알려줌으로써 학습시킨다. 따라서 로봇은 새 물체를 보면 학습한 규칙에 따라 노란색인지 아닌지를 판단하게 된다.

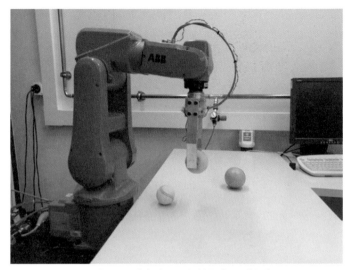

그림 14.1 색이 다른 공을 분류하는 로봇 팔

13장에서는 머신러닝의 일종인 강화 학습으로 작동하는 인공 신경망을 나뤘다. 14장에서는 학습 단계에서 로봇에게 물체가 노란색인지 아닌지와 같이 정확한 답을 알려주는 지도 학습을 살펴볼 것이다. 14.1절에서는 색이 다른 두 물체를 구별하는 알고리듬을 통해 통계학 지식을 살펴본다. 그 후 선형 판별 분석linear discriminant analysis이라는 머신러닝 방법을 알아본다. 14.2절과 14.3절에서는 마찬가지로 두 가지 색을 판별하는 예제로 선형 판별 분석을 설명한다. 선형 판별 분석은 데이터가 특정한 통계적 특성이 있다고 가정해 이뤄진다. 그렇지 않은 경우라면, 14.4절과 같이 퍼셉트론perceptron을 사용해 분류할 수 있다.

14장에서는 평균, 분산, 공분산의 개념을 이미 알고 있다고 가정한다. 만약 익숙하지 않다면 부록 B.3절과 B.4절에서 해당 개념에 대한 튜토리얼을 참고하라.

14.1 두 가지 색 분류하기

먼저 노란색 공과 노란색이 아닌 공을 분류하는 문제부터 시작해보자. 작업을 단순화하기 위해 그림 14.2와 같이 땅에 놓인 짙은 회색 종이 영역을 옅은 회색 종이 영역과 구별하는 문제로 바꿔보자. 로봇은 두 영역 위를 움직일 때 반사된 빛을 읽는 두 개의 지면 센서를 사용한다.

그림 14.2 밝기가 다른 두 회색 구별하기

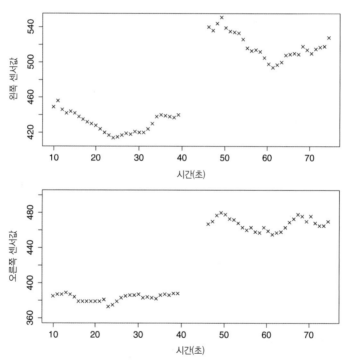

그림 14.3 왼쪽 센서(위)와 오른쪽 센서(아래)에서 읽은
반사된 빛을 시간에 대해 나타낸 그래프

그림 14.3은 두 센서로 모은 값을 그래프로 나타낸 것이다.[1] 로봇은 1초마다 반사된 빛을 읽고 왼쪽에서 오른쪽으로 움직이는 데 약 70초가 걸린다. 그래프를 보면 센서 잡음이나 고르지 못한 프린트로 인해 데이터의 분산이 큰 것을 확인할 수 있다. 하지만 더 심각한 문제는 두 센서의 결과가 다르다는 것이다. 이와 같이 샘플과 센서 간에 차이가 있을 때 어떻게 로봇이 밝기가 다른 두 회색을 구별할 수 있을까? 이 절에서는 자동으로 두 종류의 회색을 구별하는 규칙을 어떻게 생성하는지 알아보자.

14.1.1 평균을 이용한 판별 기준

그림 14.3의 그래프를 보면 샘플이 짙은 회색dark gray의 샘플인지, 옅은 회색light gray의 샘플인지 알기 쉽다. 왼쪽 센서에서 옅은 회색의 샘플 범위는 500에서 550이고 짙은 회색의 샘플 범위는 410에서 460이다. 오른쪽 센서에서는 각각의 범위가 460에서 480, 380에서 400이다. 따라서 왼쪽 센서에서는 임계값을 480으로, 오른쪽 센서에서는 임계값을 440으로 설정하면 옅은 회색과 짙은 회색을 구별할 수 있다. 그렇지만 이런 최적의 임계값을 어떻게 자동으로 정하고 두 센서의 임계값을 맞출 수 있을까?

먼저 왼쪽 센서부터 살펴보자. 목표는 두 색을 구별할 수 있는 판별 기준discriminant을 찾는 것이다. 짙은 회색 샘플의 최댓값인 최대$_{dark}$와 옅은 회색 샘플의 최솟값인 최소$_{light}$를 살펴보자. 최대$_{dark}$ < 최소$_{light}$라는 합리적인 가정하에 최대$_{dark}$ < x < 최소$_{light}$인 x는 두 회색을 구별하는 기준이 될 수 있다. 아마도 두 값의 중앙값을 사용하면 가장 강건하게 구별할 수 있을 것이다.

그림 14.3에서는 10초 근방에서 최대$_{dark}$ ≈ 460이고 60초 근방에서 최소$_{light}$ ≈ 500인 것을 확인할 수 있다. 따라서 평균인 480을 구별 기준으로 사용한다. 이 판별 기준은 해당 데이터셋에서는 잘 작동하지만, 일반적으로 최댓값과 최솟값은 종이에 뚫린 구멍으로 인해 짙은 회색 영역에서도

---

1 이 장에서 사용한 데이터는 실제 티미오 로봇으로 실험해 얻은 데이터다.

매우 큰 값을 반환하는 것과 같이 흔하지 않은 상황에서의 극단적인 값인 이상치outlier일 수 있으므로 사용하지 않는 것이 좋다.

더 좋은 방법은 모든 데이터를 사용하는 것이고, 모든 데이터를 사용하는 가장 간단한 방법은 평균을 구하는 것이다. μ_{dark}를 짙은 회색 샘플의 평균이라 하고 μ_{light}를 옅은 회색 샘플의 평균이라 하자. 좋은 판별 기준 Δ는 두 평균의 중앙이다.

$$\Delta = \frac{\mu_{dark} + \mu_{light}}{2}$$

그림 14.3의 데이터에서 왼쪽 센서의 평균과 판별 기준은 다음과 같다.[2]

$$\mu_{dark}^{left} = 431, \quad \mu_{light}^{left} = 519, \quad \Delta^{left} = \frac{431 + 519}{2} = 475$$

오른쪽 센서에서도 이와 같이 판별 기준을 구하면 다음과 같다.

$$\Delta^{right} = 425$$

두 회색을 제일 잘 구별하기 위해서는 두 판별 기준 중 어느 것을 사용해야 할지 자동으로 정하는 알고리듬이 필요하다. 이는 14.2절에서 살펴볼 두 센서 데이터를 합쳐 판별 기준을 계산하는 방법의 전 단계다.

직관적으로 다음과 같이 두 회색 영역의 평균의 차이가 클수록 판별 기준을 정하기 쉽다.

$$\left| \mu_{dark}^{left} - \mu_{light}^{left} \right|, \quad \left| \mu_{dark}^{right} - \mu_{light}^{right} \right|$$

왼쪽 센서 평균의 차이(88)가 오른쪽 센서 평균의 차이(84)보다 약간 크다. 따라서 판별 기준을 왼쪽 센서 평균으로 구한 475로 선정하게 된다. 하지만 그림 14.4의 그래프를 보면 왼쪽 센서의 분산이 크기 때문에 이 판별 기준이 최적이 아닌 것을 확인할 수 있다.

---

2 이 장에서는 값이 정수가 되도록 반올림한다.

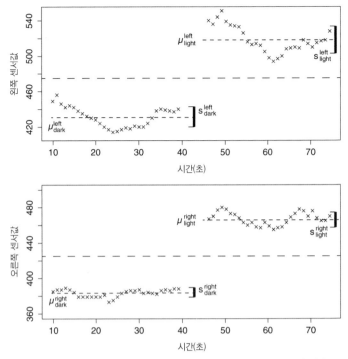

그림 14.4 그림 14.3의 평균(짧은 파선), 분산(괄호), 판별 기준(긴 파선)

14.1.2 평균과 분산을 이용한 판별 기준

평균의 차이뿐 아니라 평균 주변에 샘플이 얼마나 퍼져 있는지를 고려하면 더 좋은 판별 기준을 선정할 수 있다. 이를 샘플의 분산이라 하고 집합 $\{x_1, x_2, \cdots, x_{n-1}, x_n\}$의 분산 s_2는 다음과 같다.[3]

$$s^2 = \frac{1}{n-1} \sum_{i=1}^{n} (x_i - \mu)^2$$

이때 μ는 집합의 평균이다.

분산은 각 샘플이 평균으로부터 떨어진 평균 거리를 계산한다. 각 샘플이 평균보다 크거나 작을 수 있으므로 샘플이 평균에서 얼마나 떨어져 있

---

3 부록 B.3절에서 n이 아닌 n − 1로 나눈 이유를 설명한다.

는지에 대한 거리를 양수로 얻기 위해 거리를 제곱한다.

그림 14.4의 괄호는 옅은 회색과 짙은 회색의 왼쪽과 오른쪽에 대한 네 개 샘플 집합의 분산을 나타낸다. 왼쪽 센서 평균의 차이가 오른쪽 센서 평균의 차이보다 약간 크지만,

$$\left| \mu_{dark}^{left} - \mu_{light}^{left} \right| > \left| \mu_{dark}^{right} - \mu_{light}^{right} \right|$$

오른쪽 센서의 분산이 왼쪽 센서의 분산보다 훨씬 작다.

$$\left(s_{dark}^{right} \right)^2 \ll \left(s_{dark}^{left} \right)^2, \quad \left(s_{light}^{right} \right)^2 \ll \left(s_{light}^{left} \right)^2$$

분산이 작은 센서는 더 안정적이므로 분산을 사용하면 더 잘 분류할 수 있다.

평균과 분산의 정보를 합치면 좋은 판별 기준을 선정할 수 있다. $k = left$(왼쪽), $right$(오른쪽)일 때 판별 기준의 성능 지표 J_k는 다음과 같다.

$$J_k = \frac{\left(\mu_{dark}^k - \mu_{light}^k \right)^2}{\left(s_{dark}^k \right)^2 + \left(s_{light}^k \right)^2} \tag{14.1}$$

J를 최대화하려면, 분자인 평균의 거리는 커야 하고 분모인 샘플의 분산은 작아야 한다.

표 14.1은 그림 14.4의 데이터로 성능 지표를 계산한 값이다. 오른쪽 센서의 성능 지표 J는 왼쪽 센서보다 높다. 따라서 평균의 차이인 $|\mu_{dark} - \mu_{light}|$만을 고려하면 왼쪽 센서가 오른쪽 센서보다 약간 높기 때문에 왼쪽 센서를 사용하겠지만,

$$\Delta^{right} = \frac{383 + 467}{2} = 425$$

분산을 고려하면 오른쪽 센서 평균들의 중앙값인 위 값을 사용하는 것이 왼쪽 센서 평균들의 중앙값을 사용하는 것보다 낫다.

표 14.1 평균의 차이와 성능 지표 J

	왼쪽 센서		오른쪽 센서	
	짙은 회색	옅은 회색	짙은 회색	옅은 회색
μ	431	519	383	468
s^2	11	15	4	7
$|\mu_{dark} - \mu_{light}|$		88		84
J		22		104

14.1.3 색 구별 학습 알고리듬

연산은 로봇 내부에서 수행되므로 어떤 센서와 판별 기준이 더 나은지는
자동으로 정해진다. 알고리듬 14.1과 14.2는 연산의 세부 과정을 보여준
다.[4]

두 가지 범주 C_1, C_2와 센서 두 개가 있다고 하자. 학습 단계에서 로봇
은 옅은 회색과 짙은 회색에서 각각 샘플을 모으고 성능 지표 J를 계산한
다. 샘플링과 계산은 각 센서에서 동시에 또는 순차적으로 진행한다. 학
습이 끝나면, 회색 분류에 대한 성능 지표 J가 가장 높은 평균들의 중앙
값을 판별 기준으로 선택한다.

알고리듬 14.1: 두 범주 구별하기(학습 단계)

부동소수 X_1, X_2	// 샘플 집합
부동소수 μ_1, μ_2	// C_1, C_2의 평균
부동소수 s_1, s_2	// C_1, C_2의 분산
부동소수 $\mu[2]$	// μ_1, μ_2의 평균
부동소수 $J[2]$	// 성능 지표
정수 k	// 최대($J[1]$, $J[2]$)의 색인

1: 센서 $i = 1, 2$에 대해
2:    C_1에서 샘플 집합 X_1 수집
3:    C_2에서 샘플 집합 X_2 수집

---

4 볼드체로 나타낸 변수는 벡터나 행렬을 의미한다.

4: $\mathbf{X}_1$의 평균 μ_1과 $\mathbf{X}_2$의 평균 μ_2 계산

5: $\mathbf{X}_1$의 분산 s_1과 $\mathbf{X}_2$의 분산 s_2 계산

6: 평균 $\mu[i] = \dfrac{(\mu_1 + \mu_2)}{2}$ 계산

7: 식 14.1에 따라 성능 지표 J[i] 계산

8: k← 최대(J[1], J[2])의 색인

9: μ[k] 출력

알고리듬 14.2: 두 범주 구별하기(인식 단계)

부동소수 μ← 학습 단계에서 계산한 μ[k]

부동소수 x

1: 루프

2: x← 새로운 샘플

3: x < μ이면

4:   x를 범주 C_1로 분류

5: 그렇지 않으면

6:   x를 범주 C_2로 분류

활동 14.1: 로봇 카멜레온

- 그림 14.2와 같은 환경을 구성하라. 두 장의 종이에 서로 다른 밝기의 회색을 출력한 뒤 바닥에 붙여라.

- 로봇이 종이 위에서 일정하게 움직이고 주기적으로 반사된 빛을 샘플링하도록 프로그램을 작성하라. 다른 색의 종이에서도 반복하라.

- 데이터를 그래프로 작성하고 평균과 판별 기준을 계산하라.

- 센서 측정값에 따라 분류하는 프로그램을 작성하라. 분류한 색을 카멜레온처럼 로봇에 표시하라(또는 색을 바꿀 수 없으면 다른 방법으로 나타내라).

- 동일한 방법을 두 번째 센서에 적용하고 성능 지표 *J*를 이용해

분류 성능을 비교하라.

- 밝기가 매우 비슷한 회색에 대해 이를 반복하라. 어떤 결과가 나오는가?

14.2 선형 판별 분석

14.1절에서는 성능 지표에 기반해 두 센서 중 한 센서를 자동으로 선택함으로써 두 가지 밝기의 회색을 구분했다. 이는 간단하지만 최적은 아니다. 한 개의 센서에서 판별 기준을 선정하는 대신 두 개의 센서를 모두 사용하면 더 좋은 성능을 얻을 수 있다. 그중 한 가지 방법은 선형 판별 분석LDA, Linear Discriminant Analysis이며, 1936년에 통계학자 로날드 피셔Ronald A. Fisher가 처음으로 제안했다.

14.2.1 선형 판별 분석을 사용하는 이유

두 센서의 샘플을 모두 사용하면 얻게 되는 장점을 알아보기 위해 전기 보라색electric violet(ev)과 카드뮴 빨간색cadmium red(cr)의 물체를 구별해야 한다고 하자. 전기 보라색은 파란색에 빨간색이 약간 섞여 있는 색이고, 카드뮴 빨간색은 빨간색에 파란색이 약간 섞여 있는 색이다. 두 개의 센서를 사용해 한 센서는 빨간색의 농도를, 다른 센서는 파란색의 농도를 측정한다고 하자. 그림 $j = ev$, cr, $k = blue$(파란색), red(빨간색)에 대해 샘플의 평균 μ_j^k와 분산 $(s_j^k)^2$을 계산할 수 있다.

그림 14.5의 왼쪽 그림에서 전기 보라색 물체의 샘플은 좌측 상단에 점선으로 표시된 타원 안에 있고, 카드뮴 빨간색 물체의 샘플은 우측 하단에 점선으로 표시된 타원 안에 있다. 샘플이 타원에서 대칭으로 분포해 있기 때문에 타원의 중심은 샘플의 평균이 된다. μ_{ev}의 y축은 전기 보라색 물체의 파란색을 인식하는 센서의 평균이고, x축은 빨간색을 인식하는

센서의 평균을 나타낸다. 카드뮴 빨간색 물체를 인식한 두 센서의 평균도 마찬가지로 표시돼 있다. 그래프를 보면, 전기 보라색에는 파란색이 더 많고(y축상에서 위에 있다) 카드뮴 빨간색에는 빨간색이 더 많은 것(x축상에서 오른쪽에 있다)을 알 수 있다.

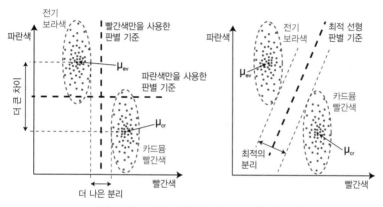

그림 14.5 두 색을 판별하는 최적의 선형 판별 기준

그림에서 파란색 센서 평균의 차이가 빨간색 센서 평균의 차이보다 큰 것을 확인할 수 있다. 언뜻 생각하면, 파란색 센서만을 이용하는 것이 더 좋은 판별 기준인 것 같다. 하지만 그렇지 않다. 그림에서 점선을 보면 빨간색만을 사용한 판별 기준은 두 색을 완벽히 구별하지만, 파란색만을 사용한 판별 기준은 일부 전기 보라색 샘플을 카드뮴 빨간색이라고 잘못 판별하고(일부 샘플이 점선 밑에 있음) 일부 카드뮴 빨간색 샘플을 전기 보라색이라고 잘못 판별한다(일부 샘플이 점선 위에 있음).

직관적이지 않은 이런 결과는 파란색 센서의 값이 넓게 퍼져 있고(큰 분산) 빨간색 센서의 값은 좁게 분포해(작은 분산) 14.1절에서 본 것과 같이 분산이 작은 경우 분류가 더 쉽기 때문에 발생한다. 그림 14.5의 오른쪽 그림은 두 센서를 모두 사용해 판별 기준을 구하면 두 물체를 더 잘 분류할 수 있다는 것을 보여준다. 판별 기준은 여전히 선형(직선)이지만 기울기가 축과 평행하지 않다. 이 직선은 평균뿐 아니라 분산을 이용해 구하며, 이런 판별 방식은 판별 기준이 선형이므로 선형 판별 분석이라고 한다.

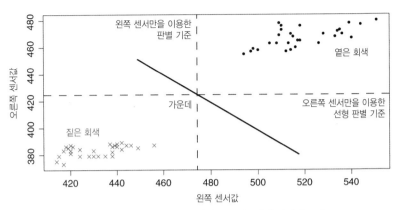

그림 14.6 밝기가 다른 회색을 회색조로 x–y상에 나타낸 그래프.
한 개의 센서로 구한 판별 기준과 최적의 판별 기준

14.2.2 선형 판별 기준

그림 14.5는 두 센서에서 수집한 데이터를 x–y 평면에 나타낸 결과다. 각
샘플의 x 값은 빨간색 센서가 출력한 값이고 y 값은 파란색 센서가 출력
한 값이다. 그림 14.6은 로봇이 두 개의 회색 영역 위를 지나가며 수집한
그림 14.3과 그림 14.4의 데이터를 이와 비슷하게 x–y 평면에 나타낸 것
이다. 그림 14.3과 그림 14.4에서는 센서값을 시간에 대해 나타냈지만,
같은 시간에 두 센서에서 측정된 연결된 샘플을 제외하면 시간은 분류할
때 아무런 역할을 하지 않는다.

그림 14.6에서 왼쪽 센서만을 이용한 분류는 수직 점선으로 이뤄지고
오른쪽 센서만을 이용한 분류는 수평 점선으로 이뤄진다. 하지만 두 선
모두 최적의 판별 기준은 아니다. 왼쪽 센서만을 이용한 판별 기준(수직
선)을 사용한다고 하고, 왼쪽 센서에서 470의 값을 반환하고 오른쪽 센서
에서 460의 값을 반환하는 샘플이 있다고 가정하자. 이 샘플은 옅은 회
색으로 분류되는 것이 더 낫지만 짙은 회색으로 분류될 것이다. 그래프에
그려진 대각선 실선이 한 개의 센서만을 이용한 두 판별 기준보다 훨씬
정확하다는 것을 직관적으로 알 수 있다.

그럼 어떻게 이런 선형 판별 기준을 자동으로 찾을 수 있도록 수학적

으로 정의할 수 있을까?[5] 평면에서의 직선은 $u = mx + a$이며, 이때 m은 기울기고 a는 $x = 0$일 때 y축과 교차하는 점이다. 또 다른 방식으로 직선을 나타내는 방법은 다음과 같으며,

$$w_1x_1 + w_2x_2 = c \tag{14.2}$$

x_1은 왼쪽 센서값을 나타내는 수평축이고 x_2는 오른쪽 센서값을 나타내는 수직축이다. c는 상수고 w_1, w_2는 변수의 계수다.

계수는 다음과 같이 행벡터로 나타내면 편리하다.

$$\mathbf{w} = \begin{bmatrix} w_1 \\ w_2 \end{bmatrix}$$

직선을 이와 같이 표현하면 벡터 $\mathbf{w}$는 판별 선과 수직을 이루므로 기울기를 결정하고 상수 c는 기울기가 $\mathbf{w}$에 의해 정해졌을 때 이와 평행한 무한개의 선 중 어느 것인지를 결정한다. $\mathbf{w}$의 기울기가 정해지면 c는 점 (x_1, x_2)를 식 14.2에 대입해 얻을 수 있다.

선형 판별 분석은 두 범주의 데이터셋을 최적으로 분류하는 선의 벡터 $\mathbf{w}$와 상수 c를 자동으로 결정한다. 첫 단계는 판별 선 위의 점을 정하는 것이다. 이 점을 지나는 선은 무한개이므로 최적의 판별 기준이 되는 선의 기울기를 정해야 한다. 마지막으로, 기울기와 정한 점을 통해 c 값을 구한다. 아래의 절에서 각 단계를 자세히 살펴보자.

14.2.3 선형 판별을 위한 점 정하기

먼저 어떻게 점을 정할 수 있을까? 선형 판별 분석은 두 범주의 데이터가 같은 분포라고 가정한다. 쉽게 말하면, 두 데이터셋이 비슷한 크기와 모양이라는 것이다. 데이터를 실제 환경에서 측정했기 때문에 정확히 같지는 않겠지만(예를 들어 가우시안 분포), 두 센서가 동일한 환경(센서 잡음, 평평하지 않은 지면)에 있으므로 비슷할 확률이 높다.

두 분포가 비슷하면 각각의 분포에 대해 두 센서의 샘플 평균은 비슷

---

5 이 절에서는 기호로 표현했다. 14.2.5절의 예제를 참고하면 좀 더 쉽게 이해할 수 있을 것이다.

할 것이다. 각 센서의 평균의 중앙값은 각 평균으로부터 거리가 같다. 따라서 판별 기준은 좌표가 다음과 같은 점 M(그림 14.6)을 지나는 선으로 결정된다.

$$\left(\frac{\mu_{light}^{left} + \mu_{dark}^{left}}{2}, \ \frac{\mu_{light}^{right} + \mu_{dark}^{right}}{2} \right)$$

14.2.4 기울기 구하기

판별 선 위의 점 M을 정했으면 다음 단계는 선의 기울기를 구하는 것이다. 그림 14.6을 보면, 점 M을 지나고 두 범주를 구별하는 수많은 선이 있는 것을 알 수 있다. 이 중 어떤 선이 데이터의 통계적 특성에 부합하는 가장 좋은 선일까?

14.1절에서는 각 센서 평균의 중앙값을 지나는 x축과 평행한 선(그림 14.4)인 두 개의 판별 기준 중 어느 판별 기준을 사용할지 알아봤다. $k =$ $left$(왼쪽), $right$(오른쪽)일 때 다음과 같은 성능 지표 J_k의 값이 큰 쪽을 판별 기준으로 선정한다.

$$J_k = \frac{\left(\mu_{dark}^k - \mu_{light}^k \right)^2}{\left(s_{dark}^k \right)^2 + \left(s_{light}^k \right)^2} \tag{14.3}$$

J_k가 크려면 분자인 평균의 거리가 커야 하고 분모인 샘플의 분산은 작아야 한다.

이제 각 센서마다 따로 성능 지표를 계산하지 않고 두 센서의 값을 모두 이용해 성능 지표를 계산하려고 한다. 그림 14.7은 두 센서를 x-y 평면에 나타낸 것이고, 각 범주의 값은 빨간색 사각형과 파란색 원으로 표시돼 있다. x축이나 y축을 따로 보면 두 범주의 데이터가 겹치는 부분이 있으므로 축에 평행한 선을 이용하면 두 범주를 구별할 수 없다. 하지만 측정한 값을 다음과 같은 벡터로 정의한 선으로 투영하면

$$\mathbf{w} = \begin{bmatrix} w_1 \\ w_2 \end{bmatrix}$$

식 14.2로 정의한 아래와 같은 판별 선으로 두 범주를 구분할 수 있고,

$$w_1 x_1 + w_2 x_2 = c$$

이때 c는 구별 선에서 빨간색과 파란색 점 사이에 있는 점이다. 식 14.3
과 비슷하게 더 큰 $J(\mathbf{w})$가 더 나은 판별 선이 되는 성능 지표 $J(\mathbf{w})$를 정
해야 한다. 그 후 $J(\mathbf{w})$를 미분하고 미분한 값이 0이 되는 $\mathbf{w}$를 구해 $J(\mathbf{w})$
가 최대가 되는 $\mathbf{w}$를 찾는다.

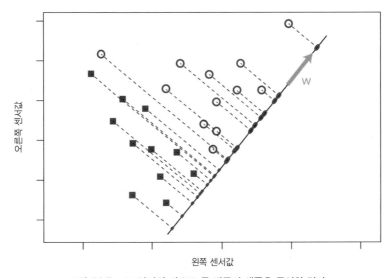

그림 14.7 $\mathbf{w}$로 정의된 선으로 두 범주의 샘플을 투영한 결과

$J(\mathbf{w})$는 두 범주의 평균과 분산으로 정의되지만 이 책에서 다루기에는
복잡하다. 따라서 별도의 증명을 하지 않고 $J(\mathbf{w})$를 최대화하는 $\mathbf{w}$는 다음
과 같다고 하며,

$$\mathbf{w} = \mathbf{S}^{-1} \left(\boldsymbol{\mu}_{light} - \boldsymbol{\mu}_{dark} \right)$$

이때 아래는 두 범주의 평균 벡터고

$$\boldsymbol{\mu}_{light} = \begin{bmatrix} \mu_{light}^{left} \\ \\ \mu_{light}^{right} \end{bmatrix}, \quad \boldsymbol{\mu}_{dark} = \begin{bmatrix} \mu_{dark}^{left} \\ \\ \mu_{dark}^{right} \end{bmatrix}$$

$\mathbf{S}^{-1}$은 다음과 같이 두 범주의 공분산 행렬 평균의 역행렬이다.[6]

$$\mathbf{S} = \frac{1}{2}\left(\begin{bmatrix} s^2\left(\mathbf{x}_{light}^{left}\right) & cov\left(\mathbf{x}_{light}^{left}, \mathbf{x}_{light}^{right}\right) \\ cov\left(\mathbf{x}_{light}^{right}, \mathbf{x}_{light}^{left}\right) & s^2\left(\mathbf{x}_{light}^{right}\right) \end{bmatrix} + \begin{bmatrix} s^2\left(\mathbf{x}_{dark}^{left}\right) & cov\left(\mathbf{x}_{dark}^{left}, \mathbf{x}_{dark}^{right}\right) \\ cov\left(\mathbf{x}_{dark}^{right}, \mathbf{x}_{dark}^{left}\right) & s^2\left(\mathbf{x}_{dark}^{right}\right) \end{bmatrix}\right)$$

한 개의 센서만을 이용한 성능 지표 J_k와는 달리 두 개의 센서를 사용하면 각 센서마다 한 개의 평균이 존재하므로 평균은 2차원 벡터가 된다. 분산을 더하면 공분산 행렬이 되며, 공분산 행렬은 각 센서의 분산뿐만 아니라 두 센서가 서로 어떻게 연관되는지를 의미하는 공분산을 고려한다.

M과 $\mathbf{w}$의 값을 계산하면, 이제 판별 선을 정하는 상수 c를 계산하는 일만 남는다. 이 과정이 완료되면 선형 판별 분석 알고리듬의 학습 단계가 끝난다. 인식 과정에서는 로봇이 $\mathbf{w}$와 c로 정의된 선을 이용해 새로 입력되는 샘플을 분류한다.

알고리듬 14.3과 14.4는 두 범주 C_1, C_2를 두 개의 센서로 구별하는 상황을 예시로 알고리듬을 형식화한 것이다. 알고리듬 14.1과 비교해보면 샘플 집합 $\mathbf{X}_1$, $\mathbf{X}_2$와 평균 $\boldsymbol{\mu}_1, \boldsymbol{\mu}_2$, 분산 $\mathbf{s}_1, \mathbf{s}_2$는 센서마다 한 개씩 총 성분이 두 개인 벡터다.

알고리듬 14.3: 선형 판별 분석(학습 단계)

부동소수 배열[n_1, 2] $\mathbf{X}_1$	// 첫 번째 영역의 샘플 집합
부동소수 배열[n_2, 2] $\mathbf{X}_2$	// 두 번째 영역의 샘플 집합
부동소수 배열[2] $\boldsymbol{\mu}_1, \boldsymbol{\mu}_2$	// C_1, C_2의 평균
부동소수 배열[2] $\boldsymbol{\mu}$	// 평균의 평균
부동소수 배열[2] $\mathbf{s}_1, \mathbf{s}_2$	// C_1, C_2의 분산
부동소수 공분산$_1$, 공분산$_2$	// C_1, C_2의 공분산
부동소수 배열[2] $\mathbf{S}_{inv}$	// 공분산 평균의 역행렬
부동소수 c	// 선의 상수

1: C_1에서 샘플 집합 $\mathbf{X}_1$ 수집
2: C_2에서 샘플 집합 $\mathbf{X}_2$ 수집

---

6 분산의 정의는 부록 B.4절에서 소개하며, 14.2.5절에서 계산 과정을 예시로 확인할 수 있다.

3: X_1의 평균 μ_1과 X_2의 평균 μ_2 계산

4: $\mu \leftarrow (\mu_1 + \mu_2)/2$

5: X_1의 분산 s_1과 X_2의 분산 s_2 계산

6: X_1과 X_2의 공분산 공분산$_1$, 공분산$_2$ 계산

7: 공분산 행렬에서 S_{inv} 계산

8: 식 14.4에 따라 w 계산

9: μ로부터 M 계산

10: M과 w로부터 c 계산

11: w와 c 출력

알고리듬 14.4: 선형 판별 분석(인식 단계)

부동소수 $w \leftarrow$ 학습 단계에서 구한 입력

부동소수 $c \leftarrow$ 학습 단계에서 구한 입력

부동소수 x

1: 루프

2:　　$x \leftarrow$ 새로운 샘플

3:　　$x \cdot w < c$이면

4:　　　　x를 범주 C_1로 분류

5:　　그렇지 않으면

6:　　　　x를 범주 C_2로 분류

14.2.5 선형 판별 예시

그림 14.8은 한 곳은 검은색이 83.6%, 다른 곳은 85%로 밝기가 비슷한 두 회색 영역을 로봇이 지나가며 두 개의 지면 센서로 모은 샘플을 나타낸 것이다. 두 영역은 밝기가 너무 비슷해 사람 눈으로는 구별할 수 없는데, 알고리듬 14.3으로 계산한 선형 판별 방법으로 사람보다 잘할 수 있는지 살펴보자.

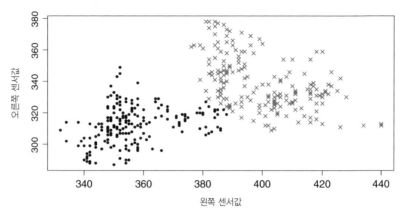

그림 14.8 밝기가 비슷한 회색 영역에서 수집한 샘플
(검은색 점은 더 어두운 곳의 샘플이고 빨간색 x는 밝은 곳의 샘플이다.)

범주 C_1은 밝은 회색 영역이고 C_2는 어두운 곳의 영역이다. 벡터 집합 $\mathbf{X}_1[n_1]$, $\mathbf{X}_2[n_2]$의 원소는 왼쪽과 오른쪽 센서로 측정한 다음과 같은 샘플이고,

$$\mathbf{x} = \begin{bmatrix} x^{left} \\ x^{right} \end{bmatrix}$$

$n_1 = 192$, $n_2 = 205$이다.

먼저 그림 14.8에 나타낸 데이터의 평균을 구하면 다음과 같다.

$$\boldsymbol{\mu_1} = \frac{1}{192} \left(\begin{bmatrix} 389 \\ 324 \end{bmatrix} + \begin{bmatrix} 390 \\ 323 \end{bmatrix} + \cdots + \begin{bmatrix} 389 \\ 373 \end{bmatrix} \right) \approx \begin{bmatrix} 400 \\ 339 \end{bmatrix}$$

$$\boldsymbol{\mu_2} = \frac{1}{205} \left(\begin{bmatrix} 358 \\ 297 \end{bmatrix} + \begin{bmatrix} 358 \\ 296 \end{bmatrix} + \cdots + \begin{bmatrix} 352 \\ 327 \end{bmatrix} \right) \approx \begin{bmatrix} 357 \\ 312 \end{bmatrix}$$

두 번째 영역의 샘플이 205개로, 192개인 첫 번째 영역의 샘플보다 많지만 평균을 구할 때는 중요하지 않다. 예상한 대로 밝은 영역의 샘플 평균인 $\boldsymbol{\mu_1}$이 어두운 곳 샘플 평균인 $\boldsymbol{\mu_2}$보다 살짝 높다(반사된 빛이 많음). 그렇지만 왼쪽 센서가 오른쪽 센서보다 높은 값을 출력한다. 그림 14.9는 그림 14.8의 데이터와 평균을 점선으로 나타낸 것이다. 각 영역에는 오른쪽 센서의 평균인 수평선과 왼쪽 센서의 평균인 수직선이 있다.

302

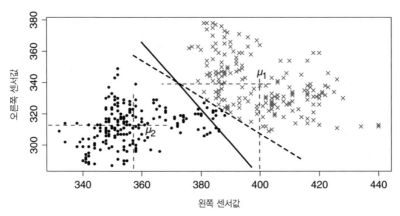

그림 14.9 각 범주의 평균(얇은 점선), 선형 판별 분석 판별 선(실선),
두 범주를 완벽히 구분하는 판별 선(두꺼운 점선)

공분산 행렬은 각각의 분산과 공분산으로 이뤄진다. $i = 1, 2$에 대해 공분산 행렬은 다음과 같다.

$$\mathbf{S}_i = \begin{bmatrix} s^2\left(X_i^{left}\right) & cov\left(X_i^{left}, X_i^{right}\right) \\ cov\left(X_i^{right}, X_i^{left}\right) & s^2\left(X_i^{right}\right) \end{bmatrix}$$

그림 14.8의 데이터에서 옅은 회색 샘플의 분산은 다음과 같다.

$$s^2(X_1^{left}) = \frac{1}{191}\left((389 - 400)^2 + (390 - 400)^2 + \cdots + (389 - 400)^2\right) \approx 187$$

$$s^2(X_1^{right}) = \frac{1}{191}\left((324 - 339)^2 + (323 - 339)^2 + \ldots + (373 - 339)^2\right) \approx 286$$

부록 B.4절의 식 B.4로 공분산을 계산할 수 있다. 공분산은 대칭이므로 한 번만 계산하면 된다.

$$cov(X_1^{left}, X_1^{right}) = \frac{1}{191}\left((389 - 400)(324 - 339) + \ldots + (389 - 400)(373 - 339)\right)$$
$$\approx -118$$

계산한 결과를 합치고 X_2에 대해서도 같은 방법으로 하면 공분산 행렬은 다음과 같다.

$$\mathbf{S}_1 = \begin{bmatrix} 187 & -118 \\ -118 & 286 \end{bmatrix} \qquad \mathbf{S}_2 = \begin{bmatrix} 161 & 44 \\ 44 & 147 \end{bmatrix}$$

다음 단계는 공분산 행렬의 평균과

$$\mu_\mathbf{S} = \frac{1}{2}\left(\begin{bmatrix} 187 & -118 \\ -118 & 286 \end{bmatrix} + \begin{bmatrix} 161 & 44 \\ 44 & 147 \end{bmatrix} \right) = \begin{bmatrix} 174 & -38 \\ -37 & 216 \end{bmatrix}$$

평균의 역행렬[7]을 구하는 것이다.

$$\mathbf{S}^{-1} = \begin{bmatrix} 0.006 & 0.001 \\ 0.001 & 0.005 \end{bmatrix}$$

이를 통해 식 14.4로부터 $\mathbf{w}$를 다음과 같이 계산할 수 있다.

$$\mathbf{w} = \begin{bmatrix} 0.006 & 0.001 \\ 0.001 & 0.005 \end{bmatrix} \cdot \left(\begin{bmatrix} 400 \\ 339 \end{bmatrix} - \begin{bmatrix} 357 \\ 313 \end{bmatrix} \right) = \begin{bmatrix} 0.28 \\ 0.17 \end{bmatrix}$$

벡터 $\mathbf{w}$는 판별 선과 수직인 투영 선의 방향을 나타낸다. 이제 수식 14.2에서 한 점 (x_1, x_2)를 안다고 가정하면 상수 c를 구할 수 있다.

$$w_1 x_1 + w_2 x_2 = c$$

이때 아래와 같은 평균의 중앙값이 판별 선 위에 있어야 한다고 했으므로,

$$\mu = \frac{1}{2}(\mu_1 + \mu_2) = \frac{1}{2}\left(\begin{bmatrix} 400 \\ 339 \end{bmatrix} + \begin{bmatrix} 357 \\ 313 \end{bmatrix} \right) \approx \begin{bmatrix} 379 \\ 326 \end{bmatrix}$$

다음과 같다.

$$c = 0.28 \cdot 379 + 0.17 \cdot 326 \approx 162$$

또한 판별 선의 방정식은 다음과 같다.

$$0.28 x_1 + 0.17 x_2 = 162$$

이렇게 구한 판별 선은 그림 14.9에 실선으로 표시돼 있다. 새로운 샘플 (a, b)가 주어질 때 $0.28a + 0.17b$가 162보다 크면 샘플을 범주 C_1로 분류하고 작으면 범주 C_2로 분류한다.

---

7 부록 B.5절을 참고하라.

14.2.6 판별 기준의 성능 비교하기

위에서 구한 선형 판별 기준을 한 센서만의 평균을 이용해 구한 두 개의 판별 기준과 비교하면 큰 성능 향상이 있다. 한 방향으로는 두 범주 사이에 겹치는 부분이 있기 때문에 오른쪽 센서만을 이용한 간단한 판별 선은 84.1%만을 올바르게 판별하고, 왼쪽 센서만을 이용한 판별 선은 이보다 조금 나은 93.7%를 올바르게 판별한다. 선형 판별 분석을 이용한 선형 판별 기준은 97.5%로 더 나은 성능을 보여준다.

모든 샘플을 올바르게 분류하는 판별 선이 있다면 어떨까? 그림 14.9에서 두꺼운 점선의 판별 기준은 모든 샘플을 올바르게 판단한다. 그럼 왜 선형 판별 분석은 이런 판별 선을 찾지 않았을까? 선형 판별 분석은 두 범주가 평균 근처에서 비슷한 분포(값은 퍼짐)를 갖는다고 가정하고 이 가정하에 최적이기 때문이다. 우리가 살펴본 데이터에서는 두 번째 범주의 일부 샘플이 평균과 멀기 때문에 두 범주의 분포가 약간 다르다. 해당 샘플이 예를 들어 종이에 회색을 출력할 때 생긴 문제로 인한 이상치인지는 확인하기 어렵다. 만약 이상치라면, 두 영역에서 다른 샘플들은 서로 비슷한 분포가 될 것이고 선형 판별 분석으로 구한 판별 기준이 올바르게 작동할 것이다.

14.2.7 선형 판별 분석을 이용한 활동

이 절에서는 선형 판별 분석을 이용한 몇 가지 활동을 살펴본다.

> **활동 14.2: 선형 판별 분석을 이용한 로봇 카멜레온**
>
> - 그림 14.2의 환경을 만들되 두 회색의 밝기가 아주 비슷하도록 하라.
> - 로봇이 한 영역 위를 일정한 속도로 이동하면서 반사된 빛을 주기적으로 샘플링하는 프로그램을 작성하라. 다른 영역에 대해서도 반복하라.
> - 데이터를 그래프로 작성하라.

- 평균, 공분산 행렬, 판별 선을 계산하라.
- 센서에서 측정된 값을 분류하는 프로그램을 구현하라. 로봇이 측정된 값을 분류하면 어떤 색으로 인식했는지 표시하도록 하라 (또는 색을 바꿀 수 없으면 다른 방법으로 나타내라).

활동 14.3: 두 개의 센서를 이용한 장애물 회피

- 그림 14.10은 벽에 접근하는 로봇이다. 그림 상단은 로봇이 오른쪽 센서로 벽을 감지하는 다양한 상황을 나타낸 것이고, 벽을 피하기 위해 왼쪽으로 돌아야 한다. 마찬가지로 그림 하단은 오른쪽으로 돌아야 하는 상황을 나타낸다.
- 버튼을 누르면 오른쪽과 왼쪽 센서값을 저장하는 프로그램을 작성하라. 또한 장애물 회피에서 범주를 기록할 때 사용하도록 어떤 버튼이 눌렸는지도 저장하도록 하라.
- 로봇을 벽 옆에 두고 프로그램을 실행해 로봇을 학습시켜라. 로봇이 왼쪽으로 회전해야 하면 왼쪽 버튼을 누르고, 오른쪽으로 회전해야 하면 오른쪽 버튼을 눌러라. 여러 상황에 대해 반복하라.
- 두 센서의 값을 x-y 평면에 나타내고 벽을 피하기 위해 오른쪽으로 돌아야 하는지 왼쪽으로 돌아야 하는지에 따라 범주로 나눠라. 그림 14.11과 비슷한 그래프를 얻을 것이다.
- 두 범주를 분리하는 구별 선을 그려라.
- 그린 구별 선의 성능이 얼마나 좋은가? 몇 퍼센트나 올바르게 구별하는가?
- 선형 판별 분석으로 최적의 판별 기준을 계산하라. 성능이 얼마나 좋은가? 선형 판별 분석의 가정과 일치하는가?

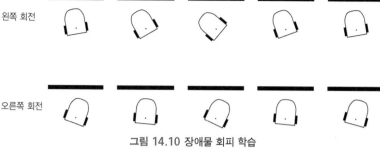

왼쪽 회전

오른쪽 회전

그림 14.10 장애물 회피 학습

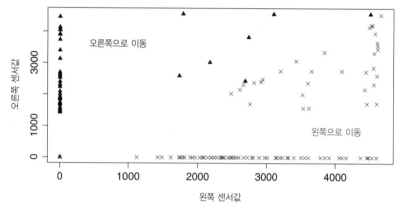

그림 14.11 장애물 회피에서 '왼쪽으로 이동' 범주(빨간색 x)와
'오른쪽으로 이동' 범주(검은색 삼각형)의 데이터

활동 14.4: 물체 따라가기

- 로봇이 물체를 따라가도록 하는 프로그램을 작성하라. 로봇이 물체를 앞에서 감지하면 전진하고 물체가 너무 가까우면 후진한다. 물체가 오른쪽에 있으면 오른쪽으로, 왼쪽에 있으면 왼쪽으로 회전한다.

- x-y 평면에 데이터를 시각화하도록 두 개의 센서를 사용하라.

- 활동 14.3의 데이터를 수집하고 그래프를 작성하라. 그래프는 그림 14.12와 비슷할 것이다.

- 범주별로 분류된 그림 14.12를 살펴보자. 전진과 후진을 분류할 때 문제점은 무엇인가? 왜 전진과 후진의 샘플은 왼쪽과 오른쪽

센서값이 다른가?

- 네 가지 상황을 분류하는 알고리듬을 제시하라. 선형 판별 기준을 조합해 사용할 수 있을까?

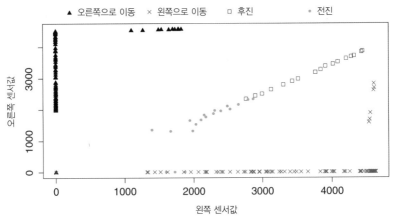

그림 14.12 물체 따라가기 학습 단계에서 수집한 데이터

14.3 선형 판별의 일반화

이 절에서는 선형 판별 분석을 확장하고 개선하는 방법을 살펴보자.

먼저 센서를 더 많이 사용할 수 있다. n개의 센서를 사용하면 벡터의 성분이 n개가 되고 공분산 행렬의 크기가 $n \times n$이 되므로 수식이 복잡해지고 연산량과 메모리가 더 필요해진다. 또한 판별 기준이 선 대신 $n-1$차원의 초평면hyperplane이 된다. 여러 개의 센서를 이용한 분류의 예시로는 로봇을 생각만으로 조종하기 위해 뇌의 뇌전도 신호를 분류하는 것을 들 수 있다.

활동 14.4는 다른 일반화 방법으로 세 가지 이상의 범주로 분류하는 것을 보여준다. 판별 기준은 범주의 쌍을 구별하기 위해 사용된다. 예를 들어 범주 C_1, C_2, C_3과 판별 기준 Δ_{12}, Δ_{13}, Δ_{23}이 있다고 하자. 새로운 샘플이 판별 기준 Δ_{12}에 따라 범주 C_2, 판별 기준 Δ_{13}에 따라 범주 C_1, 판별 기준 Δ_{23}에 따라 범주 C_2로 분류된다고 하면 더 많은 판별 기준이 C_2로 분류했기 때문에 최종적으로 C_2로 분류된다.

세 번째는 직선 대신 2차 함수와 같은 곡선을 사용하는 것이다. 고차 함수를 판별 기준으로 사용하면 샘플의 분포가 단순하지 않은 데이터셋의 범주를 나눌 수 있다.

14.4 퍼셉트론

선형 판별 분석은 범주 간에 샘플의 분포가 비슷하다는 가정하에서만 분류할 수 있다. 14.4절에서는 인공 신경망(13장)과 관련 있는 퍼셉트론 perceptron을 이용해 분류하는 방법을 살펴본다. 13장에서는 학습 규칙이 어떻게 센서와 모터를 연결하는 동작을 만들어내는지 알아봤다. 이 절에서는 학습 규칙으로 어떻게 데이터를 범주별로 분류할 수 있는지 살펴본다.

14.4.1 기울기 감지

울퉁불퉁한 땅을 지나가는 로봇을 생각해보자. 로봇이 넘어지지 않도록 급격한 경사를 감지하는 것이 중요하지만, 땅의 구조나 특성(젖어 있는 땅이나 말라 있는 땅, 또는 모래나 진흙)에 따라 상황이 달라지므로 미리 모든 위험한 상황을 알아채기는 어렵다. 따라서 대신 로봇이 다양한 환경에 따라 동작을 바꾸도록 학습하려고 한다.

문제를 단순화하기 위해 로봇이 전진과 후진만 할 수 있고 로봇에 두 축으로 가속도계가 있어 하나는 앞뒤 방향의 가속도를, 다른 하나는 위아래 방향의 가속도를 측정한다고 하자. 평평한 땅에 가만히 있는 로봇에서는 앞뒤 방향으로는 0의 가속도가 측정되고 아래 방향으로는 중력으로 인해 $9.8m/s^2$의 가속도가 측정될 것이다. 천천히 움직이는 로봇의 가속도에 비해 중력 가속도가 상대적으로 크기 때문에 두 축의 상대적인 가속도는 로봇의 자세를 나타내기에 적합하다.

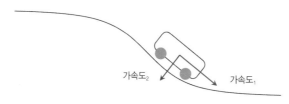

그림 14.13 가파른 경사에서 움직이는 가속도계가 장착된 로봇

그림 14.13은 경사 위로 전진하는 로봇을 나타낸다. 두 가속도계에서 측정된 값은 비슷하므로(가속도$_1$ ≈ 가속도$_2$) 로봇이 경사 위에 있다는 사실을 유추할 수 있다. 가속도$_1$ > 가속도$_2$라면 위아래 가속도계는 중력을 전부 측정하고 앞뒤 가속도계는 움직이는 로봇의 아주 작은 가속도만을 측정하기 때문에 로봇이 평평한 땅에 있다고 유추할 수 있다. 목표는 로봇이 안전한 위치와 경사가 너무 심해서 로봇이 떨어질 수 있는 위치를 구별하도록 하는 것이다.

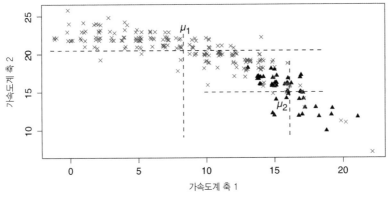

그림 14.14 가속도 데이터를 이용한 위험한 경사 감지

그림 14.14는 로봇이 경사 아래로 움직이는 학습 단계에서 수집한 데이터를 나타낸다. 로봇 조종자가 로봇이 안전한 곳에 있다고 판단하면(범주 C_1) 측정값을 기록해 빨간색 ×로 표시하고, 로봇이 위험한 상황에 있다고 판단하면(범주 C_2) 측정값을 기록해 검은색 세로로 표시한다. 이제 문제는 두 범주의 샘플을 구별하는 방법을 찾는 것이다.

그림의 점선은 두 데이터셋의 평균을 나타내는데, 두 데이터셋이 많이 겹치므로 두 범주를 구별할 때 평균은 큰 도움이 되지 않는 것을 알 수 있다. 게다가 로봇이 안전할 때의 샘플은 그래프 전역에 있지만, 위험할 때의 샘플은 평균 주변에서 작은 영역에 분포해 두 분포가 비슷하지 않으므로 선형 판별 분석도 적절하지 않다.

14.4.2 퍼셉트론을 이용한 분류

퍼셉트론은 특정 구조를 갖는 인공 뉴런이다(그림 14.15). 입력 $\{x_1, \cdots, x_n\}$을 합하는 부분이 있고 각 입력 x_1은 합해지기 전에 w_i와 곱해진다. 추가적인 입력 x_0은 입력과 별개로 편향bias을 만들기 위해 일정한 값 1을 갖는다. 퍼셉트론의 출력은 합한 결과를 함수 f에 적용해 얻는다.

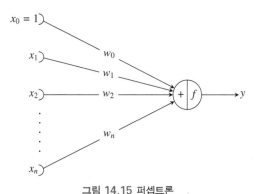

그림 14.15 퍼셉트론

분류를 할 때, 퍼셉트론의 입력은 분류할 샘플의 센서값이고 출력은 샘플이 두 범주 중 어느 범주로 분류될지를 나타내는 값이다. 대체로 출력 함수 f로는 다음과 같이 간단히 가중합의 부호를 사용하고

$$y = sign\left(\sum_{i=0}^{n} w_i x_i\right) = \pm 1 \tag{14.5}$$

이때 한 범주는 +1로, 다른 범주는 -1로 나타낸다.

데이터는 모든 입력이 동일한 범위(주로 $-1 \leq x_i \leq 1$)에 있도록 정규화된다. 그림 14.14의 데이터는 각 값을 30으로 나눠 정규화할 수 있다.

샘플의 입력 $\{x_0 = 1, x_1, \cdots, x_n\}$이 있을 때 학습 단계에서의 목표는 출력이 +1 또는 -1로 올바른 범주의 값이 되도록 가중치 $\{w_0, w_1, \cdots, w_n\}$을 찾는 것이다.

샘플이 두 범주의 경계에 있다면 가중합은 0에 가까울 것이다. 따라서 퍼셉트론은 선형 판별의 일종으로 출력을 -1과 +1 사이로 구별하고, 두 범주를 분류하는 판별 기준은 다음과 같이 출력이 0이 되는 가중치가 된다.

$$\sum_{i=0}^{n} w_i x_i = 0$$

이는 다음과 같이 나타낼 수도 있다.

$$w_0 + w_1 x_1 + \cdots + w_n x_n = 0 \qquad (14.6)$$

2차원에서의 선형 판별 분석($n = 2$)은 식 14.2로 나타낼 수 있었고, 이는 식 14.6에서 $c = -w_0$일 때와 동일하다. 두 방식의 차이점은 가중치를 구하는 방법이다. 선형 판별 분석에서는 통계를 사용했지만 퍼셉트론에서는 학습을 반복해 가중치를 얻는다.

14.4.3 퍼셉트론 학습

가중치 $\{w_0, w_1, \cdots, w_n\}$의 값을 찾는 것은 가중치를 0.1과 같이 작은 값으로 설정하는 것에서 시작한다. 학습 단계에서는 샘플의 집합과 각 샘플의 예상되는 출력(범주)을 퍼셉트론에 제공한다. 샘플의 집합은 무작위로 구성돼야 하고 모든 범주의 샘플이 포함돼야 한다. 또한 한 범주 내에서도 샘플을 무작위로 골라야 한다. 이는 학습 단계에서 퍼셉트론이 특정한 상황에서만 최적이 되는 것을 막고, 특정한 상황에만 최적이 되도록 시간을 할애하는 것보다는 전반적인 상황에 최적이 되게끔 빠르게 수렴하도록 한다.

가중치는 다음과 같이 조정된다.

$$w_i(t + 1) = w_i(t) + \eta x_i y, \;\; 0 \le i \le n \qquad (14.7)$$

이는 기본적으로 인공 신경망의 헤비안 규칙이다(13.5.2절). $w_i(t)$와 $w_i(t + 1)$은 조정되기 전과 후의 i번째 가중치고 η는 학습률, x_i는 정규화된 입력, y는 목표 출력이다. 부호 함수sign function가 입력의 가중합에 적용되므로 가중합이 정확히 0인 드문 경우를 제외하면 y는 1 또는 −1이 된다.

식 14.7은 입력에 비례해 값을 더하거나 빼서 가중치를 조정하며, 이때 비례 계수는 학습률이다. 학습률이 작을 때는 가중치의 조정 정도가 작아지고 학습률이 크면 가중치의 조정 정도가 커진다. 학습이 완료되면 학습한 가중치를 통해 새로운 샘플을 분류한다.

알고리듬 14.5와 14.6은 퍼셉트론으로 분류하는 방법을 형식화한 것이다. 상수 N은 학습 단계에서 샘플의 수고, n은 각 샘플에서 센서의 수를 의미한다.

알고리듬 14.5: 퍼셉트론을 이용한 분류(학습 단계)

부동소수 배열[N, n] X	// 샘플 집합
부동소수 배열[n + 1] w ← [0.1, 0.1, …]	// 가중치
수동 소수 배열[n] x	// 무작위 샘플
정수 c	// 무작위 샘플의 범주
정수 y	// 퍼셉트론의 출력

1: 학습이 종료될 때까지
2:    x ← X의 무작위 샘플
3:    c ← x의 범주
4:    y ← 식 14.5로 계산한 출력
5:    y가 범주 c가 아니면
6:       w_i를 식 14.7에 따라 조정
7: w 반환

그렇다면 학습 단계를 언제 종료해야 할까? 한 가지 방법은 예를 들어 98%의 샘플이 올바르게 분류될 때 학습을 종료하는 것이다. 하지만 학습이 잘 진행되지 않을 수도 있다. 따라서 더 나은 방법은 가중치가 조정되는 크기가 작아지면 학습을 종료하는 것이다.

14.4.4 예제

다시 위험한 경사를 피하도록 학습하는 로봇으로 돌아와 그림 14.14의 데이터에 학습 알고리듬을 적용해보자. 퍼셉트론에는 항상 1인 x_0, 앞뒤 가속도계 데이터인 x_1, 위아래 가속도계 데이터인 x_2라는 세 개의 입력이 있다. 각 샘플을 30으로 나눠 0에서 1 사이가 되도록 데이터를 정규화한다. 또한 출력 1은 범주 C_1(안전함)을, 출력 −1은 범주 C_2(위험함)를 의미하도록 한다.

예를 들어 범주 C_1에 속하고 센서값이 $x_1 = 14$, $x_2 = 18$인 무작위 데이터를 생각해보자. 입력을 정규화하면 $x_1 = 14/30 = 0.47$과 $x_2 = 18/30 = 0.6$이 되고, 초기 가중치가 0.1일 때 퍼셉트론의 출력은 다음과 같다.

$$y = sign(w_0 \times 1 + w_1 x_1 + w_2 x_2)$$
$$= sign(0.1 \times 1 + 0.1 \times 0.47 + 0.1 \times 0.6)$$
$$= sign(0.207)$$
$$= 1$$

결과가 실제 범주와 일치하므로 가중치를 조정할 필요가 없다. 다음으로 범주 C_2에 속하고 센서값이 $x_1 = 14$, $x_2 = 18$인 무작위 데이터를 선택해보자. 입력을 정규화하면 $x_1 = 17/30 = 0.57$과 $x_2 = 15/30 = 0.5$이고, 퍼셉트론의 출력은 다음과 같다.

$$y = sign(w_0 \times 1 + w_1 x_1 + w_2 x_2)$$
$$= sign(0.1 \times 1 + 0.1 \times 0.57 + 0.1 \times 0.5)$$
$$= sign(0.207)$$
$$= 1$$

결과가 실제 범주 C_2인 -1과 일치하지 않는다. 따라서 식 14.7에서 학습률 $\eta = 0.1$을 사용해 가중치를 다음과 같이 조정한다.

$$w_0(t+1) = w_0(t) + \eta x_0 y = 0.1 + 0.1 \times 1 \times -1 = 0$$
$$w_1(t+1) = w_1(t) + \eta x_1 y = 0.1 + 0.1 \times 0.57 \times -1 = 0.043$$
$$w_2(t+1) = w_2(t) + \eta x_2 y = 0.1 + 0.1 \times 0.5 \times -1 = 0.05$$

이는 다음 반복을 위한 새 가중치가 된다. 2,000번의 반복을 한다고 하면 가중치는 그림 14.16과 같이 변한다. 학습 단계가 끝나면 최종 가중치는 다음과 같다.

$$w_0 = -0.1, \quad w_1 = -0.39, \quad w_2 = 0.53$$

이렇게 구한 가중치는 알고리듬 14.6의 인식 단계에 사용된다. 이때 퍼셉트론으로 계산한 판별 선(식 14.6)은 다음과 같다.

$$-0.1 - 0.39 x_1 + 0.53 x_2 = 0$$

이 판별 선의 좌표계는 정규화된 값이지만 가속도계에서 얻은 원래의 값으로 되돌릴 수 있다. 그림 14.17에 판별 선이 표시돼 있고, 두 범주가 크게 겹친다는 점을 고려하면 두 범주를 합리적으로 구별하고 있는 것을 확인할 수 있다.

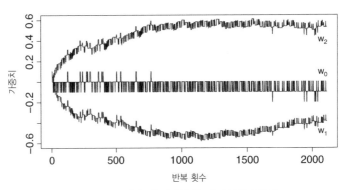

그림 14.16 퍼셉트론이 학습할 때 가중치의 변화

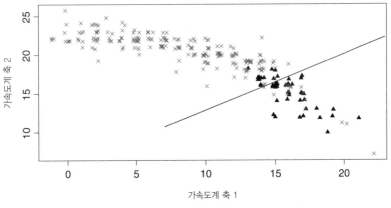

그림 14.17 퍼셉트론의 가중치로 계산한 판별 선

14.4.5 퍼셉트론 매개변수 조절

퍼셉트론의 성능은 반복의 수와 학습률에 의해 결정된다. 그림 14.16을 보면, 학습 초반에는 가중치가 많이 바뀌지만 반복이 진행될수록 가중치가 안정화되는 것을 확인할 수 있다.

가중치의 변화는 학습률에 따라 크게 달라진다. 학습률을 증가시키면 초반에 가중치가 크게 변하지만, 가중치를 안정화하려면 조정을 크게 하는 것은 좋지 않다. 그림 14.16에서 학습이 종료될 때도 가중치가 크게 바뀌어 최적의 값 주변에서 진동하는 것을 볼 수 있다. 따라서 이런 진동을 줄이기 위해 학습률을 감소해야 하지만, 이는 학습 초반에 최적의 값으로 수렴하는 속도를 느리게 할 것이다.

이를 해결하는 방법은 학습률을 상수로 설정하는 것이 아니라 변하도록 하는 것이다. 학습 초반에는 큰 학습률을 사용해 최적 값으로 빠르게 수렴하고 점차 학습률을 줄여 진동을 줄이도록 한다. 예를 들어 학습률을 0.1로 시작해 다음과 같이 점차 줄일 수 있다.

$$\eta(t+1) = \eta(t) \times 0.997$$

그림 14.18은 학습률을 바꾸면서 학습하면 가중치가 어떻게 바뀌는지를 나타낸다. 지수 함수로 감소하는 η도 그래프에 표시돼 있다. 그림 14.16과 14.18을 비교하면 학습률을 학습 단계에서 가변적으로 사용하는 것의 장점을 명확히 알 수 있으며, 학습률을 가변적으로 사용하는 것은 추가적인 계산량도 아주 적다.

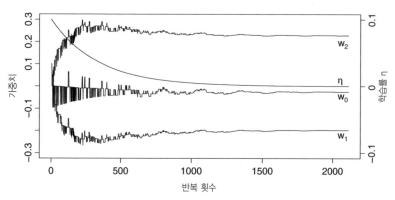

그림 14.18 학습률을 가변적으로 사용할 때 퍼셉트론 가중치의 변화

활동 14.5 퍼셉트론 학습

- 다양한 경사에서 로봇의 가속도계 값을 수집하고 데이터를 그래프로 작성하라. 목표는 각 샘플에 대해 로봇이 경사에서 떨어질 위험이 있는지를 판별하는 것이다.
- 퍼셉트론을 이용해 분류하라. 판별 선을 구하면 어떻게 되는가?
- 퍼셉트론을 이용해 활동 14.2의 데이터에서 회색 영역을 구별하라. 구한 판별 기준은 무엇인가? 퍼셉트론으로 구한 판별 기

준과 선형 판별 분석으로 구한 판별 기준을 비교하라.

14.5 요약

두 범주의 샘플은 평균만을 사용하거나 평균과 분산을 사용해 분류할 수 있다. 선형 판별 분석은 두 범주의 공분산을 이용해 분류하는 방법이며, 두 범주의 샘플 분포가 유사할 때 잘 작동한다. 하지만 이런 가정이 성립하지 않을 때는 퍼셉트론을 사용할 수 있다. 최적의 성능을 얻기 위해서는 가능하다면 퍼셉트론의 학습률을 학습 단계에서 동적으로 조절할 수 있다.

14.6 추가 자료

이젠만zenman이 저술한 [2]의 8장에서 선형 판별 분석을 수학적으로 자세히 다룬다. 머신러닝 기법을 더 자세히 알고 싶다면 [1, 3]을 참고하길 바란다.

참고 문헌

1. Harrington, P.: Machine Learning in Action, vol. 5. Manning, Greenwich (2012)
2. Izenman, A.J.: Modern Multivariate Statistical Techniques. Springer, Berlin (2008)
3. Kubat, M.: An Introduction to Machine Learning. Springer, Berlin (2015)

15
군집 로봇

공장에서는 페인트칠이나 자동차 용접과 같은 작업을 위해 여러 대의 로봇을 사용한다(그림 1.3). 여러 로봇을 사용하면 자동차의 양 면을 동시에 용접하는 것과 같이 서로 다른 작업을 동시에 수행해 제조 시간을 줄일 수 있다. 이런 작업은 주로 독립적이고 로봇 간에 긴밀한 협업이 없도록 설계됐다. 하지만 시간이 지나면서, 특히 모바일 로봇과 같은 로봇은 직접적으로 서로 협업해 다른 장소에서 여러 동작을 동시에 수행하도록 설계됐다.

다음과 같이 여러 로봇이 협업해야 하는 작업을 생각해볼 수 있다.

- 건물에서 큰 구조물을 조작하는 작업과 우주나 심해와 같이 사람이 접근하기 어려운 환경에서 조작하는 작업
- 서로 다른 종류의 로봇이 협업해 작업을 수행하는 경우. 예를 들어 대규모의 재난 상황에서 드론은 피해자를 발견할 만한 곳을 공중에서 찾고, 무한궤도 로봇은 하늘에서 보면 나무나 잔해로 가려져

잘 보이지 않는 곳을 집중적으로 찾을 수 있다.

- 서로 다른 곳에서 동시에 측정하는 경우. 예를 들어 건물의 서로 다른 곳에서 소리 교란을 측정하거나 산업 재해 발생 후 오염을 확인하는 작업

이런 상황의 공통점은 다양한 로봇이 작업을 수행한다는 것이고, 환경에서 로봇이 서로의 옆에 있지 않더라도 같은 물리적 물체를 다루기 때문에 협업해야 한다는 것이다.

로봇 간의 협업은 로봇이 병렬로 작업을 수행하도록 해서 작업의 속도를 향상시킬 때도 사용한다. 넓은 지역에서 오염을 측정하는 상황을 생각해보자. 한 대의 로봇이 전체 영역을 돌아다닐 수도 있지만(집에서의 로봇 청소기와 같이), 만약 여러 대의 로봇을 사용해 구역을 나누면 훨씬 빠르게 작업을 수행할 수 있을 것이다.

15.1 로봇 협업 구현 방법

여러 로봇으로 구성된 시스템을 설계하는 방법은 크게 두 가지가 있다. 첫 번째는 로봇 중 하나 또는 외부의 컴퓨터가 중심점이 돼 모든 로봇과 작업을 관리하는 중앙화된 시스템이다. 중앙화된 시스템의 장점은 비교적 구현하기 쉽다는 것이다. 하지만 로봇을 추가할수록 집중된 중심점에 모든 연산 부하가 추가되므로 확장하기 어렵다는 단점이 있다. 중앙화된 시스템에서는 각각의 로봇이 연산 능력이 있음에도 잘 활용되지 않아 낭비된다. 중앙화된 시스템의 또 다른 심각한 문제점은 중심점이 문제가 발생할 수 있는 유일한 곳이므로 중심점이 멈추면 시스템 전체가 작동하지 않는다는 것이다. 구성 요소 하나의 고장에도 강건하지 않은 이런 시스템은 중요한 환경에서는 사용할 수 없다.

동물들의 세계를 보면, 많은 활동을 분산해 각 개체가 집단의 목표를 이루기 위해 함께 일하는 것을 볼 수 있다. 예를 들어 개미는 한 마리의 개미만을 파견해 탐색한 후 얻은 정보를 처리하는 것이 아니라, 무리 전

체가 분산해 먹이 공급원까지의 경로를 최적화한다. 각 개미 개체는 땅에 페로몬을 표시해 다른 개미가 감지할 수 있도록 한다. 일부 개미가 천적에 의해 잡아먹히더라도 페로몬에 저장된 위치 정보를 통해 나머지 군집은 살아남는다. 이런 방법의 효율성과 강건성은 7장의 알고리듬에서 살펴봤다.

군집 로봇은 사회적 동물의 행동에 영감을 받은 메커니즘을 본떠 로봇의 동작을 분산형으로 조직화한 로봇이다. 이런 메커니즘은 주로 지역화돼 있고 간단하며, 각 개체만으로는 수행할 수 없는 전체의 목표를 이룰 수 있게 한다. 분산 시스템은 다음과 같은 장점이 있다.

- 강건성: 열 대의 로봇 중 한 대의 로봇이 고장 나는 경우 전체 시스템이 실패하는 것이 아니라 시스템의 성능이 10% 감소된다.
- 유연성과 확장성: 사용할 로봇의 수를 작업에 따라 고를 수 있다. 열 대의 로봇이 있지만 작업을 수행하기 위해 다섯 대면 충분할 경우 나머지 다섯 대는 다른 작업에 할당할 수 있고, 열 대의 로봇으로 부족할 경우 손쉽게 열 대를 더 추가할 수 있다.

이런 장점을 위해서는 로봇 조직화를 위한 설계와 구현이 필요하다. 자연과 마찬가지로 군집 로봇에서는 분산 시스템을 가능하게 하는 비교적 간단한 조직화 메커니즘이 존재한다.

15장에서는 군집 로봇을 조직화하는 두 가지 방법을 살펴본다.

- 정보 기반의 조직화(15.2절)에서는 로봇 간의 통신으로 상호 작용이 이뤄진다. 통신할 때 명시적으로 전자 메시지를 보낼 수도 있고 또는 환경에 메시지를 남길 수도 있다.
- 물리적 협동(15.3절)에서는 로봇이 서로에게 힘을 직접적으로 가하거나 간접적으로 같은 물체를 조작해 물리적인 단계에서 상호 작용한다.

15.2 지역 정보 교환을 통한 조직화

통신은 전역 정보 또는 지역 정보 교환으로 이뤄질 수 있다. 친구가 전화를 걸어와서 여러분에게 "왼쪽에 아이스크림 가게가 보여."라고 말한다고 하자. 이 전역 정보는 친구가 현재 위치를 알려주지 않으면 쓸모가 없다. 하지만 친구가 옆에서 같이 걸어가며 "왼쪽에 아이스크림 가게가 보여."라고 하면, 이 지역 정보를 통해 바로 가게의 위치를 알 수 있고 시야에서 발견할 수 있다.

자연을 모방해 군집 로봇은 분산형 구조에서 지역 정보로 통신한다. 얼룩말 무리의 바깥에 있는 개체는 포식자가 나타나면 다른 얼룩말에게 소리나 움직임으로 신호를 준다. 지역 통신으로 몇몇의 '보초'가 포식자를 감지해 다른 개체들이 즉시 도망갈 수 있도록 하기 때문에 무리를 짓는 것은 동물의 효율적인 생존 전략이다.

15.2.1 직접적 통신

직접적인 지역 정보 교환은 친구가 여러분에게 말할 때 이뤄진다. 동물은 말을 하지는 않지만 소리와 움직임, 물리적인 접촉을 통해 직접적인 지역 정보 교환을 한다. 로봇에서는 로컬 와이파이나 블루투스와 같이 전자적인 방법을 사용하거나 빛이나 소리를 송수신해 직접적인 지역 통신을 한다. 또는 카메라를 이용해 불이 켜지는 것과 같은 다른 로봇의 변화를 감지할 수도 있다.

지역 통신은 지향성일 수도 있고 비지향성일 수도 있다. 블루투스와 같은 라디오 통신은 지역적이고(수 미터), 일반적으로 수신하는 로봇은 송신하는 로봇의 방향을 알아내려고 하지 않는다. 반면 지역 지향성 통신은 광원을 송신기로 사용하고 좁은 조리개 검출기나 카메라를 수신기로 사용해 구현할 수 있다.

15.2.2 간접적 통신

간접적인 지역 통신이란 나중에 확인할 수 있도록 전송된 메시지를 저장하는 매체를 이용한 통신을 말한다. 가장 익숙한 것은 이메일이나 우편이다. 이러한 통신 방식에서는 보내는 사람이 메시지를 작성해 발송하더라도 받는 사람이 수신할 때까지는 서버나 우체국에 남아 있기 때문에 받는 사람이 바로 확인하지 못할 수도 있다. 동물의 간접 통신은 스티그머지 stigmergy라고 한다. 동물은 다른 동물이 감지할 수 있는 화학 물질을 남겨 메시지를 전달한다. 앞서 살펴본 것처럼, 개미가 페로몬을 사용하는 것이나 개가 영역을 표시하기 위해 오줌을 사용하는 것을 예로 들 수 있다.

화학 메시지는 로봇에서 구현하기 어렵지만, 7.3절에서 먹이 공급원을 찾는 개미 군집을 모사한 것처럼 로봇은 광학 표시를 땅에 남길 수 있다. 7.3절에서는 한 대의 로봇을 사용했지만, 중요한 것은 표시를 생성하는 로봇이 어떤 로봇인지가 아니라 표시 그 자체이므로 해당 알고리듬을 여러 대의 로봇을 사용해 쉽게 구현할 수 있다.

간접적 통신은 물체를 환경 안에 놓거나 조작해 이뤄질 수도 있다. 예를 들어 로봇 청소기가 피해야 할 방의 입구에 비콘beacon을 놓아 로봇이 피해가도록 할 수 있다. 또는 비콘이 이미 청소를 마친 방을 표시하도록 해서 다른 로봇 청소기에 이 정보를 간접적으로 알릴 수 있다.

카렐 로봇Karel the Robot은 프로그래밍을 교육할 때 사용하는 환경이다. 명령을 내리면 가상의 로봇이 컴퓨터 화면의 격자에서 움직이고 격자에 알람을 놓거나 격자에 있는 알람을 감지할 수 있다(그림 15.1).[1]

---

1 이미지는 'Karel the Robot in Scratch'의 저자가 구현한 것이다(https://scratch.mit.edu/studios/520857).

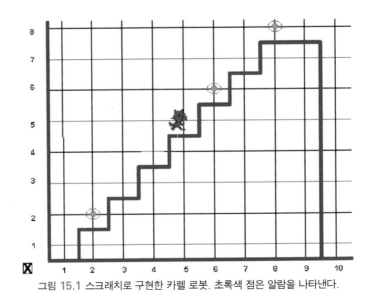

그림 15.1 스크래치로 구현한 카렐 로봇. 초록색 점은 알람을 나타낸다.

간접적 통신에 조작을 추가하면 흥미로운 패턴을 만들 수 있다. 그림 15.2는 여러 개의 작은 물체와 그리퍼가 달린 다섯 대의 모바일 로봇이 있는 환경을 나타낸다. 로봇은 다음과 같은 간단한 규칙을 따른다.

- 로봇이 혼자 떨어진 물체를 발견하면 물체를 든다.
- 로봇이 혼자 떨어진 물체를 발견했지만 이미 다른 물체를 들고 있다면, 들고 있는 물체를 새로 발견한 물체 옆에 둔다.
- 로봇은 벽과 물체가 모여 있는 곳을 피한다.

(a)   **(b)**

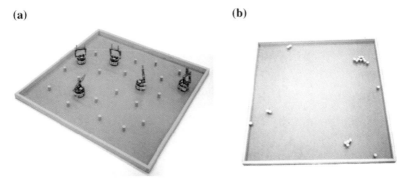

그림 15.2 (a) 작은 물체와 그리퍼가 달린 로봇이 있는 환경, (b) 모아져 집단이 된 물체

위의 규칙을 따르면 로봇이 모든 물체를 두 집단으로 나눠놓을 것 같지만, 실제로는 그림 15.2b와 같이 여러 집단으로 나눈다. 그 이유는 물체의 집단을 옆에서 보면 혼자 떨어져 있는 물체처럼 보이므로 다른 물체가 해당 그룹에 놓이기 때문이다. 결과적으로 물체들이 간접적 통신으로 모이게 된다.

15.2.3 벌 군집 알고리듬

벌 군집 알고리듬은 벌의 행동에서 영감을 받은 군집 알고리듬이다. 해당 알고리듬은 분산형 구조와 지역 통신을 사용해 전체 목표를 달성한다. 벌 군집 알고리듬은 어린 벌들이 어떻게 어두운 벌집 안에서 최적의 온도인 위치 주변에 모이는지를 모사한다. 벌들은 주변 온도를 측정하고 다른 벌과의 충돌을 감지한다. 군집 로봇에서 이를 적용하면 오염된 곳을 찾을수 있다. 온도를 측정하는 대신 오염의 정도를 나타내는 물리량을 측정하면, 결과적으로 오염이 심한 곳에 로봇이 모이게 된다.

그림 15.3은 벌 군집 알고리듬의 상태 기계를 나타낸다. 로봇은 다른 로봇과 부딪힐 때까지 무작위로 움직이고, 부딪히면 해당 장소의 온도를 측정한다. 그 후 측정한 온도와 비례해 해당 장소에서 대기하다가 다시 무작위로 움직인다. 로봇은 움직일 때 벽과 같은 장애물을 회피한다. 벌 군집 알고리듬은 다른 로봇과의 충돌을 감지하는 가장 간단한 형태의 통신을 사용한다. 통신의 지역화된 특성은 알고리듬이 올바르게 작동하기 위해 필수적이다.

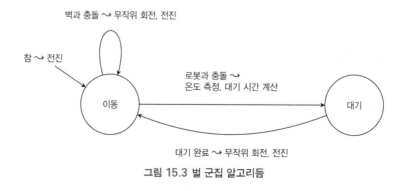

그림 15.3 벌 군집 알고리듬

처음에는 로봇이 임의의 장소에서 충돌하지만, 온도가 높은 곳에서는 로봇이 더 오래 머무르게 되므로 추가로 충돌이 발생하게 된다. 장기적으로 대부분의 로봇이 온도가 높은 지역에 무리를 형성하게 된다. 로봇이 모여 있으면 충돌 횟수가 늘어나므로 로봇이 더 자주 충돌하게 된다. 물론 이런 메커니즘은 여러 대의 로봇으로 충돌이 많이 발생해 측정을 자주 하고 무리를 형성할 때만 올바르게 작동한다.

15.2.4 ASSISIbf 프로젝트에서의 벌 군집 알고리듬

ASSISIbf 프로젝트[2]에서 그라츠 대학교의 연구진은 프로젝트의 일환으로 벌집에 있는 벌을 모사하기 위해 티미오 로봇에 벌 군집 알고리듬을 적용했다. 어린 벌들이 차가운 원형 구역에 있고 구역의 오른쪽과 왼쪽에 각각 가상의 열원이 있는 상황을 가정한다. 초기에는 두 열원 중 하나만 작동하고, 열원은 구역의 가장자리에 세 대의 로봇이 무리 지어 있는 것으로 대체한다(그림 15.4a).

왼쪽에서 열을 발생시키는 세 대의 로봇은 온도 정보를 전달한다. 근처에 있는 로봇은 이 신호를 감지한 후 온도와 비례해 특정 시간 동안 멈춘다. 해당 구역에서 멈춰 있는 동안 멈춰 있는 로봇도 온도 정보를 전달한다. 추가로 열을 발생시키는 로봇이 그 주변에서 다른 로봇을 감지하면 열의 양을 늘려 새로운 온도 정보를 전달한다. 그림 15.4는 시간에 따른 로봇의 움직임을 나타낸 것이다. 그림 15.4a는 로봇이 움직이기 시작하고 왼쪽 열원만이 작동하는 초반 상태고, 그림 15.4b는 로봇이 왼쪽 열원 주변으로 모이기 시작하는 것을 나타낸다. 그림 15.4c는 로봇이 가장 밀도 높게 모인 상태고, 그림 15.4d와 같이 벌 로봇은 무리를 떠나 환경을 탐색하고 무리로 돌아올 수 있다. 이는 알고리듬에 내재된 무작위성으로 인한 것이며, 시스템이 극솟값local minima에 빠지지 않도록 한다. 그림 15.4e는 오른쪽 열원이 켜지는 상태를 나타내며, 약 21분 후 그림 15.4f

---

2 EU-FET의 Animal and Robot Societies Self Organize and Integrate by Social Interaction (Bees and Fishes) 프로젝트 – 옮긴이

와 같이 두 개의 무리가 형성된다.

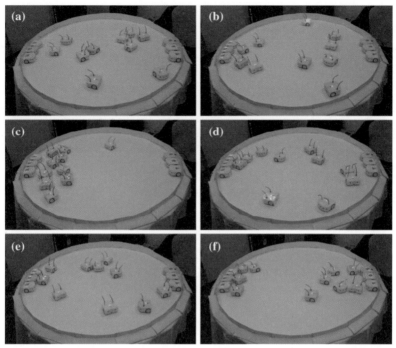

그림 15.4 벌 군집 알고리듬 구현. 사진은 실험 시작 후 다음과 같은 시간에 각각 촬영했다 (분:초). (a) 1:40, (b) 2:30, (c) 9:40, (d) 12:40, (e) 13:20, (f) 21:10

활동 15.1: 벌 군집 알고리듬

- 로봇이 방의 밝은 곳에 모이도록 벌 군집 알고리듬을 구현하라.
- 주변광을 측정하는 광센서, 다른 로봇을 감지하는 센서, 방의 범위를 감지하는 센서를 사용하라.
- 방법 1: 다른 로봇을 감지하기 위해 근접 센서를 사용하고, 방의 범위를 나타내는 선을 감지하기 위해 지면 센서를 사용하라.
- 방법 2: 방의 범위를 벽으로 정의하고 로봇과 벽을 구별하기 위해 로봇 간의 통신을 이용하라. 혼동을 방지하기 위해 다른 로봇을 감지하는 센서와 벽을 감지하는 센서를 별도로 사용하라.

15.3 물리적 상호 작용을 통한 군집 로봇

7.2절에서는 개미집에서 먹이 공급원까지의 경로를 찾는 개미 군집을 통해 효율적인 군집 행동의 예시를 살펴봤다. 개미는 땅에 뿌린 페로몬을 통해 간접적으로 통신했다. 15.3절에서는 물리적 상호 작용을 통해 이뤄지는 또 다른 형태의 군집 행동을 알아본다. 먼저 개미가 땅에서 막대기를 당기기 위해 협업하는 상황을 가정하고 이를 로봇에 대입한다. 그 후 간단하지만 기발한 알고리듬인 가림 기반 집단 밀기^{occlusion-based collective pushing}를 통해 여러 로봇이 가하는 힘이 어떻게 합쳐질 수 있는지 논의한다.

15.3.1 물리적인 작업 협업

그림 15.5a는 두 개미가 집을 지을 때 사용할 막대를 땅에서 빼내는 것을 나타내고, 이때 막대는 너무 깊게 박혀 있어 혼자 힘으로는 뽑을 수 없다. 그럼 이 작업을 수행하는 로봇 시스템을 만들어보자(그림 15.5b). 각 로봇은 막대를 찾을 때까지 무작위로 움직이고 막대를 찾으면 최대한 세게 잡아당긴다. 막대를 뽑으면 갖고 집으로 돌아오지만, 막대의 일부만 뽑히면 다른 로봇이 더 세게 잡아당기는 것을 감지할 때까지 기다렸다가 막대를 놓는다. 다른 로봇이 특정 시간 동안 도와주러 오지 않으면 막대를 놓고 다시 무작위로 움직인다. 이렇게 해야 로봇보다 막대의 수가 더 많을 때 로봇이 한 막대에만 시간을 무한정 쏟지 않아 시스템이 교착되지 않을 수 있다.

(a)　　　　　　　　　**(b)**

그림 15.5 (a) 땅에서 막대를 뽑는 개미, (b) 땅에서 막대를 뽑는 로봇

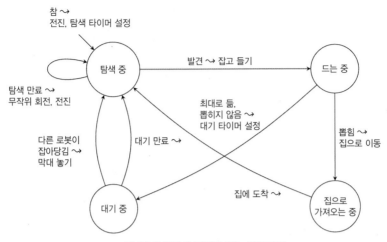

그림 15.6 분산해 막대를 뽑는 알고리즘

이 알고리듬의 유한 상태 기계가 그림 15.6에 나와 있다. 알고리듬의 동작이 간단하고 지역적이지만, 두 로봇에 이 알고리듬을 적용하면 땅에서 막대를 뽑을 수 있다. 그림 15.5b의 오른쪽 로봇은 팔을 최대한 뻗어 땅에서 막대를 최대한 당긴다. 다른 로봇이 동일한 막대를 찾고 나서 당기고 있다는 것을 감지하면, 처음 막대를 발견한 로봇은 두 번째 로봇이 막대를 뽑을 수 있도록 놓는다. 두 로봇의 물리적 가용성에 간단한 동작을 추가해 한 대의 로봇만으로는 할 수 없는 작업을 수행하게 된다.

15.3.2 여러 로봇의 힘 합치기

그림 15.7은 뒤로 움직이는(왼쪽에서 오른쪽으로) 차동 구동 로봇을 나타낸다. 로봇은 물체를 잡아당길 때 사용할 수 있는 힘 F_r을 가한다. 그림 15.8은 두 로봇이 연결돼 왼쪽에서 오른쪽으로 움직일 때 힘 F_{total}을 가하는 것을 보여준다.

그림 15.7 힘 F,로 잡아당기는 한 대의 로봇

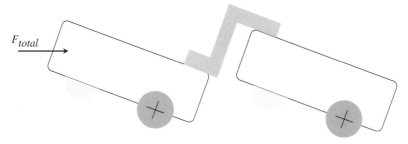

그림 15.8 힘 F_total로 잡아당기는 연결된 두 대의 로봇

F_r과 F_{total}의 관계는 다음과 같이 세 가지가 될 수 있다.

- $F_{total} < 2F_r$: 연결된 로봇이 각 로봇이 잡아당길 때 내는 힘보다 작은 힘을 내서 효율성이 떨어짐
- $F_{total} = 2F_r$: 연결된 로봇이 각 로봇이 잡아당길 때와 같은 효율성을 보임
- $F_{total} > 2F_r$: 연결된 로봇이 각 로봇이 잡아당길 때보다 더 효율적임

두 대의 로봇이 각자 낼 수 있는 힘을 합친 것보다 연결돼 더 큰 힘을 낼 수 있는 $F_{total} > 2F_r$인 상황은 어떤 기계 구조에서는 두 로봇이 연결됐을 때 무게 중심이 더 잘 놓여 안정적인 상황이 있기 때문에 가능하다.

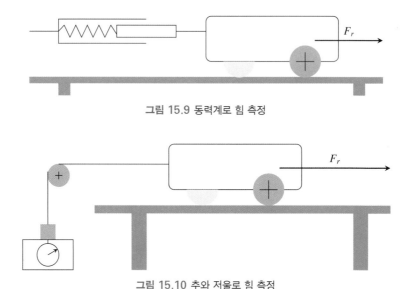

그림 15.9 동력계로 힘 측정

그림 15.10 추와 저울로 힘 측정

15.3.3 가림 기반 집단 밀기

여러 로봇의 힘을 합치는 다른 예를 살펴보자. 그림 15.8처럼 로봇을 물리적인 링크로 연결하는 대신에 개미 떼를 모사해 여러 로봇을 사용함으로써 물체를 민다고 하자. 다시 말하지만, 분산 시스템의 장점은 작업에 필요한 만큼의 로봇을 사용하는 유연성과 한 대의 로봇이 고장 나더라도 물체가 조금 느리게 움직일 뿐이지 작업 자체가 실패하지는 않는 강건성이다. 이런 장점을 얻으려면 추가적인 로봇과 로봇을 조직화하는 작업이 필요하다.

그림 15.11은 작은 로봇들이 큰 원으로 표시된 물체를 목표 지점까지 미는 것을 나타낸다. 한 가지 방법은 목표로의 방향을 정하고 이 정보를 로봇들이 공유한 뒤 각 로봇이 밀어야 하는 방향을 계산하는 것이다. 하지만 로봇이 자신의 절대 위치와 방향을 구하기 어려울 수 있다. 이는 보기보다 복잡하다.

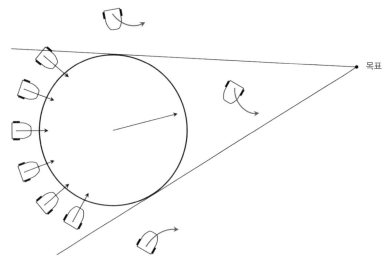

그림 15.11 가림 기반 협업 알고리듬. 검은색 직선 화살표는 로봇이 물체를 미는 것을
나타내고 빨간색 화살표는 가려진 위치를 탐색하는 로봇을 나타낸다.

군집 로봇으로 물체를 미는 방법은 가림 기반 밀기라는 방법으로, 로봇에게 다른 로봇이 무엇을 하고 있는지에 대한 전역 정보가 없고 자신의 지역 정보만 있다고 가정한다. 또한 예를 들어 목표에 밝은 빛이 부착돼 있고 로봇에는 광센서가 있어 로봇이 목표를 감지할 수 있는지 없는지를 판단할 수 있다.

그림 15.12는 가림 기반 밀기 알고리듬의 유한 상태 기계를 나타낸다. 로봇은 물체를 탐색하고, 물체를 찾으면 표면에 수직이 되도록 움직여 물체를 민다(그림 15.11의 검은색 직선 화살표). 이는 터치 센서나 근접 센서로 구현할 수 있다. 로봇은 목표를 감지할 때까지 물체를 민다. 목표를 감지하면, 미는 것을 중단하고 멀어진 후(빨간색 곡선 화살표) 목표가 가려져 다시 밀기 시작할 곳을 새로 찾는다. 결과적으로 로봇이 가하는 힘 벡터의 합은 물체를 목표로 옮기는 방향이 된다. 가림 알고리듬은 중앙 제어 장치나 심지어 로봇 간의 통신 없이도 작업을 수행할 수 있도록 한다.

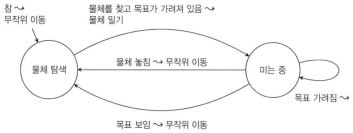

그림 15.12 가림 기반 협업 알고리듬

활동 15.3: 총 힘

- 그림 15.13의 형태를 살펴보자. 로봇 1은 물체를 $45°$에서 힘 f_1로, 로봇 2는 수평에서 힘 f_2로, 로봇 3은 수직에서 힘 f_3으로 밀고 있다. 물체에 가해진 총 힘 f_{total}의 크기가 다음과 같고,

$$\sqrt{\left(f_2 + \frac{f_1}{\sqrt{2}}\right)^2 + \left(f_3 - \frac{f_1}{\sqrt{2}}\right)^2}$$

방향이 다음과 같다는 것을 보여라.

$$\alpha = \tan^{-1} \frac{2f_3 - \sqrt{2}f_1}{2f_2 + \sqrt{2}f_1}$$

- 다양한 힘 f_1, f_2, f_3에 대해 f_{total}의 크기와 방향을 계산하라. 예를 들어 $f_1 = f_2 = f_3 = 1$일 때 크기는 $\sqrt{3}$이고 방향은 $9.7°$다. $f_1 = f_2 = 1$일 때 $\alpha = 45°$가 되기 위해 f_3은 얼마여야 하는가?

- 세 대의 로봇을 이용해 그림 15.13의 형태로 만들고 물체가 계산한 방향으로 움직이는지 확인하라.

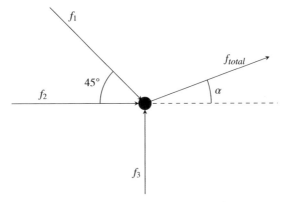

그림 15.13 세 로봇이 가하는 힘의 합

활동 15.4: 가림 기반 밀기

- 세 대의 로봇을 물체를 둘러싸도록 배치하고 목표를 로봇에서 떨어진 곳으로 설정하라. 목표에 빛을 부착하거나 경사의 가장 낮은 곳을 목표로 설정해 로봇이 목표로의 방향을 알 수 있도록 하라.

- 로봇이 물체와 로봇이 움직이는 지면의 경계선을 구별하도록 하라. 예를 들어 지면의 경계에 검은색 테이프를 붙이고 물체는 근접 센서를 이용해 감지하라.

- 로봇이 서로 밀지 않도록 하라. 한 가지 방법은 로봇에 색이 있는 테이프를 붙이고 색 센서를 사용하는 것이다.

- 가림 기반 밀기 알고리듬을 구현하라.

- 가림 기반 밀기 알고리듬을 (예를 들어 수중에서 물체를 미는 로봇과 같이) 3차원에서도 적용할 수 있는지 논의하라.

15.4 요약

군집 로봇은 분산 구조로 여러 로봇을 사용해 작업을 수행한다. 분산 구조 덕분에 시스템이 각 로봇의 고장에 강건하고 작업의 규모에 따라 로봇을 추가하거나 제거하기가 용이하다. 분산 구조는 한 대의 로봇으로 수행할 수 없는 작업을 로봇이 힘을 합치는 예제와 같이 수행할 수 있도록 한다. 마지막으로, 여러 대의 로봇을 서로 멀리 떨어져 있는 곳에서 동시에 작동할 수 있다. 하지만 여러 대의 로봇을 사용하고 복잡한 조직화 메커니즘을 구현하는 데 비용이 들며, 어떤 경우에는 로봇 간에 동작이 겹쳐 효율성이 떨어질 수도 있다.

15.5 추가 자료

군집 로봇에 대한 개요는 [5]에서 확인할 수 있고 [8]은 군집 로봇에 대한 자료를 집중적으로 모아놨다. 15장에서 다룬 프로젝트는 다음을 참고하길 바란다.

- 카렐 로봇[6]
- 벌 군집[1, 7]
- ASSISIbf[9]와 http://assisi-project.eu
- 물리적 상호 작용(막대 당기기)[4]
- 가림 기반 밀기[2, 3]

참고 문헌

1. Bodi, M., Thenius, R., Szopek, M., Schmickl, T., Crailsheim, K.: Interaction of robot swarms using the honeybee-inspired control algorithm beeclust. Math.Comput. Model. Dyn. Syst. **18**(1), 87 – 100 (2012)

2. Chen, J., Gauci, M., Groβ , R.: A strategy for transporting tall objects with a swarm of miniature mobile robots. In: IEEE International Conference on Robotics and Automation, pp. 863 – 869 (2013)

3. Chen, J., Gauci, M., Li, W., Kolling, A., Groβ , R.: Occlusion-based cooperative transport with a swarm of miniature mobile robots. IEEE Trans. Robot. **31**(2), 307 – 321 (2015)

4. Ijspeert, A.J.,Martinoli, A., Billard, A., Gambardella, L.M.: Collaboration through the exploitation of local interactions in autonomous collective robotics: the stick pulling experiment. Auton. Robots **11**(2), 149 – 171 (2001)

5. Kernbach, S.: Handbook of Collective Robotics: Fundamentals and Challenges. CRC Press, Boca Raton (2013)

6. Pattis, R.E., Roberts, J., Stehlik, M.: Karel the Robot: A Gentle Introduction to the Art of Programming. Wiley, New York (1995)

7. Şahin, E., Spears, W.M. (eds.): Swarm robotics: from sources of inspiration to domains of application. Swarm Robotics: SAB 2004 International Workshop, pp. 10 – 20. Springer, Berlin (2005)

8. Schmickl, T., Thenius, R., Moeslinger, C., Radspieler, G., Kernbach, S., Szymanski, M., Crailsheim, K.: Get in touch: cooperative decision making based on robot-to-robot collisions. Auton. Agents Multi-Agent Syst. **18**(1), 133 – 155 (2009)

9. Schmickl, T., Bogdan, S., Correia, L., Kernbach, S., Mondada, F., Bodi, M., Gribovskiy, A., Hahshold, S., Miklic, D., Szopek, M., et al.: Assisi: mixing animals with robots in a hybrid society. In: Conference on Biomimetic and Biohybrid Systems, pp. 441 – 443. Springer, Berlin (2013)

16
로봇 팔의
기구학

지금까지는 모바일 로봇을 집중적으로 다뤘다. 대부분의 교육용 로봇은 모바일 로봇이며, 아마도 로봇 청소기와 같은 상업용 모바일 로봇을 이미 접해봤을 것이다. 로봇 팔은 보지 못했을 수 있지만 전자 회로를 조립하거나 자동차 프레임을 용접하는 공장의 사진에서 볼 수 있다(그림 1.3). 모바일 로봇과 고정형 로봇의 가장 큰 차이는 작동하는 환경이다. 모바일 로봇은 장애물이 있고 땅이 평평하지 않아 환경 정보를 미리 정확히 알 수 없는 곳에서 움직인다. 로봇 청소기는 여러분의 집에 있는 모든 가구의 정확한 위치가 담긴 지도를 요청하거나 소파를 움직일 때마다 다시 프로그래밍하지는 않는다. 대신 로봇이 방이나 가구의 위치와 같은 집의 배치를 인식한다. 지도나 주행기록계가 로봇이 대략적인 위치로 움직일 때 유용하기는 하지만, 로봇이 집에서 정확히 움직이려면 센서를 사용해야 한다.

공장의 로봇 팔은 단단한 콘크리트 바닥에 고정돼 있고 견고해서 로봇에 같은 명령을 반복적으로 전달해도 늘 같은 위치로 정확하게 움직인다.

16장에서는 로봇 팔의 명령과 로봇 움직임 사이의 관계를 나타내는 로봇 팔의 기구학에 대해 알아보며, 평면상에 두 개의 링크가 있고 관절이 회전하는 팔을 예시로 살펴본다.

기구학에는 다음과 같이 상호 보완적인 두 가지 작업이 있다.

- **정기구학**(16.1절): 일련의 명령이 주어졌을 때 로봇 팔의 최종 위치는 무엇인가?
- **역기구학**(16.2절): 로봇 팔의 목표 위치가 주어졌을 때 로봇 팔을 해당 위치로 움직이게 하는 명령은 무엇인가?

정기구학은 각 관절을 움직임으로써 이동하는 로봇 팔의 위치를 간단한 삼각함수로 계산할 수 있기 때문에 상대적으로 쉽다. 두 개 이상의 링크가 있다면, 로봇 팔의 최종 위치는 관절마다 순차적으로 계산해 구할 수 있다. 반면 역기구학은 목표 위치에서 시작해 해당 위치로 움직이도록 하는 명령을 찾아야 하므로 매우 어렵다. 역기구학의 문제점은 해가 한 개가 있을 수도, 여러 개가 있을 수도, 아니면 아예 없을 수도 있다는 것이다.

기구학은 좌표계에 따라 계산된다. 좌표는 로봇 팔의 각 관절에 붙어 있고, 움직임은 한 좌표에서 다른 좌표로의 변환을 회전과 평행이동으로 나타낸다. 16.3절과 16.4절에서는 2차원에서 좌표계 간의 변환을 살펴본다. 대부분의 로봇은 3차원이고 3차원 움직임을 수학적으로 나타내는 것은 이 책에서 다루지 않지만, 16.5절과 16.6절에서 3차원 회전을 간략히 살펴볼 것이다. 그러므로 해당 주제에 관심을 갖길 바란다.

16.1 정기구학

두 개의 링크와 두 개의 관절, 그리퍼나 용접기 또는 페인트 스프레이와 같은 말단 장치가 있는 2차원 로봇 팔(그림 16.1)의 기구학을 살펴보자. 첫 번째 관절은 회전할 수 있지만 탁자나 바닥에 고정돼 있는 베이스^{base}

에 붙어 있다. 링크 l_1은 첫 번째 관절을 움직일 수도 있고 회전할 수도 있는 두 번째 관절과 연결한다. 마찬가지로 두 번째 링크 l_2는 두 번째 관절을 말단 장치와 연결한다.

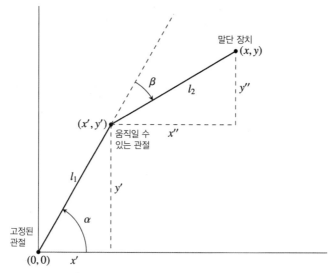

그림 16.1 두 개의 링크가 있는 로봇 팔의 정기구학

2차원 좌표계는 (0, 0)의 첫 번째 관절에서 표현된다. 두 링크의 길이는 l_1, l_2고 첫 번째 관절을 α만큼 회전하면 첫 번째 링크의 끝은 두 번째 관절의 위치 (x', y')으로 움직인다. 다음으로 두 번째 관절을 β만큼 회전해보자. 로봇 팔의 끝의 위치 (x, y)는 상수 l_1, l_2와 매개변수 α, β로 표현하면 무엇인가?

(x', y')을 삼각법을 이용해 x축과 y축에 투영하면 다음과 같다.

$$x' = l_1 \cos \alpha$$
$$y' = l_1 \sin \alpha$$

다음으로 (x', y')을 새로운 좌표계의 원점으로 생각하고 (x, y)를 새로운 좌표계로 투영해 (x'', y'')을 계산한다. 새로운 좌표계에 대한 말단 장치의 위치는 다음과 같다.

$$x'' = l_2 \cos(\alpha + \beta)$$
$$y'' = l_2 \sin(\alpha + \beta)$$

그림 16.1에서 β가 음수이므로(시계 방향 회전을 기준으로) x축과 평행인 선과 두 번째 링크 사이의 각도는 $\alpha + \beta$가 된다.

두 결과를 합치면 말단 장치의 위치는 다음과 같다.

$$x = l_1 \cos\alpha + l_2 \cos(\alpha + \beta)$$
$$y = l_1 \sin\alpha + l_2 \sin(\alpha + \beta)$$

예제: $l_1 = l_2 = 1$, $\alpha = 60°$, $\beta = -30°$ 라고 하면 다음과 같다.

$$x = 1 \cdot \cos 60 + 1 \cdot \cos(60 - 30) = \frac{1}{2} + \frac{\sqrt{3}}{2} = \frac{1 + \sqrt{3}}{2}$$
$$y = 1 \cdot \sin 60 + 1 \cdot \sin(60 - 30) = \frac{\sqrt{3}}{2} + \frac{1}{2} = \frac{1 + \sqrt{3}}{2}$$

위의 결과가 합리적인지 확인해보자. 그림 16.2를 보면 $(0, 0)$과 (x, y)를 이어 삼각형을 만들었다. β의 보각은 180 - 30 = 150°이고 두 변의 길이가 1인 이등변 삼각형이므로 삼각형의 다른 두 각은 (180 - 150)/2 = 15°로 동일하다. 새로운 선이 x축과 이루는 각은 60 - 15 = 45°로 $x = y$인 것과 부합한다.

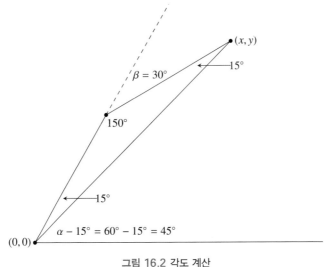

그림 16.2 각도 계산

16.2 역기구학

그림 16.3에 있는 반지 모양의 회색 영역은 2절 링크의 말단 장치가 닿을 수 있는 위치인 작업 반경을 나타낸다($l_2 < l_1$이라고 가정한다). 관절이 $-180°$에서 $180°$로 제한 없이 회전할 수 있다고 가정하기 때문에 작업 반경은 원형으로 대칭이다. 바깥쪽 원의 둘레에 있는 a와 같은 점은 원점에 있는 로봇 팔에서 가장 먼 곳이고, 두 링크가 일직선이 돼 팔의 길이가 $l_1 + l_2$일 때 닿을 수 있다. 안쪽 원의 둘레에 있는 b와 같은 점은 작업 반경에서 원점까지 가장 가까운 점이고, 두 번째 링크가 첫 번째 링크와 반대로 굽혀져 팔의 길이가 $l_1 - l_2$가 될 때 닿을 수 있다. 또 다른 점인 c의 경우 로봇 팔이 c에 놓이도록 하는 두 가지 형태(관절의 회전)가 있다.

$l_2 < l_1$이라는 가정하에 로봇 팔이 원점에서 $l_1 - l_2$보다 가깝고 $l_1 + l_2$보다 먼 곳에 위치할 수 있는 관절의 회전은 없다. 따라서 그림 16.3은 지정된 위치에 로봇이 닿도록 하는 명령(관절 회전)을 찾는 역기구학에서는 해가 없거나 한 개이거나 또는 많을 수 있다는 사실을 보여준다.

역기구학 계산은 다음과 같은 코사인 법칙을 이용한다(그림 16.4).

$$a^2 + b^2 - 2ab\cos\theta = c^2$$

직각삼각형에서는 $\cos 90° = 0$이고 코사인 법칙이 피타고라스 정리가 된다.

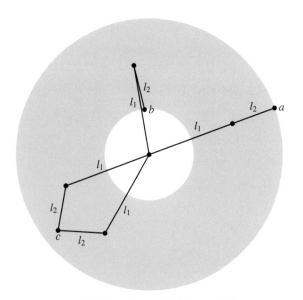

그림 16.3 2절 링크 로봇 팔의 작업 반경

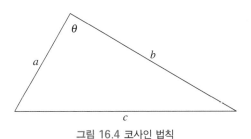

그림 16.4 코사인 법칙

(x, y)가 주어졌을 때 로봇 팔이 해당 위치가 되도록 하는 α, β(존재할 경우)를 구한다고 하자. 그림 16.5는 임의의 각도와 길이 대신 구체적인 값을 사용한 것 외에는 그림 16.2와 유사하다.

피타고라스 정리에 의해 $r = \sqrt{x^2 + y^2}$이다.

코사인 법칙에 의해 다음과 같고,

$$l_1^2 + l_2^2 - 2l_1l_2 \cos(180° - \beta) = r^2$$

여기서 β에 대해 풀면 다음과 같다.

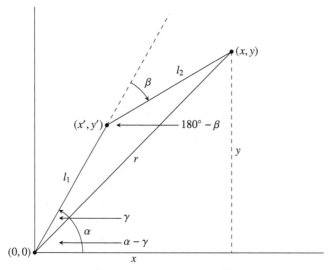

그림 16.5 2절 링크 로봇 팔의 역기구학

$$\cos(180° - \beta) = \frac{l_1^2 + l_2^2 - r^2}{2l_1l_2}$$

$$\beta = 180° - \cos^{-1}\left(\frac{l_1^2 + l_2^2 - r^2}{2l_1l_2}\right)$$

γ를 구하고 α를 얻기 위해 γ를 중심각으로 코사인 법칙을 이용한다.

$$\cos\gamma = \frac{l_1^2 + r^2 - l_2^2}{2l_1r}$$

(x, y)로 만들어진 직각삼각형으로부터 아래와 같으므로

$$\tan(\alpha - \gamma) = \frac{y}{x}$$

$$\alpha = \tan^{-1}\frac{y}{x} + \gamma$$

다음과 같다.

$$\alpha = \tan^{-1}\frac{y}{x} + \cos^{-1}\left(\frac{l_1^2 + r^2 - l_2^2}{2l_1r}\right)$$

예제: $l_1 = l_2 = 1$이라 가정하고, 말단 장치의 위치를 정기구학에서 구한 아래의 식을 가정하자.

$$(x, y) = \left(\frac{1 + \sqrt{3}}{2}, \frac{1 + \sqrt{3}}{2} \right)$$

먼저 r^2을 계산하면 다음과 같다.

$$r^2 = x^2 + y^2 = \left(\frac{1 + \sqrt{3}}{2} \right)^2 + \left(\frac{1 + \sqrt{3}}{2} \right)^2 = 2 + \sqrt{3}$$

이로부터 β를 계산하면 다음과 같고

$$\begin{aligned}
\beta &= 180° - \cos^{-1} \left(\frac{1^2 + 1^2 - (2 + \sqrt{3})}{2 \cdot 1 \cdot 1} \right) \\
&= 180° - \cos^{-1} \left(-\frac{\sqrt{3}}{2} \right) \\
&= 180° \pm 150° \\
&= \pm 30°
\end{aligned}$$

$330° = -30° \,(\text{mod } 360°)$이다. 로봇 팔을 (x, y)로 움직이는 두 가지 방법이 존재하므로 해가 두 개다.

다음으로 γ를 계산하면 다음과 같다.

$$\gamma = \cos^{-1} \left(\frac{1^2 + r^2 - 1^2}{2 \cdot 1 \cdot r} \right) = \cos^{-1} \left(\frac{r}{2} \right) = \cos^{-1} \left(\frac{\sqrt{2 + \sqrt{3}}}{2} \right) = \pm 15° \tag{16.1}$$

코사인의 역함수는 계산기를 사용해 수치적으로 얻거나 부록 B.7절과 같이 대수적으로 구할 수 있다.

$x = y$이므로 α를 계산하는 것은 다음과 같이 쉽게 구할 수 있다.

$$\alpha = \tan^{-1} \frac{y}{x} + \gamma = \tan^{-1} 1 + \gamma = 45° \pm 15° = 60° \text{ 또는 } 30°$$

$\alpha = 60°, \beta = -30°$인 해는 그림 16.1의 형태로 관절이 회전한 경우고 $\alpha = 30°, \beta = 30°$인 해는 두 관절이 $30°$만큼 반시계 방향으로 회전한 형태다.

간단한 상황에서는 정기구학의 식을 풀어 역기구학의 해를 구할 수 있다. 하지만 일반적으로는 불가능하기 때문에 수치적인 해를 사용한다.

16.3 회전

로봇 팔의 움직임은 좌표계로 나타낸다. 그림 16.1에는 세 개의 좌표계가 있어 첫 번째 좌표계는 원점에 있는 관절에(탁자나 바닥에 고정돼 있다고 가정), 두 번째 좌표계는 두 링크 사이의 관절에, 세 번째 좌표는 두 번째 링크의 끝에 있는 말단 장치에 위치한다.

16.3절에서는 로봇 팔의 회전을 회전 행렬을 사용해 수학적으로 표현하는 방법을 살펴본다. 로봇 팔의 링크는 평행이동을 만들어 두 번째 관절이 첫 번째 관절에서 l_1만큼 떨어져 있도록 하고 말단 장치가 두 번째 관절에서 l_2만큼 떨어져 있도록 한다. 회전 행렬을 확장한 변환 행렬을 이용하면 평행이동을 수학적으로 나타낼 수 있다.

아래에서 설명하겠지만, 회전 행렬은 벡터를 회전하는 것, 좌표계를 회전하는 것, 벡터를 한 좌표계에서 다른 좌표계로 변환하는 것으로 해석할 수 있어 혼동을 일으키곤 한다.

16.3.1 벡터 회전

데카르트 좌표계의 벡터 (x, y)와 극좌표계의 벡터 (r, ϕ)를 생각해보자(그림 16.6a). 벡터를 θ만큼 회전하면 극좌표계에서는 $(r, \phi + \theta)$다. 그럼 데카르트 좌표계에서 회전을 하면 어떻게 될까?

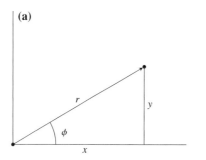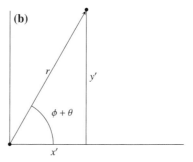

그림 16.6 (a) 벡터, (b) θ만큼 회전한 벡터

두 각도의 합에 대한 삼각함수 항등식과 (r, ϕ)에서 (x, y)로의 변환을 이용하면 다음과 같은 식을 얻는다.

$$
\begin{aligned}
x' &= r\cos(\phi + \theta) \\
&= r\cos\phi\cos\theta - r\sin\phi\sin\theta \\
&= (r\cos\phi)\cos\theta - (r\sin\phi)\sin\theta \\
&= x\cos\theta - y\sin\theta
\end{aligned}
$$

$$
\begin{aligned}
y' &= r\sin(\phi + \theta) \\
&= r\sin\phi\cos\theta + r\cos\phi\sin\theta \\
&= (r\sin\phi)\cos\theta + (r\cos\phi)\sin\theta \\
&= y\cos\theta + x\sin\theta \\
&= x\sin\theta + y\cos\theta
\end{aligned}
$$

위의 식은 회전 행렬이라고 하는 행렬과 벡터의 곱으로 나타낼 수 있다.

$$
\begin{bmatrix} x' \\ y' \end{bmatrix} = \begin{bmatrix} \cos\theta & -\sin\theta \\ \sin\theta & \cos\theta \end{bmatrix} \begin{bmatrix} x \\ y \end{bmatrix}
$$

예제: 길이가 $r = 1$이고 x축과 $\phi = 30°$를 이루는 벡터의 끝을 p라고 하자. p의 데카르트 좌표는 $\left(\frac{\sqrt{3}}{2}, \frac{1}{2}\right)$이다. 벡터를 $\theta = 30°$만큼 회전해보자. p의 새로운 데카르트 좌표는 무엇일까? 행렬의 곱을 이용하면 다음과 같다.

$$
\begin{bmatrix} x' \\ y' \end{bmatrix} = \begin{bmatrix} \frac{\sqrt{3}}{2} & -\frac{1}{2} \\ \frac{1}{2} & \frac{\sqrt{3}}{2} \end{bmatrix} \begin{bmatrix} \frac{\sqrt{3}}{2} \\ \frac{1}{2} \end{bmatrix} = \begin{bmatrix} \frac{1}{2} \\ \frac{\sqrt{3}}{2} \end{bmatrix}
$$

x축과 $30°$를 이루는 벡터를 $30°$ 회전하면 x축과의 각도가 $60°$인 벡터가 되므로 위의 결과가 올바른 것을 확인할 수 있다.

다시 위의 벡터를 $30°$ 더 회전한다고 하자. 그럼 새로운 좌표는 다음과 같고,

$$\begin{bmatrix} \frac{\sqrt{3}}{2} & -\frac{1}{2} \\ \frac{1}{2} & \frac{\sqrt{3}}{2} \end{bmatrix} \left(\begin{bmatrix} \frac{\sqrt{3}}{2} & -\frac{1}{2} \\ \frac{1}{2} & \frac{\sqrt{3}}{2} \end{bmatrix} \begin{bmatrix} \frac{\sqrt{3}}{2} \\ \frac{1}{2} \end{bmatrix} \right) = \begin{bmatrix} \frac{\sqrt{3}}{2} & -\frac{1}{2} \\ \frac{1}{2} & \frac{\sqrt{3}}{2} \end{bmatrix} \begin{bmatrix} \frac{1}{2} \\ \frac{\sqrt{3}}{2} \end{bmatrix} = \begin{bmatrix} 0 \\ 1 \end{bmatrix}$$
(16.2)

$30°$인 벡터를 두 번 $30°$ 회전하면(총 $60°$ 회전) $90°$가 되므로 위의 결과 또한 올바른 것을 알 수 있다. 코사인 $90°$는 0이고 사인 $90°$는 1이다.

행렬의 곱은 결합법칙이 성립하므로 아래와 같은 방법으로도 곱을 수행할 수 있다.

$$\left(\begin{bmatrix} \frac{\sqrt{3}}{2} & -\frac{1}{2} \\ \frac{1}{2} & \frac{\sqrt{3}}{2} \end{bmatrix} \begin{bmatrix} \frac{\sqrt{3}}{2} & -\frac{1}{2} \\ \frac{1}{2} & \frac{\sqrt{3}}{2} \end{bmatrix} \right) \begin{bmatrix} \frac{\sqrt{3}}{2} \\ \frac{1}{2} \end{bmatrix}$$
(16.3)

활동 16.3: 회전 행렬

- 식 16.3의 곱이 식 16.2의 곱과 동일한 결과를 얻는 것을 나타냄으로써 행렬의 곱이 결합법칙이 성립한다는 것을 보여라.
- $-30°$ 회전하는 행렬을 계산하고, 이 행렬과 $30°$ 회전 행렬을 곱하면 $0°$ 회전이 되는 것을 보여라.
- 행렬의 곱은 교환법칙이 성립하는가?
- 2차원 회전 행렬의 곱은 교환법칙이 성립하는가?

16.3.2 좌표계 회전

그림 16.6a와 16.6b를 다시 해석해보자. 그림 16.7a는 다음과 같은 두 개의 단위 벡터로 정의된 좌표계(파란색)를 나타낸다.

$$\mathbf{x} = \begin{bmatrix} 1 \\ 0 \end{bmatrix}, \quad \mathbf{y} = \begin{bmatrix} 0 \\ 1 \end{bmatrix}$$

그림 16.7b는 해당 좌표계가 θ만큼 회전한 것을 나타낸다(빨간색). 새로운 단위 벡터 $\mathbf{x}'$과 $\mathbf{y}'$은 16.3.2절에서 유도한 회전 행렬을 곱해 구할 수 있다.

$$\mathbf{x}' = \begin{bmatrix} \cos\theta & -\sin\theta \\ \sin\theta & \cos\theta \end{bmatrix} \begin{bmatrix} 1 \\ 0 \end{bmatrix} = \begin{bmatrix} \cos\theta \\ \sin\theta \end{bmatrix}$$

$$\mathbf{y}' = \begin{bmatrix} \cos\theta & -\sin\theta \\ \sin\theta & \cos\theta \end{bmatrix} \begin{bmatrix} 0 \\ 1 \end{bmatrix} = \begin{bmatrix} -\sin\theta \\ \cos\theta \end{bmatrix}$$

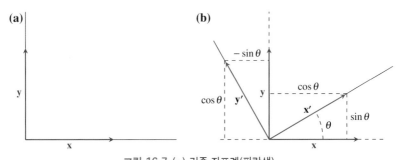

그림 16.7 (a) 기존 좌표계(파란색),
(b) 기존 좌표계(파란색)를 θ만큼 회전한 새로운 좌표계(빨간색)

예제: 그림 16.7a의 단위 벡터를 $30°$ 회전하면 다음과 같다.

$$\mathbf{x}' = \begin{bmatrix} \frac{\sqrt{3}}{2} & -\frac{1}{2} \\ \frac{1}{2} & \frac{\sqrt{3}}{2} \end{bmatrix} \begin{bmatrix} 1 \\ 0 \end{bmatrix} = \begin{bmatrix} \frac{\sqrt{3}}{2} \\ \frac{1}{2} \end{bmatrix}$$

$$\mathbf{y}' = \begin{bmatrix} \frac{\sqrt{3}}{2} & -\frac{1}{2} \\ \frac{1}{2} & \frac{\sqrt{3}}{2} \end{bmatrix} \begin{bmatrix} 0 \\ 1 \end{bmatrix} = \begin{bmatrix} -\frac{1}{2} \\ \frac{\sqrt{3}}{2} \end{bmatrix}$$

16.3.3 한 좌표계의 벡터를 다른 좌표계로 변환하기

좌표계 b(파란색)의 원점을 용접기와 같은 말단 장치의 관절이라 하고 점

p를 용접기의 끝이라 하자(그림 16.8a). 로보틱스에서의 표기법을 따라 성분의 좌표계를 문자의 좌측 상단에 표시한다.[1] 좌표계 b에서 점 ^bp는 극좌표에서 (r, ϕ)이고 삼각법을 통해 데카르트 좌표 $(^bx, {}^by)$와 다음과 같은 관계식이 성립한다.

$$^bp = (^bx, {}^by) = (r \cos \phi, \ r \sin \phi)$$

관절이(좌표계와 함께) θ만큼 회전한다고 하자. b에 대한 점의 좌표는 동일하지만, 좌표계가 이동했으므로 이동하기 전의 좌표계에서 점 $^ap = (^ax, {}^ay)$의 좌표가 무엇인지 궁금해진다. 그림 16.8b에는 새로운 위치로 회전한 기존 좌표계 b가 표시돼 있고(동일하게 파란색으로 표시), 기존 좌표계인 b는 좌표계 a라 표현했고 빨간색 점선으로 그려져 있다. 16.3.2절에서는 한 좌표계에서 다른 좌표계로 어떻게 변환할 수 있는지 살펴봤지만, 이 절에서는 한 좌표계의 점을 다른 좌표계의 좌표로 어떻게 변환하는지를 알아본다.

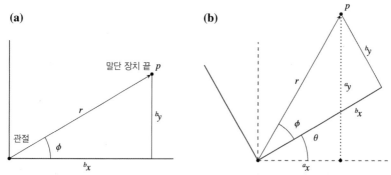

그림 16.8 (a) 좌표계 b(파란색)에서 나타낸 말단 장치 끝 점 p,
(b) 좌표계 a(빨간색)와 b(파란색)에서 나타낸 점 p

로봇 팔이라 가정하고, 말단 장치 좌표계에서 나타낸 말단 장치 끝의 좌표인 $(^bx, {}^by)$를 알고 있을 때 고정된 베이스의 좌표계에서 나타낸 좌표 $^ap = (^ax, {}^ay)$를 구해보자. ^ap를 구할 수 있다면, 용접기의 끝에서 용접해야 하는 자동차 부품까지의 거리와 각도를 계산할 수 있으므로 중요하다.

---

1 보통 좌표계와 좌표를 모두 대문자로 표시하지만, 여기서는 명확성을 위해 소문자를 사용한다.

벡터를 회전할 때 계산한 방법을 다시 적용하면 다음과 같고,

$$
\begin{aligned}
{}^{a}x &= r\cos(\phi + \theta) \\
&= r\cos\phi\cos\theta - r\sin\phi\sin\theta \\
&= {}^{b}x\cos\theta - {}^{b}y\sin\theta
\end{aligned}
$$

$$
\begin{aligned}
{}^{a}y &= r\sin(\phi + \theta) \\
&= r\sin\phi\cos\theta + r\cos\phi\sin\theta \\
&= {}^{b}x\sin\theta + {}^{b}y\cos\theta
\end{aligned}
$$

이로부터 회전 행렬을 구하면 다음과 같다.

$$
\begin{bmatrix} {}^{a}x \\ {}^{a}y \end{bmatrix} = \begin{bmatrix} \cos\theta & -\sin\theta \\ \sin\theta & \cos\theta \end{bmatrix} \begin{bmatrix} {}^{b}x \\ {}^{b}y \end{bmatrix}
\tag{16.4}
$$

이 행렬은 좌표계 b로부터 좌표계 a로의 회전 행렬이라 하고 ${}^{a}_{b}R$이라 표현한다. 회전 행렬을 좌표계 b의 점 ${}^{b}p$ 앞에 곱하면 좌표계 a에서의 좌표를 다음과 같이 구할 수 있다.

$$
{}^{a}p = {}^{a}_{b}R\ {}^{b}p
$$

예제: 좌표계 b의 점 ${}^{b}p$를 길이가 $r = 1$이고 x축과 $30°$를 이루는 벡터의 끝이라고 하자. ${}^{b}p$의 좌표는 $\left(\frac{\sqrt{3}}{2}, \frac{1}{2}\right)$이다. 좌표계 b가(점 p와 함께) $\theta = 30°$ 회전해 좌표계 a가 됐다고 하자. ${}^{a}p$의 좌표는 식 16.4에 따라 다음과 같다.

$$
{}^{a}p = \begin{bmatrix} {}^{a}x \\ {}^{a}y \end{bmatrix} = \begin{bmatrix} \frac{\sqrt{3}}{2} & -\frac{1}{2} \\ \frac{1}{2} & \frac{\sqrt{3}}{2} \end{bmatrix} \begin{bmatrix} \frac{\sqrt{3}}{2} \\ \frac{1}{2} \end{bmatrix} = \begin{bmatrix} \frac{1}{2} \\ \frac{\sqrt{3}}{2} \end{bmatrix}
$$

좌표계 a를 다시 $30°$ 회전해 세 번째 좌표계 $a1$에서 좌표를 구해보자. $30°$에 대한 회전 행렬을 ${}^{a}p$ 앞에 곱해 ${}^{a1}p$를 다음과 같이 구할 수 있다.

$$
{}^{a1}p = \begin{bmatrix} \frac{\sqrt{3}}{2} & -\frac{1}{2} \\ \frac{1}{2} & \frac{\sqrt{3}}{2} \end{bmatrix} \left(\begin{bmatrix} \frac{\sqrt{3}}{2} & -\frac{1}{2} \\ \frac{1}{2} & \frac{\sqrt{3}}{2} \end{bmatrix} \begin{bmatrix} \frac{\sqrt{3}}{2} \\ \frac{1}{2} \end{bmatrix} \right) = \begin{bmatrix} \frac{\sqrt{3}}{2} & -\frac{1}{2} \\ \frac{1}{2} & \frac{\sqrt{3}}{2} \end{bmatrix} \begin{bmatrix} \frac{1}{2} \\ \frac{\sqrt{3}}{2} \end{bmatrix} = \begin{bmatrix} 0 \\ 1 \end{bmatrix}
$$

두 회전 행렬을 곱하면 다음과 같고,

$$\begin{bmatrix} \frac{\sqrt{3}}{2} & -\frac{1}{2} \\ \frac{1}{2} & \frac{\sqrt{3}}{2} \end{bmatrix} \begin{bmatrix} \frac{\sqrt{3}}{2} & -\frac{1}{2} \\ \frac{1}{2} & \frac{\sqrt{3}}{2} \end{bmatrix} = \begin{bmatrix} \frac{1}{2} & -\frac{\sqrt{3}}{2} \\ \frac{\sqrt{3}}{2} & \frac{1}{2} \end{bmatrix}$$

이는 원래 좌표계 b를 $60°$ 회전한 것과 동일하다.

$$\begin{bmatrix} \frac{1}{2} & -\frac{\sqrt{3}}{2} \\ \frac{\sqrt{3}}{2} & \frac{1}{2} \end{bmatrix} \begin{bmatrix} \frac{\sqrt{3}}{2} \\ \frac{1}{2} \end{bmatrix} = \begin{bmatrix} 0 \\ 1 \end{bmatrix}$$

　일련의 회전이 주어졌을 때, 회전 행렬을 순차적으로 앞에 곱하면 각 회전을 순차적으로 한 것과 동일한 회전 행렬을 얻을 수 있다.

16.4 좌표계 회전과 평행이동

로봇 팔의 관절은 링크로 연결돼 있어 좌표계 사이에 회전뿐 아니라 평행이동도 존재한다. 그림 16.9의 점 p는 좌표계 b(빨간색)에서 나타낸 점이지만, 좌표계 b는 좌표계 a(파란색 점선)에서 θ만큼 회전해 있고 원점이 Δx와 Δy만큼 떨어져 있다. 좌표계 b에서의 좌표 $^bp = (^bx, \, ^by)$를 안다고 하면 좌표계 a에서 점 p의 좌표 $^ap = (^ax, \, ^ay)$는 무엇일까?

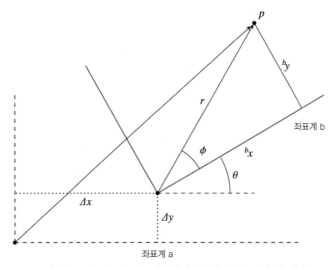

그림 16.9 좌표계 b는 좌표계 a에서 회전과 평행이동이 돼 있다.

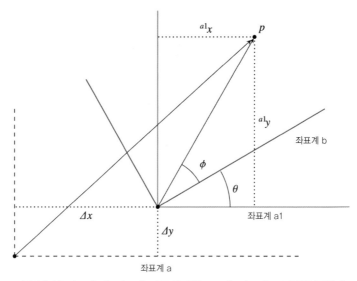

그림 16.10 좌표계 b는 좌표계 a1로 회전하고 그 후 좌표계 a로 평행이동한다.

이를 구하기 위해 b와 원점이 같고 a와 같은 방향인 중간 좌표계 $a1$(초록색)을 정의해보자(그림 16.10). 좌표계 $a1$에서 p의 좌표 $^{a1}p = (^{a1}x, \, ^{a1}y)$는 무엇일까? 이는 앞서 했던 것처럼 θ만큼 회전해 얻을 수 있다.

$$^{a1}p = \begin{bmatrix} ^{a1}x \\ ^{a1}y \end{bmatrix} = \begin{bmatrix} \cos\theta & -\sin\theta \\ \sin\theta & \cos\theta \end{bmatrix} \begin{bmatrix} ^bx \\ ^by \end{bmatrix}$$

이제 $a1$ 좌표계에서의 좌표를 알았으니 좌표계 a에서의 좌표는 평행이동한 만큼 더해 쉽게 구할 수 있고, 행렬의 형태로는 다음과 같다.

$$^ap = \begin{bmatrix} ^ax \\ ^ay \end{bmatrix} = \begin{bmatrix} ^{a1}x \\ ^{a1}y \end{bmatrix} + \begin{bmatrix} \Delta x \\ \Delta y \end{bmatrix}$$

변환 행렬$_{\text{homogeneous transform matrix}}$은 회전과 평행이동을 합쳐 하나의 연산으로 나타낸다. 좌표를 나타내는 2차원 벡터는 1을 세 번째 성분으로 추가해 확장한다.

352

$$\begin{bmatrix} x \\ y \\ 1 \end{bmatrix}$$

회전 행렬은 3×3 행렬로 확장해 오른쪽 하단에는 1을, 다른 곳에는 0을 추가한다. 좌표계 b에서의 벡터를 회전 행렬과 곱하면, 추가적인 성분 1을 제외하고는 16.3.3절의 결과와 동일한 것을 확인할 수 있다.

$$\begin{bmatrix} {}^{a1}x \\ {}^{a1}y \\ 1 \end{bmatrix} = \begin{bmatrix} \cos\theta & -\sin\theta & 0 \\ \sin\theta & \cos\theta & 0 \\ 0 & 0 & 1 \end{bmatrix} \begin{bmatrix} {}^{b}x \\ {}^{b}y \\ 1 \end{bmatrix}$$

이 결과는 중간 좌표계 $a1$에서의 좌표다. 좌표계 a에서의 좌표를 구하기 위해 평행이동을 하는 행렬을 다음과 같이 곱해준다.

$$\begin{bmatrix} {}^{a}x \\ {}^{a}y \\ 1 \end{bmatrix} = \begin{bmatrix} 1 & 0 & \Delta x \\ 0 & 1 & \Delta y \\ 0 & 0 & 1 \end{bmatrix} \begin{bmatrix} {}^{a1}x \\ {}^{a1}y \\ 1 \end{bmatrix}$$

두 행렬을 곱하면 회전과 평행이동을 하는 하나의 변환 행렬을 얻을 수 있다.

$$\begin{bmatrix} 1 & 0 & \Delta x \\ 0 & 1 & \Delta y \\ 0 & 0 & 1 \end{bmatrix} \begin{bmatrix} \cos\theta & -\sin\theta & 0 \\ \sin\theta & \cos\theta & 0 \\ 0 & 0 & 1 \end{bmatrix} = \begin{bmatrix} \cos\theta & -\sin\theta & \Delta x \\ \sin\theta & \cos\theta & \Delta y \\ 0 & 0 & 1 \end{bmatrix}$$

예제: 앞서 살펴본 예제에서 30° 회전에 (3, 1) 평행이동을 추가하자. 회전 후 평행이동을 나타내는 변환 행렬은 다음과 같다.

$$\begin{bmatrix} 1 & 0 & 3 \\ 0 & 1 & 1 \\ 0 & 0 & 1 \end{bmatrix} \begin{bmatrix} \frac{\sqrt{3}}{2} & -\frac{1}{2} & 0 \\ \frac{1}{2} & \frac{\sqrt{3}}{2} & 0 \\ 0 & 0 & 1 \end{bmatrix} = \begin{bmatrix} \frac{\sqrt{3}}{2} & -\frac{1}{2} & 3 \\ \frac{1}{2} & \frac{\sqrt{3}}{2} & 1 \\ 0 & 0 & 1 \end{bmatrix}$$

따라서 좌표계 a에서의 좌표는 다음과 같다.

$$
\begin{bmatrix} ^a x \\ ^a y \\ 1 \end{bmatrix} = \begin{bmatrix} \frac{\sqrt{3}}{2} & -\frac{1}{2} & 3 \\ \frac{1}{2} & \frac{\sqrt{3}}{2} & 1 \\ 0 & 0 & 1 \end{bmatrix} \begin{bmatrix} \frac{\sqrt{3}}{2} \\ \frac{1}{2} \\ 1 \end{bmatrix} = \begin{bmatrix} \frac{1}{2} + 3 \\ \frac{\sqrt{3}}{2} + 1 \\ 1 \end{bmatrix}
$$

활동 16.4: 변환 행렬

- -30° 회전 후 (3, -1) 평행이동을 하는 도표를 작성하라.
- 변환 행렬을 계산하라.

16.5 3차원 회전 맛보기

3차원에서의 좌표 변환과 기구학의 개념은 2차원에서와 동일하지만, 수학적으로 더 복잡하다. 게다가 3차원의 물체를 책에서는 2차원에서 보기 때문에 3차원의 움직임을 시각화하기 어렵다. 따라서 16.5절에서는 3차원에서의 회전을 통해 3차원을 간단히 살펴본다.

16.5.1 세 축을 중심으로 하는 회전

2차원 x-y 좌표계는 x, y축에 수직인 z축을 추가한 3차원 좌표계에 포함된다고 생각할 수 있다. 그림 16.11은 3차원 좌표계를 2차원에서 나타낸 것이다. x축은 페이지 좌우에 표현돼 있고, y축은 위아래로 표현돼 있다. 대각선은 다른 두 축에 수직인 z축을 의미한다. 일반적인 x-y-z 좌표계는 오른손 법칙으로 축의 양의 방향을 정한다(아래 내용을 참고하라). x축의 양의 방향은 오른쪽이고, y축의 양의 방향은 위쪽이며, z축의 양의 방향은 나오는 쪽(종이를 뚫고 나오는 방향)이다.

　z축은 움직이지 않고 z축을 중심으로 반시계 방향으로 좌표계를 회전해보자(그림 16.12a, 16.12b). 회전한 좌표계의 새로운 방향은 (위쪽, 왼쪽, 나오는 쪽)이 된다. 다음으로 x축을 중심으로 90° 회전해보자(그림

16.13a, 16.13b). y축은 종이에서 뚫고 나오는 방향이 되고 z축은 밑을 향하는 방향이 돼 새로운 방향은 (오른쪽, 나오는 쪽, 아래쪽)이 된다. 마지막으로, y축으로 $90°$ 회전하면(그림 16.14a, 16.14b) z축은 오른쪽이 되고 x축은 종이를 뚫고 들어가는 방향이 돼 새로운 방향은 (들어가는 쪽, 위쪽, 오른쪽)이 된다.

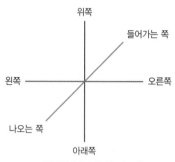

그림 16.11 3차원 좌표계

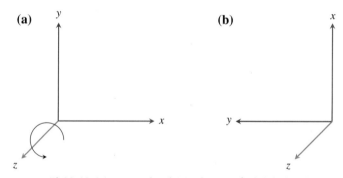

그림 16.12 (a) x-y-z 좌표계 (b) z축으로 90° 회전한 좌표계

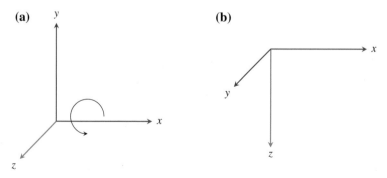

그림 16.13 (a) x-y-z 좌표계, (b) x축으로 90° 회전한 좌표계

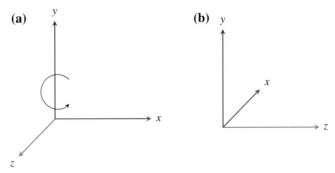

그림 16.14 (a) x-y-z 좌표계, (b) y축으로 90° 회전한 좌표계

16.5.2 오른손 법칙

각 축은 두 개의 방향이 있으므로 좌표계의 축은 $2^3 = 8$개의 형태로 생길 수 있다. 중요한 것은 다른 두 축에 대한 한 축의 상대적인 방향이다. 예를 들어 x축과 y축이 종이 평면에 놓여 있는 것으로 정해지면, z축의 양의 방향이 종이를 뚫고 나오는 방향이나 들어가는 방향이 될 수 있다. 축의 방향을 정하는 것은 일관적이어야 하고, 물리나 기계에서 사용하는 일반적인 방법은 오른손 법칙을 사용하는 것이다. 한 축에서 다른 축을 향하도록 오른손의 손가락을 감는다. 그럼 엄지 손가락이 향하는 방향이 세 번째 축의 양의 방향이 된다. 예를 들어 x축과 y축이 종이 평면에 있다고 하면, x축에서 y축을 손가락으로 감는다. 그럼 엄지 손가락이 종이를 뚫고 나오는 방향이 되고 z축의 양의 방향이 된다. 그림 16.15는 오른손 법칙을 따르는 좌표계와 각 좌표계에서 종이를 뚫고 나오는 축을 나타낸 것이다. 오른손 법칙에 따르면 각 회전은 다음과 같다.

z축을 중심으로 x축에서 y축으로 회전
x축을 중심으로 y축에서 z축으로 회전
y축을 중심으로 z축에서 x축으로 회전

그림 16.15 오른손 법칙

16.5.3 3차원 회전 행렬

3차원에서 점 p는 이동해야 하는 세 개의 좌표 p_x, p_y, p_z가 있으므로 회전 행렬의 크기는 3×3이다. z축을 중심으로 ψ만큼 회전한 후 y축을 중심으로 θ만큼 회전하고, 마지막으로 x축을 중심으로 ϕ만큼 회전한다고 하자. z축에 대한 첫 회전에서 x, y 좌표는 2차원에서 회전하고 z 좌표는 변하지 않는다. 따라서 회전 행렬은 다음과 같다.

$$R_{z(\psi)} = \begin{bmatrix} \cos\psi & -\sin\psi & 0 \\ \sin\psi & \cos\psi & 0 \\ 0 & 0 & 1 \end{bmatrix}$$

다음으로 y축에 대한 θ 회전에서 y 좌표는 변하지 않고 z와 x 좌표가 위의 z축에 대한 x, y 좌표 회전과 같이 변한다.

$$R_{y(\theta)} = \begin{bmatrix} \cos\theta & 0 & \sin\theta \\ 0 & 1 & 0 \\ -\sin\theta & 0 & \cos\theta \end{bmatrix}$$

x축에 대한 ϕ 회전에서 x 좌표는 변하지 않고 y와 z 좌표가 위의 z축에 대한 x, y 좌표 회전과 같이 변한다.

$$R_{x(\phi)} = \begin{bmatrix} 1 & 0 & 0 \\ 0 & \cos\phi & -\sin\phi \\ 0 & \sin\phi & \cos\phi \end{bmatrix}$$

y축에 대한 회전 행렬에서 사인 함수의 부호가 바뀐 것이 이상해 보일 지도 모른다. 하지만 올바른 회전 행렬이라는 것을 확인하기 위해 그림 16.8b의 그림을 그리고 z를 x로, x를 y로 바꿔 삼각법으로 계산해보라.

16.5.4 여러 번의 회전

여러 번의 회전을 할 때 주의해야 할 점은 3차원 회전은 행렬 곱과 마찬 가지로 교환법칙이 성립하지 않는다는 것이다. 두 번의 연속된 간단한 회전으로 이를 살펴보자. z축을 중심으로 $90°$ 회전하고 변한 좌표계에서 x축으로 $90°$ 회전한다고 하자(그림 16.16). 그 결과 좌표계는 (위, 나오는 쪽, 오른쪽)이 된다.

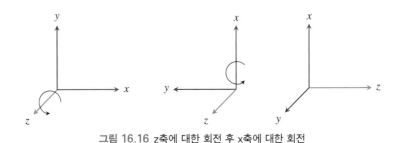

그림 16.16 z축에 대한 회전 후 x축에 대한 회전

  다음으로, 회전의 순서를 바꿔 x축을 중심으로 $90°$ 회전하고 z축을 중심으로 $90°$ 회전하는 경우를 생각해보자(그림 16.17). 그 결과 좌표계는 (나오는 쪽, 왼쪽, 아래쪽)으로, 위의 결과와 다르다.

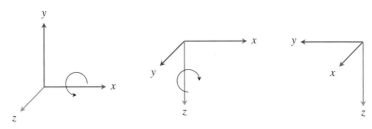

그림 16.17 x축에 대한 회전 후 z축에 대한 회전

16.5.5 오일러 각

모든 회전은 세 축에 대한 회전으로 나타낼 수 있으므로 모든 회전 행렬은 각 회전 행렬을 곱해 구할 수 있다. 이때 회전하는 각도를 오일러 각 ^{Euler angles}이라고 한다. 공식이 다소 복잡하지만, 16장 마지막에 있는 참고 문헌에서 관련 내용을 찾을 수 있다. 대신 이 책에서는 예제를 통해 오일러 각을 살펴본다.

예제: 그림 16.18은 차례대로 z축, y축, x축으로 $90°$ 회전한 좌표계를 나타낸다. 이를 zyx 오일러 회전이라고 한다. 최종 좌표계는 (들어가는 쪽, 위쪽, 오른쪽)이 된다.

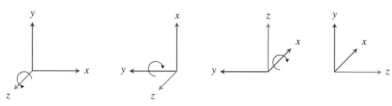

그림 16.18 오일러 zyx (90°, 90°, 90°) 회전

세 개의 축으로 모두 회전할 수 있는 관절이 한 개 있는 로봇 팔을 생각해보자. 그림 16.18과 같이 일련의 회전을 수행한다고 하고, 관절로부터 상대적으로 $(1, 1, 1)$ 좌표에 있는 점을 살펴보자(그림 16.19a). 회전이 끝난 후 기존의 고정된 좌표계에서 해당 점의 좌표는 무엇일까?

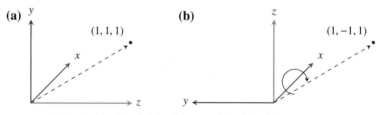

그림 16.19 (a) 최종 회전 후 벡터, (b) x축에 대한 회전을 하기 전 벡터

해당 점의 좌표는 벡터는 고정한 채 좌표계를 회전한다고 생각하고 구할 수 있다. 그림 16.19a와 같은 최종 위치가 되기 위해 그림 16.19b와 같은 방향에서 좌표계를 x축 중심으로 회전한다. 그림을 보면 해당 좌표

계에서 좌표가 (1, -1, 1)인 것을 확인할 수 있다. 그 전의 두 좌표계에 대해서도 동일한 과정을 거치면(그림 16.20a, 16.20b) 좌표는 각각 (1, -1, -1)과 (1, 1, -1)이 된다.

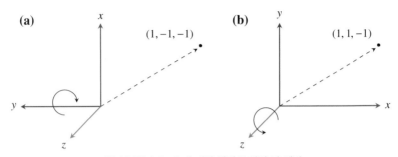

그림 16.20 (a) y축에 대한 회전을 하기 전 벡터,
(b) z축에 대한 회전을 하기 전 고정 좌표에서의 벡터

위의 좌표는 세 축에 대한 회전 행렬로 구할 수 있다. 최종 좌표계에서 좌표는 (1, 1, 1)이므로 x축으로 회전하기 전 좌표계에서의 좌표는 다음과 같다.

$$
\begin{bmatrix} 1 & 0 & 0 \\ 0 & 0 & -1 \\ 0 & 1 & 0 \end{bmatrix} \begin{bmatrix} 1 \\ 1 \\ 1 \end{bmatrix} = \begin{bmatrix} 1 \\ -1 \\ 1 \end{bmatrix}
$$

마찬가지로 y축으로 회전하기 전 좌표계에서의 좌표는 다음과 같고,

$$
\begin{bmatrix} 0 & 0 & 1 \\ 0 & 1 & 0 \\ -1 & 0 & 0 \end{bmatrix} \begin{bmatrix} 1 \\ -1 \\ 1 \end{bmatrix} = \begin{bmatrix} 1 \\ -1 \\ -1 \end{bmatrix}
$$

마지막으로 z축으로 회전하기 전 좌표계에서의 좌표는 다음과 같다.

$$
\begin{bmatrix} 0 & -1 & 0 \\ 1 & 0 & 0 \\ 0 & 0 & 1 \end{bmatrix} \begin{bmatrix} 1 \\ -1 \\ -1 \end{bmatrix} = \begin{bmatrix} 1 \\ 1 \\ -1 \end{bmatrix}
$$

임의의 z축에 대한 ψ 회전, y축에 대한 θ 회전, x축에 대한 ϕ 회전인 zyx

오일러 회전에 대해 회전 행렬은 다음과 같다.

$$R = R_{z(\psi)} R_{y(\theta)} R_{x(\phi)}$$

행렬 곱의 순서(오른쪽에서 왼쪽)가 회전의 순서와 반대라서 이상해 보일지 모른다. 이는 벡터의 고정 좌표계에서의 좌표를 구하기 위해 벡터를 최종 좌표계에 놓고 고정 좌표계로 돌려놓기 때문이다.

활동 16.5: 오일러 각을 이용한 여러 번의 회전

- (1, 1, 1)을 (1, 1, -1)로 변환하는 세 행렬을 곱해 한 행렬을 구하라.
- 같은 연산을 축의 순서와 회전 각을 바꿔 다른 회전에 대해 수행하라.

16.5.6 서로 다른 오일러 각 회전의 경우의 수

세 개의 축이 존재하므로 3^3가지의 오일러 각 회전이 있어야 한다. 하지만 같은 축으로 연속해서 두 번 회전하는 것은 두 각도를 더해 한 번 회전한 것과 동일하다. 따라서 서로 다른 오일러 각 회전의 경우의 수는 3 · 2 · 2 = 12개다. 아래의 활동으로 다양한 오일러 각 회전을 살펴보자.

활동 16.6: 서로 다른 오일러 각 회전

- 3차원 회전을 쉽게 이해하기 위해 서로 수직한 세 개의 연필이나 빨대로 좌표계를 만들어라.
- 각 축으로 90° 만큼 zyz 오일러 각 회전한 좌표계를 그려라.
- 그림 16.18에서의 zyx 회전과 같은 결과가 되는 zyz 회전은 무엇인가?
- 다른 회전 순서와 90° 외의 다른 각도로 실험하라.

16.6 3차원 변환에서의 심화 주제

이제 3차원 회전을 맛봤으니 참고 문헌에 있는 자료로 학습할 수 있는 다음 주제를 간략히 살펴보자.

오일러 각에는 12가지가 있고, 어느 것을 사용할지는 적용 분야에 따라 다르다. 게다가 다른 방법의 회전도 있다. 오일러 각은 회전을 할 때마다 축의 위치가 회전하기 전과 달라지는, 축을 옮기는 변환이다. 그림 16.18에서 두 번째 회전은 왼쪽을 향하는 새로운 y축을 중심으로 이뤄지고, 위쪽을 향하는 기존 y축을 중심으로는 이뤄지지 않는다. 반면 향후 회전이 기존 좌표계의 축을 중심으로 이뤄지는 고정 축 회전도 가능하다. 3차원에서 평행이동과 회전을 하는 변환 행렬은 4×4 행렬로 효율적으로 나타낼 수 있다.

오일러 각은 상대적으로 계산하기에 비효율적이고 계산 불안정성이 따르지만, 복소수를 일반화한 사원수quaternion를 사용해 극복할 수 있다. 사원수는 다음과 같은 세 개의 허수 i, j, k를 사용한다.

$$i^2 = j^2 = k^2 = ijk = -1$$

2차원 평면의 벡터를 복소수 $x + iy$로 나타낼 수 있다는 것을 상기하자. 벡터를 각도 θ만큼 회전하는 것은 $\cos\theta + i\sin\theta$를 곱하는 것과 같다. 이와 유사하게 3차원에서는 벡터를 $p = 0 + x\mathbf{i} + y\mathbf{j} + z\mathbf{k}$와 같이 실수부가 0인 순수한 사원수로 표현할 수 있다. 축과 회전 각이 주어질 경우 벡터를 qpq^{-1}의 공식을 통해 해당 축과 각도로 회전시키는 사원수 q가 존재한다. 이 연산은 오일러 각으로 계산하는 것보다 효율적이고 강건하기 때문에 비행기 조종이나 컴퓨터 그래픽스와 같은 분야에서 자주 사용한다.

16.7 요약

기구학은 로봇의 움직임을 설명한다. 정기구학에서는 로봇에 대한 관절 명령이 주어졌을 때 로봇의 시작 위치에 상대적인 끝 위치를 계산한다.

역기구학에서는 목표 위치가 주어졌을 때 로봇을 해당 위치로 이동시키는 명령을 계산한다. 16장에서는 간단한 2차원 로봇 팔의 기구학을 살펴봤다. 실제로는 로봇 팔이 3차원에서 움직이므로 계산이 더 복잡하다. 역기구학의 정확한 해는 대부분 구할 수 없고 근사적인 수치 해를 사용한다.

회전을 정의하고 계산하는 여러 방법이 존재한다. 좌표축을 기준으로 세 번 회전해 임의의 회전을 나타내는 오일러 각을 살펴봤다. 복소수를 일반화한 사원수는 계산이 효율적이고 강건하기 때문에 실제로 많이 사용한다.

16.8 추가 자료

로봇 기구학과 관련된 주제를 심층적으로 다룬 크레이그[Craig]의 [2]와 스퐁[Spong]의 [3]을 참고하라. 코렐[Correl]의 [1]의 3장도 살펴보라. [2]의 부록 B에서는 모든 오일러 각에 대한 회전 행렬을 확인할 수 있다. 다음과 같은 안젤라 소데만[Angela Sodemann]의 동영상 강의도 매우 도움이 될 것이다.

https://www.youtube.com/user/asodemann3

http://www.robogrok.com/Flowchart.html

로보틱스 책은 아니지만, 빈스[Vince]의 사원수에 대한 자료[4]는 회전에 관한 수학을 훌륭하게 설명하고 있다.

참고 문헌

1. Correll, N.: Introduction to Autonomous Robots. CreateSpace (2014). https://github.com/correll/Introduction-to-Autonomous-Robots/releases/download/v1.9/book.pdf
2. Craig, J.J.: Introduction to Robotics: Mechanics and Control, 3rd edn. Pearson, Boston (2005)
3. Spong, M.W., Hutchinson, S., Vidyasagar, M.: Robot Modeling and Control. Wiley, New York (2005)

4. Vince, J.: Quaternions for Computer Graphics. Springer, Berlin (2011)

부록 A
측정 단위

표 A.1과 A.2는 측정 단위와 해당 약자를 보여준다.

표 A.1 측정 단위

특성	변수	단위	약자
거리	s	미터	m
시간	t	초	s
속도	v	미터/초	m/s
가속도	a	미터/제곱초	m/s^2
주파수	f	헤르츠	Hz
각도	θ	라디안	rad
		도	°

표 A.2 접두사

접두사	의미	약자
킬로	1,000	k
센티	100분의 1	c
밀리	1,000분의 1	m
마이크로	1,000,000분의 1	μ

예제

- 20kHz = 20킬로헤르츠 = 20,000헤르츠
- 15cm = 15센티미터 = $\frac{15}{100}$미터
- 50ms = 50밀리초 = $\frac{50}{1000}$초
- 10μs = 10마이크로초 = $\frac{10}{1000}$밀리초 = $\frac{10}{1,000,000}$초

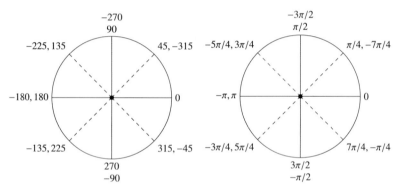

그림 A.1 도로 표현한 각도(왼쪽), 라디안으로 표현한 각도(오른쪽)

로봇의 방향이나 물체의 방향과 같은 각도는 도 또는 라디안으로 측정한다(그림 A.1). 일반적으로 로봇 전면에서 측정한 각도의 반시계 방향이 양의 방향이고 시계 방향이 음의 방향이다.

부록 B
수식 유도와
튜토리얼

부록 B에서는 이 책에서 사용한 수식의 유도 과정과 익숙하지 않을 수 있는 개념에 대한 튜토리얼을 모아 제공한다.

B.1 조건부 확률과 베이즈 정리

센서값 z를 알 때 위치가 x_i일 확률은 얼마일까? 이는 조건부 확률 $p(x_i \mid z)$로 표현할 수 있다. x_i일 확률인 $p(x_i)$와 실제로 현재 위치가 x_i일 때 센서값이 z일 확률 $p(z \mid x_i)$를 안다고 하자.

$$p(z \mid x_i)\, p(x_i)$$

두 확률을 곱한 이것은 무엇을 의미할까? x_i는 $p(x_i)$의 확률로 발생하고 x_i가 발생했을 때 z는 $p(z \mid x_i)$의 확률로 발생한다. 따라서 두 확률을 곱하면 z와 x_i가 동시에 일어날 확률이 되고, 이를 두 사건의 결합분포라고 한다.

$$p(z \cap x_i) = p(z \mid x_i) \, p(x_i)$$

두 사건의 결합분포는 다음과 같이 z가 주어졌을 때 x_i의 조건부 확률을 z의 확률과 곱해 얻을 수도 있다.

$$p(x_i \cap z) = p(x_i \mid z) \, p(z)$$

결합분포는 교환법칙이 성립하므로 두 식을 등호로 나타내면 다음과 같다.

$$p(x_i \mid z) \, p(z) = p(x_i \cap z) = p(z \cap x_i) = p(z \mid x_i) \, p(x_i)$$

이를 $p(z)$로 나누면 다음과 같은 식이 유도되고, 이를 베이즈 정리라고 한다.

$$p(x_i \mid z) = \frac{p(z \mid x_i) \, p(x_i)}{p(z)}$$

모든 i에 대해 $p(z \mid x_i)$와 $p(x_i)$를 안다고 하면, 사건 z의 전체 확률은 각 확률을 더해 얻을 수 있다.

$$p(z) = \sum_i p(z \mid x_i) \, p(x_i)$$

예제: 8.4절의 예제에 대해 계산을 해보자. x_i를 로봇이 i에 있을 사건이라 하고 z를 로봇이 문을 감지하는 사건이라 하자. 처음에 모든 위치의 확률은 $p(x_i) = 0.125$이며, 로봇이 문에 있을 경우 센서가 올바르게 감지할 확률은 0.9이고 잘못 감지할 확률은 $1 - 0.9 = 0.1$이다. 문을 감지할 확률인 $p(z)$는 문이 있는 곳에서는 $0.125 \times 0.9 = 0.01125$이고 문이 없는 곳에서는 $0.125 \times 0.1 = 0.0125$로, 모든 위치에서의 확률을 더해 얻을 수 있다.

$$p(z) = 0.1125 + 0.1125 + 0.0125 + 0.0125 + 0.1125 + 0.1125 + 0.1125 + 0.0125 = 0.575$$

베이즈 정리에 의해 문을 감지했을 때 실제로 문이 있는 i에 로봇이 위치할 확률은 다음과 같고,

$$p(x_i \mid z) = \frac{p(z \mid x_i) \, p(x_i)}{p(z)} = \frac{0.9 \times 0.125}{0.575} = 0.196$$

문이 있다고 감지했지만 실제로는 문이 없는 i에 로봇이 위치할 확률은 다음과 같다.

$$p(x_i \mid z) = \frac{p(z \mid x_i)\, p(x_i)}{p(z)} = \frac{0.1 \times 0.125}{0.575} = 0.022$$

B.2 정규화

어떤 사건에서 가능한 모든 경우의 확률의 총합은 1이 돼야 한다. 위의 예제에서 문을 감지했을 때 로봇이 여덟 곳 중 한 위치에 있어야 하지만, 모든 위치 i에 대한 확률의 합은 다음과 같다.

$$0.1125 + 0.1125 + 0.0125 + 0.0125 + 0.1125 + 0.1125 + 0.1125 + 0.0125 = 0.575$$

따라서 각 확률을 총합인 0.575로 나눠 합이 1이 되도록 정규화해야 한다. 정규화된 확률은 다음과 같이 0.0125/0.575 ≈ 0.19와 0.0125/0.575 ≈ 0.02로 합이 1이 된다.

$$0.19 + 0.19 + 0.02 + 0.02 + 0.19 + 0.19 + 0.19 + 0.02 \approx 1$$

B.3 평균과 분산

집합 $\{x_1, \cdots, x_n\}$의 평균은 다음과 같이 구할 수 있다.

$$\mu = \frac{1}{n} \sum_{i=1}^{n} x_i$$

예를 들어 다섯 명의 사람이 1년에 각각 8천(8,000), 9천(9,000), 10천(10,000), 11천(11,000), 12천(12,000) 유로를 번다고 하자. 그럼 다섯 명의 평균 연봉은 다음과 같다(단위는 천(1,000) 유로).

$$\mu = \frac{8 + 9 + 10 + 11 + 12}{5} = \frac{50}{5} = 10$$

하지만 다음과 같이 값이 서로 아주 달라도 평균이 동일할 수 있으므로 평균에서 얻을 수 있는 정보는 많지 않다.

$$\mu = \frac{5 + 6 + 10 + 14 + 15}{5} = \frac{50}{5} = 10$$

평균은 다른 값보다 훨씬 크거나 작은 값인 이상치에 크게 영향을 받는다. 연봉이 10천(10,000) 유로인 사람이 갑자기 90천(90,000) 유로의 보너스를 받는다면 평균 연봉은 다음과 같고,

$$\mu = \frac{8 + 9 + 100 + 11 + 12}{5} = \frac{140}{5} = 28$$

이를 근거로 자신의 임기 동안 평균 연봉이 180% 증가했다고 주장하는 정치인도 나타날 수 있게 된다.

분산은 값이 얼마나 퍼져 있는지를 나타내는 척도가 되고, 값이 가까울수록 분산이 작아진다. 값이 모여 있어 분산이 작으면 평균과 같은 척도의 신뢰도가 높아진다. 집합 $\{x_1, \cdots, x_n\}$의 분산은 다음과 같이 구할 수 있다.[1]

$$s^2 = \frac{1}{n - 1} \sum_{i=1}^{n} (x_i - \mu)^2$$

$x_i - \mu$는 x_i와 평균의 거리를 의미하므로 분산은 각 거리를 제곱한 것의 평균이다. 이때 평균보다 작거나 큰 값이 서로 상쇄되지 않도록 거리를 제곱해준다. 예를 들어 값이 100과 300일 때 평균은 200이고, 분산을 (100 - 200) + (200 - 300)으로 계산하면 두 값이 떨어져 있음에도 분산은 0이 된다. 따라서 위의 정의를 이용해 분산을 $(100 - 200)^2 + (200 - 300)^2 = 20,000$으로 구한다.

데이터셋이 {8, 9, 10, 11, 12}일 때 분산은 다음과 같고,

$$s^2 = \frac{(-2)^2 + (-1)^2 + 0 + 1^2 + 2^2}{5 - 1} = \frac{10}{4} = 2.5$$

---

1 $n - 1$은 자유도를 고려한 것이다. 분산을 구하기 전에 평균이 계산되므로 n번째 값을 임의로 정할 수 없고 주어진 평균이 되도록 값이 제한된다.

{5, 6, 10, 14, 15}일 때는 다음과 같다.

$$s^2 = \frac{(-5)^2 + (-4)^2 + 0 + 4^2 + 5^2}{4} = 20.5$$

20.5가 2.5보다 크므로 두 번째 데이터셋이 첫 번째보다 넓게 퍼져 있는 것을 알 수 있다. 보너스를 고려할 경우 연봉의 분산은 다음과 같다.

$$s^2 = \frac{20^2 + 19^2 + 72^2 + 17^2 + 16^2}{4} = \frac{6490}{4} = 1622.5$$

따라서 이상치가 존재할 때는 평균을 의미 있는 값으로 받아들이면 안 된다.

B.4 공분산

10명으로 이뤄진 그룹에서 각자 연봉이 다음과 같다고 하자(단위는 천 (1,000) 유로).

$$x_1 = \{11, 12, 13, 14, 15, 16, 17, 18, 19, 20\}$$

이때 평균 연봉은 다음과 같다.

$$\mu_1 = \frac{1}{10}(11 + 12 + 13 + 14 + 15 + 16 + 17 + 18 + 19 + 20) = 15.5$$

연봉이 높은 사람이 낮은 사람보다 더 비싼 자동차를 산다고 가정하고, 10천(10,000) 유로인 자동차 모델과 20천(20,000) 유로인 자동차 모델이 있다고 하자. 다음 데이터의 i번째 성분은 i번째 사람이 구매한 자동차의 가격을 의미한다(단위는 천(1,000) 유로).

$$x_2 = \{10, 10, 10, 20, 10, 20, 10, 10, 20, 20\}$$

연봉과 자동차 가격 사이에 상관관계가 있는지 확인하기 위해 데이터 셋 x_1과 x_2의 공분산 $\text{cov}(x_1, x_2)$를 계산한다. 공분산을 구하는 방법은 분산과 비슷하지만, 분산에서는 한 데이터셋의 값과 평균의 차이를 제곱하는 반면에 공분산에서는 첫 번째 데이터셋의 값과 평균의 차이를 두 번째 데이터셋의 값과 평균의 차이와 곱한다.

$$cov(x_1, x_2) = \frac{1}{n-1} \sum_{i=1}^{n} (x_{1,i} - \mu_1)(x_{2,i} - \mu_2)$$

x_1과 x_2의 공분산은 7.8로 양수고, 이는 연봉과 자동차 가격이 함께 증가해 연봉이 높은 사람이 더 비싼 자동차를 구매하는 경향이 있다는 것을 의미한다. 만약 앞에 있는 다섯 명이 10천(10,000) 유로의 자동차를 구매하고 나머지 다섯 명이 20천(20,000) 유로의 자동차를 구매하면, 분산이 13.9가 돼 연봉과 자동차 가격 간 상관관계가 더 강해진다. 반대로 앞의 다섯 명이 비싼 자동차를 구매하고 나머지가 저렴한 자동차를 구매하면, 분산은 -13.9가 돼 연봉이 높을수록 자동차의 가격은 낮아진다는 것을 의미한다. 마지막으로, 모든 사람이 같은 자동차를 구매하면 공분산은 0이고 연봉과 구매하는 자동차 사이에 연관이 없다고 할 수 있다.

실수의 곱은 교환법칙이 성립하므로 다음과 같이 공분산은 대칭이다.

$$\begin{aligned} cov(x_1, x_2) &= \frac{1}{n-1} \sum_{i=1}^{n} (x_{1,i} - \mu_1)(x_{2,i} - \mu_2) \\ &= \frac{1}{n-1} \sum_{i=1}^{n} (x_{2,i} - \mu_2)(x_{1,i} - \mu_1) \\ &= cov(x_2, x_1) \end{aligned}$$

공분산 행렬은 분산과 공분산을 모아둔 것이고

$$\begin{bmatrix} s^2(x_1) & cov(x_1, x_2) \\ cov(x_2, x_1) & s^2(x_2) \end{bmatrix}$$

$cov(x_1, x_2) = cov(x_2, x_1)$이므로 서로 다른 성분의 수는 세 개다.

B.5 벡터와 행렬의 곱

2차원 행렬 $\mathbf{M}$을 벡터 $\mathbf{v}$와 곱하면 새로운 벡터가 된다.

$$\mathbf{M}\mathbf{v} = \begin{bmatrix} a & b \\ c & d \end{bmatrix} \begin{bmatrix} x \\ y \end{bmatrix} = \begin{bmatrix} ax + by \\ cx + by \end{bmatrix}$$

두 행렬을 곱할 때는 왼쪽 행렬의 행들을 오른쪽 행렬의 각 열과 곱해 열 벡터를 얻는다.

$$\begin{bmatrix} a & b \\ c & d \end{bmatrix} \begin{bmatrix} x & u \\ y & v \end{bmatrix} = \begin{bmatrix} ax + by & au + bv \\ cx + dy & cu + dv \end{bmatrix}$$

단위행렬Identity matrix은 다음과 같고

$$\mathbf{I} = \begin{bmatrix} 1 & 0 \\ 0 & 1 \end{bmatrix}$$

모든 행렬 $\mathbf{M}$에 대해 $\mathbf{MI} = \mathbf{IM} = \mathbf{M}$인 것을 확인할 수 있다. 또한 행렬 $\mathbf{M}$의 역행렬 $\mathbf{M}^{-1}$을 $\mathbf{M}$과 곱하면 $\mathbf{I}$가 된다.

$$\mathbf{M} = \begin{bmatrix} a & b \\ c & d \end{bmatrix}, \quad \mathbf{M}^{-1} = \frac{1}{det\,(\mathbf{M})} \begin{bmatrix} d & -b \\ -c & a \end{bmatrix}$$

이때 $det(\mathbf{M})$은 $\mathbf{M}$의 행렬식determinant이며 $ad - bc$다. 두 행렬을 곱해 행렬식을 확인할 수 있다.

$$\begin{bmatrix} a & b \\ c & d \end{bmatrix} \cdot \begin{bmatrix} d & -b \\ -c & a \end{bmatrix} = \begin{bmatrix} ad - bc & -ab + ba \\ cd - dc & -bc + da \end{bmatrix} = \begin{bmatrix} ad - bc & 0 \\ 0 & ad - bc \end{bmatrix}$$

하지만 이는 (행렬식이 0인 특이행렬singular matrix에는 역행렬이 존재하지 않으므로) 행렬식이 0이 아닌 행렬에서만 성립한다.

B.6 삼각형 하단 사다리꼴의 면적

다음 그림은 밑변이 w이고 높이가 h인 삼각형과 사다리꼴을 만드는 높이 h'의 수평선을 나타낸다.

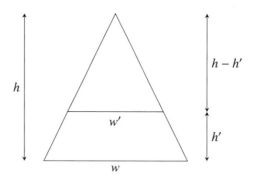

w, h, h'을 이용해 사다리꼴의 면적을 구해보자. 두 삼각형의 면적 차이 a는 다음과 같고,

$$a = \frac{wh}{2} - \frac{w'(h - h')}{2}$$

삼각법에 의해 다음과 같다.

$$\frac{h}{h - h'} = \frac{w}{w'}$$

따라서 아래와 같고,

$$w' = \frac{w(h - h')}{h}$$

이를 대입하면 사다리꼴의 면적은 다음과 같다.

$$
\begin{aligned}
a &= \frac{wh}{2} - \frac{w(h - h')(h - h')}{2h} \\
&= \frac{w(h^2 - (h - h')^2)}{2h} \\
&= \frac{w(h^2 - h^2 + 2hh' - h'^2)}{2h} \\
&= \frac{w(2hh' - h'^2)}{2h}
\end{aligned}
$$

$$= wh'(1 - \frac{h'}{2h})$$

B.7 cos 15°를 수학적으로 구하기

식 16.1에 따르면 다음과 같다.

$$\cos^{-1}\left(\frac{\sqrt{2+\sqrt{3}}}{2}\right) = \pm 15°$$

어떻게 이 값이 유도됐는지 살펴보자.

두 각도 차이에 대한 코사인 공식을 사용하면 아래와 같다.

$$\begin{aligned}
\cos 15° &= \cos(45° - 30°) \\
&= \cos 45° \cos 30° + \sin 45° \sin 30° \\
&= \frac{\sqrt{2}}{2} \cdot \frac{1}{2} + \frac{\sqrt{2}}{2} \cdot \frac{\sqrt{3}}{2} \\
&= \frac{\sqrt{2} + \sqrt{6}}{4}
\end{aligned}$$

또한 다음과 같으므로

$$\left(\frac{\sqrt{2}+\sqrt{6}}{4}\right)^2 = \left(\frac{8+2\sqrt{2}\sqrt{6}}{16}\right) = \frac{2+\sqrt{3}}{4} = \left(\frac{\sqrt{2+\sqrt{3}}}{2}\right)^2$$

위의 값이 올바른 것을 확인할 수 있다.

찾아보기

로보틱스 알고리듬
중고등학생을 위한 입문서

발 행 | 2023년 3월 17일

옮긴이 | 김 동 현
지은이 | 모르데하이 벤 아리 · 프란체스코 몬다다

펴낸이 | 권 성 준
편집장 | 황 영 주
편 집 | 김 진 아
       임 지 원
디자인 | 윤 서 빈

에이콘출판주식회사
서울특별시 양천구 국회대로 287 (목동)
전화 02-2653-7600, 팩스 02-2653-0433
www.acornpub.co.kr / editor@acornpub.co.kr

한국어판 © 에이콘출판주식회사, 2023, Printed in Korea.
ISBN 979-11-6175-725-4
http://www.acornpub.co.kr/book/elements-robotics

책값은 뒤표지에 있습니다.